连锁零售供应链风险辨识与智能控制

北京市自然科学基金资助项目(9162002)和
2017年度北京工商大学学术专著出版资助项目
(ZZCB 2017-07)基金资助

薛 红 著

内 容 简 介

本书从管理系统工程的着眼点出发，全面介绍供应链管理思想、风险管理理论、智能控制理论和复杂系统决策理论及其在连锁零售企业供应链风险管控模式中的应用。本书内容包括连锁零售企业供应链风险识别与综合评价、连锁零售企业供应链风险预测、集群式零售供应链风险预警、连锁零售企业供应链突发事件风险应急决策、集群式零售供应链稳定性分析与智能控制等。本书注重结合连锁零售企业供应链风险管控系统的实际需求，全面介绍连锁零售供应链风险管控模式中的先进理论应用与技术难题。

本书内容翔实新颖，资料丰富，可作为从事管理系统工程及商业自动化、电子商务、信息管理与信息系统、物流管理与工程专业及领域的高年级本科生和研究生的参考教学用书，以及高等院校的教师、科研人员、工程技术人员的参考资料。

图书在版编目(CIP)数据

连锁零售供应链风险辨识与智能控制/薛红著. —北京：北京大学出版社，2017.12
ISBN 978-7-301-29096-5

Ⅰ. ①连… Ⅱ. ①薛… Ⅲ. ①连锁企业—零售企业—供应链管理—风险管理—研究②连锁企业—零售企业—供应链管理—智能控制—研究 Ⅳ. ①F717.6

中国版本图书馆 CIP 数据核字（2017）第 328875 号

书　　　名	连锁零售供应链风险辨识与智能控制	
	Liansuo Lingshou Gongyinglian Fengxian Bianshi yu Zhineng Kongzhi	
著作责任者	薛　红　著	
策 划 编 辑	程志强	
责 任 编 辑	程志强	
标 准 书 号	ISBN 978-7-301-29096-5	
出 版 发 行	北京大学出版社	
地　　　址	北京市海淀区成府路 205 号　100871	
网　　　址	http://www.pup.cn　新浪微博：@北京大学出版社	
电 子 信 箱	pup_6@163.com	
电　　　话	邮购部 62752015　发行部 62750672　编辑部 62750667	
印 刷 者	三河市博文印刷有限公司	
经 销 者	新华书店	
	650 毫米×980 毫米　16 开本　14.25 印张　333 千字	
	2017 年 12 月第 1 版　　2017 年 12 月第 1 次印刷	
定　　　价	49.00 元	

未经许可，不得以任何方式复制或抄袭本书之部分或全部内容。
版权所有，侵权必究
举报电话：010-62752024　电子信箱：fd@pup.pku.edu.cn
图书如有印装质量问题，请与出版部联系，电话：010-62756370

前　言

连锁零售业在国民经济中的作用十分重要，对国民经济增长的贡献率日益增大，逐步成为引导生产和消费的先导性行业。在 21 世纪，企业之间的竞争是供应链之间的竞争，而且提高企业内外风险预测与控制能力已经成为更强的竞争优势。通过连锁零售企业供应链风险管控模式的实施，不仅可以提升连锁零售供应链的运营效率和综合竞争优势，而且能够巩固供应链上下游企业之间的关系，提高供应链的信息化和智能化管理水平，降低整个连锁零售供应链的总成本，具有较高的理论价值和现实意义。本书提出了连锁零售企业供应链风险管控理论，创建了基于智能控制方法和云模型算法的连锁零售企业供应链风险管控模式。本书重点研究以下 5 个方面的内容。

1. 连锁零售企业供应链风险识别与综合评价研究

本书基于 SCOR 模型首先针对连锁零售企业供应链中采购、配送、库存各个环节的流程特性进行分析研究，确定出各个环节的核心过程，进而结合技术风险、员工风险、信息风险、合作风险、环境风险 5 方面的风险因素来源对各个环节流程进行风险识别，获得连锁零售企业供应链各个环节的全部风险因素，建立完备的风险评价体系。利用信息熵的概念对启发式信息进行重新定义，结合遗传算法给出了一种新的知识约简算法。建立了基于连锁零售企业供应链风险的从指标体系建立到风险指标数据离散化、最后到风险指标约简的一套完整的风险指标约简模型。采用基于云模型的连锁零售企业供应链风险综合评价模型，引入云模型描述评语，降低了传统模糊综合评价法中存在的主观因素影响，使得连锁零售企业供应链风险综合评价结果更加客观、准确。

2. 连锁零售企业供应链风险预测研究

本书主要依据灰色预测理论建立 GM(2,1)模型，对连锁零售企业供应链风险进行预测。提出将岭回归估计算法引入到灰色微分方程中，以解决微分方程的病态性问题。通过遗传算法进行全局最优搜索，不断优化岭参数，解决了岭参数难以确定的问题，最终建立连锁零售企业供应链风险灰色 GM(2,1)预测模型。

3. 集群式零售供应链风险预警研究

本书针对集群式零售供应链风险预警参数的大数据特性，采用同构分块随机采样的云模型处理方法对集群式零售供应链大数据参数进行多数据融合处理，使得重复数据量减少，同时提取出关键的数据信息。采用改进的 DENCLUE 聚类算法对通过云模型进行多数据融合处理的集群式零售供应链历史参数数据和实时监测参数数据进行聚类,使参数自身寻找具有相同特点的数据集。再对聚类好的数据集进行专家划分,动态地划分出合理的预警区域,最后进行实时的预警等级决策。

4. 连锁零售企业供应链突发事件风险应急决策研究

本书综合使用层次分析法、模糊综合评判法、全排列多边形图示指标法,建立突发事件风险下供应商选择模型。突发事件风险下零售商与供应商针对供应价格的谈判,运用博弈论的相关知识解决此问题。将突发事件风险下零售商与供应商双方的价格谈判分为两部分,第一部分是出价顺序博弈,第二部分是供应价格博弈。基于收益共享契约,研究突发事件风险下双方利润分配问题。针对零售商与供应商双方各自争取利润最大化的特点,构建突发事件风险下利润分配双层规划模型,采用基于混沌的粒子群细菌觅食优化算法进行求解,明显地提高了求解速度和精度。利用 Windows Form 技术,设计突发事件风险下零售供应链采购协同决策平台。

5. 集群式零售供应链稳定性分析与智能控制研究

本书以抑制集群式零售供应链的牛鞭效应为出发点,通过数据建模仿真的方式探讨 $H\infty$ 控制与自抗扰控制两种控制策略抑制牛鞭效应的效果。采用 $H\infty$ 控制方法,在需求条件最差情况下,控制策略能够寻求最优订货序列使得集群式零售供应链各节点库存偏差量和订货偏差量在较大需求扰动时很快趋于稳定,抑制了牛鞭效应。将自抗扰控制方法引入集群式零售供应链的风险控制系统中,利用自抗扰控制算法的扩张状态观测器对信息环境时滞、柔性制造时滞、零售供应链运作时滞及外部需求不确定性进行估计,动态地补偿被控对象(集群式零售供应链网络)模型的内扰、外扰和关联时滞的影响。最终获得时滞、不确定性存在时的最优订货控制量,很好地抑制了系统的牛鞭效应。

本书由北京工商大学刘载文教授审定。感谢美国西北大学石涵博士研究生和北京工商大学崔美鸾、张凌燕、李一男、管迪硕士研究生的帮助。同时,本书也参考了国内外有关研究成果,在此对所涉及文献的作者表示衷心感谢。同时,还要感谢北京市自然科学基金资助项目(9162002)和 2017 年度北京工商大学学术专著出版资助项目(ZZCB 2017-07)的基金资助,以及北京大学出版社给予的热心支持和帮助。

由于编写时间仓促及作者水平有限,书中难免有不足之处,敬请各位专家与读者批评指正。

薛 红

2017 年 6 月

目　　录

第1章　绪论 1

　1.1　研究目的和意义 1
　　　1.1.1　研究目的 1
　　　1.1.2　研究意义 2
　1.2　国内外相关研究综述 3
　　　1.2.1　供应链风险管理研究综述 3
　　　1.2.2　供应链风险预测理论研究综述 8
　　　1.2.3　供应链风险控制理论研究综述 9
　　　1.2.4　国内外供应链牛鞭效应研究综述 10
　1.3　研究内容和研究方法 11
　　　1.3.1　研究内容 11
　　　1.3.2　研究方法 12

第2章　连锁零售企业供应链风险识别与综合评价 15

　2.1　基于 SCOR 的连锁零售企业供应链风险识别 15
　　　2.1.1　供应链风险管理 15
　　　2.1.2　基于 SCOR 的供应链风险识别理论 16
　　　2.1.3　连锁零售企业供应链 SCOR 风险识别模型 18
　2.2　基于遗传算法改进粗糙集属性重要度风险指标约简 21
　　　2.2.1　粗糙集、离散化及属性约简的基本理论 21
　　　2.2.2　粗糙集的离散化方法 25
　　　2.2.3　遗传算法改进粗糙集属性重要度约简算法 26
　　　2.2.4　连锁零售企业供应链风险指标约简 32
　2.3　基于云模型的连锁零售企业供应链风险综合评价 36
　　　2.3.1　云模型的基本理论 36
　　　2.3.2　连锁零售企业供应链风险综合评价体系 41
　2.4　本章小结 46

第3章 连锁零售企业供应链风险预测 ... 48
3.1 灰色预测理论 ... 48
3.1.1 GM(2,1)预测模型 ... 48
3.1.2 灰色关联理论 ... 50
3.2 基于遗传优化岭回归参数的灰色预测方法 ... 51
3.2.1 预测算法改进的必要性 ... 51
3.2.2 病态方程问题的处理 ... 52
3.2.3 遗传算法中正则化方程的选择 ... 53
3.2.4 遗传算法优化的岭回归预测 ... 54
3.3 连锁零售企业供应链风险灰色预测模型 ... 55
3.3.1 连锁零售企业供应链风险数据的选择与处理 ... 56
3.3.2 预测结果 ... 57
3.3.3 结果分析 ... 58
3.4 本章小结 ... 58

第4章 集群式零售供应链风险预警 ... 59
4.1 云模型的基本知识 ... 60
4.1.1 云与云滴 ... 60
4.1.2 云的数字特征与发生器 ... 60
4.1.3 多维云正向与逆向云发生器 ... 61
4.2 基于云模型的集群式零售供应链风险预警参数处理 ... 61
4.2.1 集群式零售供应链风险预警历史参数的云处理 ... 61
4.2.2 集群式零售供应链风险预警实时参数的云处理 ... 66
4.3 数据聚类挖掘供应链预警模型 ... 68
4.3.1 集群式零售供应链预警参数的数据挖掘 ... 68
4.3.2 集群式零售供应链风险预警聚类算法 ... 69
4.3.3 供应链风险预警聚类算法的程序实现 ... 71
4.4 实例分析 ... 72
4.4.1 零售供应链企业突发事件事例介绍 ... 73
4.4.2 突发事件风险预警聚类模型 ... 75
4.5 本章小结 ... 83

目 录

第5章 连锁零售企业供应链突发事件风险应急决策 85
5.1 突发事件风险下供应商选择 87
    5.1.1 突发事件风险相关理论 87
    5.1.2 零售供应链采购管理 89
    5.1.3 突发事件风险下供应商评价指标体系建立 90
    5.1.4 突发事件风险下供应商选择模型建立 94
    5.1.5 实例分析 98
5.2 突发事件风险下基于博弈论的供应价格谈判 100
    5.2.1 博弈论理论与方法 100
    5.2.2 零售商和供应商价格谈判分析 104
    5.2.3 博弈论与价格谈判的联系 106
    5.2.4 一般情况下零售商和供应商供应价格谈判 106
    5.2.5 突发事件风险下零售商和供应商供应价格谈判 107
    5.2.6 数值分析 111
5.3 突发事件风险下基于收益共享契约的供应链利润分配 114
    5.3.1 供应链典型契约 114
    5.3.2 供应链协同决策相关理论 115
    5.3.3 基本假设 117
    5.3.4 突发事件风险下零售供应链利润分配双层规划模型 117
    5.3.5 供应链利润分配优化算法 122
    5.3.6 数值分析 127
5.4 突发事件风险下零售供应链采购协同决策平台设计 130
    5.4.1 平台设计流程图 131
    5.4.2 用户界面 132
5.5 本章小结 138

第6章 集群式零售供应链稳定性分析与智能控制 140
6.1 集群式零售供应链系统建模 141
    6.1.1 供应链模型的发展 141
    6.1.2 集群式零售供应链模型 143
6.2 集群式零售供应链牛鞭效应分析 147

    6.2.1 牛鞭效应的定义 147
    6.2.2 供应链牛鞭效应研究意义 148
    6.2.3 集群式零售供应链牛鞭效应的定量描述 149
  6.3 集群式零售供应链鲁棒控制 150
    6.3.1 鲁棒控制理论 150
    6.3.2 集群式零售供应链系统控制策略——$H\infty$控制 156
  6.4 集群式零售供应链自抗扰控制 165
    6.4.1 自抗扰算法的定义 165
    6.4.2 自抗扰控制算法模型推导 165
    6.4.3 单链零售供应链自抗扰控制仿真实验 168
    6.4.4 单链零售供应链稳定性和鲁棒性分析 181
    6.4.5 双链零售供应链自抗扰控制仿真实验 186
    6.4.6 集群式零售供应链自抗扰控制参数研究 197
    6.4.7 粒子群优化算法整定自抗扰参数 198
  6.5 本章小结 206

参考文献 207

第 1 章 绪 论

对于供应链中各个环节之间的合作，会由于信息传递偏差，信息共享不充分，市场不确定因素以及政治大背景、经济形式、法律等因素而产生各种风险。供应链风险对于连锁零售企业是一种潜在的威胁，它破坏了供应链系统的稳定运行，会给企业造成巨大损失。对于一个成功的连锁零售企业要做到以相对较低廉的价格采购高质量的货品，制定并实施合理有效的库存计划，以快速、及时、准确、安全、低成本的方式进行配送。连锁零售企业供应链中的任何一个环节都有发生断裂的可能，而且连锁零售企业供应链管理风险还有放大效应，一旦供应链中的某个环节出现问题，所带来的负面影响都会涉及整个连锁零售业的供应链体系，而不是只单单影响某一个企业。因此，连锁零售企业对于采购、库存、配送等供应链中各个环节的风险预测和控制需求越来越强烈。考虑到风险发生会对连锁零售企业造成巨大损失，因此，帮助企业分析、识别供应链的风险因素，预测其潜在风险，加强库存水平控制，为各种风险情况的发生进行提早预测及预防，是供应链风险管理的重要课题。

1.1 研究目的和意义

1.1.1 研究目的

降低连锁零售企业供应链各个环节的风险、加强供应链的保障能力已经成为连锁零售企业供应链风险管理所急需解决的难题，在连锁零售企业供应链的各个环节中引入系统化的风险预测模型和稳定健壮的控制模型势在必行。在连锁零售企业供应链环节中，如何通过有效的风险预测和库存风险控制方法，尽可能地使连锁零售企业规避风险并提高收益，已经成为连锁零售企业相关研究中所必须要重视的问题。本书主要从供应链风险预测出发，为连锁零售企业预防和规避风险做基础，进而建立连锁零售企业供应链风险控制模型，提高连锁零售企业对其供应链的风险管理能力，达到加强保障连锁零售企业收益的目的。

1.1.2 研究意义

随着我国经济发展和人们生活水平的提高，连锁零售企业在国民经济中占据越来越重要的地位，并且连锁零售企业之间的竞争已经由单纯的价格竞争转变为供应链的竞争，供应链之间的竞争逐步成为企业发展的主流趋势。很多企业的领导和专家早就认识到供应链风险管理对企业的市场份额和赢利能力有着重要的影响。

供应链风险预测和控制作为风险管理的重要组成部分，其可靠性对连锁零售企业供应链的发展也起到至关重要的作用。概括起来说，供应链风险管理系统就是积极实行风险预测，不断矫正薄弱环节，保障供应链安全性的防错、纠错系统，其本质就是通过对主体运营过程中可能引起风险的因素进行识别、评价、预测、控制，及时矫正供应链的不良发展趋势。

目前，关于连锁零售企业供应链风险预测定量方面的研究并没有形成非常深入和全面的体系，如何构建有效的预测模型来加强供应链的风险因素预测，进而通过风险预测研究对供应链进行有效管理的研究尚处于初级阶段。考虑影响连锁零售企业供应链风险形成与传播的因素很多，其中既有确定性因素又有非确定性因素，属于相关信息不充分、欠完整、不确定的复杂系统。本书在对供应链风险预测基本原理、方法与流程分析基础上，构建连锁零售供应链风险预测管理系统，通过对连锁零售企业供应链中各个环节分析研究，建立风险体系，通过定性和定量相结合的分析方法，准确地预测出连锁零售企业供应链中潜在的风险问题，当风险达到一定的阈值时，应该对该连锁零售企业进行风险预警与控制，使企业管理者有充足的时间布置防范工作，并且及时做出相应的决策来规避风险，把企业的损失降到最低。因此，通过开展连锁零售企业供应链风险管理系统的研究，对深化供应链风险管理理论研究具有十分重要的理论和现实意义。

1.2 国内外相关研究综述

1.2.1 供应链风险管理研究综述

尽管目前国内外关于供应链风险的认识尚未统一，但许多学者倾向于认为供应链风险是在供应链企业的运营过程中，受各方面风险因素的影响，同时供应链的"不确定性"和"脆弱性"特点，使得供应链企业的实际效益与预期效益产生一定偏差的风险的形式。这些学者将供应链风险分为供应链内部风险因素引发的风险和由供应链外部不确定、不可控的风险因素引发的风险两类。目前，关于供应链风险的研究方法涉及定性研究、实证研究和定量研究，其研究涵盖了供应链风险识别、评估、预测、处理、控制以及企业连续运作管理等风险管理的基本过程。关于连锁零售企业供应链风险管理的理论越来越受到连锁零售企业界与学术界的关注。对连锁零售企业供应链中的潜在风险做出准确快速的预测，并提前加强库存风险控制，将是连锁零售企业成功的要素之一。

目前，国内外关于连锁零售企业供应链风险管理的研究还比较少，与其相关的研究主要集中在以下几个方面。

(1) 在具体的连锁零售企业中，为了保障供应链的运行安全，尽量避免供应链风险，可以从以下几个方面采取相应的措施：①设计柔性的供应链；②建立高效的信息传递渠道，实现企业各环节之间的信息共享；③对供应链进行流程重组，消除冗余环节，采取有效措施，使物流畅通；④加强企业核心环节对风险的控制能力；⑤制定发生供应链风险的应急措施；⑥供应链风险控制与反馈。

(2) 从战略角度研究连锁零售企业如何处理供应链风险问题。当供应链风险一旦发生时，连锁零售企业可以采取相应的措施控制风险，使企业损失降低到最小。相应的处理方法有规避风险、预防风险、自留风险和转移风险等4种方法。规避风险是指主动避开损失发生的可能性；预防风险是指采取预防措施，以减小损失发生的可能性及损失程度；自留风险是指自己非理性或理性地主动承担风险；转移风险是指通过某种安排，把自己面临的风险全部或部分转移给另一方。

现有的关于供应链风险的研究已经基本明确了连锁零售企业供应链风险管理的范畴，并且成功地实现了定性分析出连锁零售企业供应链中各环节可能存在的风险因素及风险管理方法，对于如何通过逐步引入定量的分析处理方法，建立一些对风险评估、预测及控制管理行之有效的理论方法的课题将具有重要的学术价值与社会经济意义。

国外关于供应链的概念是20世纪80年代由美国管理学家Stevens提出来的[1]，他认为："通过增值过程和分散渠道控制，从供应商的供应商到用户的用户的流就是供应链，它始于供应的源点，结束于消费的终点。"瑞典学者(2000)从供应链的脆弱性上将供应链风险定义为：存在随机干扰能导致零部件和原材料供应链与正常的、期望的和计划的时间安排或活动之间产生偏差，这些偏差对供应链的生产商和销售商都有负面的影响。[2]Cranfield School of Management(2002)把供应链风险定义为供应链的脆弱性，供应链风险因素的发生通常导致供应链运行效率降低，成本增加，甚至导致供应链的破裂和失败。[3]有效的供应链风险管理将保证供应链的运行安全，降低运行成本，提高供应链的运行绩效。Sheffi(2001)、Cranfield School of management(2002)、Kleindorfer(2003)、Richard Brenchley(2003)、Harland(2003)、Ernst&Young(2003)等分别从不同角度系统地研究了供应链风险因素，这些研究成果主要是从风险特征的角度对供应链风险作了定性识别，如表1.1所示。

表1.1 国外相关作者对风险因素的分类

作　者	风　险　因　素
Sheffi Yossi (2001)	设备实施失败、供应失败、运输失败、需求失败、信息交流失败、物流失败
Cranfield School of Management(2002)	供应风险、环境风险、制度风险、需求风险、运作过程风险、预防计划措施失败风险
Kleindorfer Paul R. (2003)	协调风险和中断风险
Richard Brenchley(2003)	内部风险(产品市场风险、治理风险、运作风险、财务风险)和外部风险(经济风险、法律风险、社会风险、技术风险、政治风险、环境风险)
Harland Christine (2003)	战略、信誉、作业、竞争、供应、客户、制度、税收、资产、法律风险
Emst&Young(2003)	经营计划风险、数据风险、合作关系风险、管理技术安全风险、供应链管理成本风险、税收风险、劳动力风险、企业治理风险
Sunil Chopra(2004)	知识产权风险、破裂风险、库存风险、延迟风险、IT系统风险、采购风险、预测风险、生产能力风险、可接受风险

续表

作　者	风险因素
Martin Bailey (2004)	环境风险、运作风险、自然灾害风险
Hallikas Jukka (2004)	需求风险、交货履约能力风险、财务相关风险、定价风险
Pointner Alexander (2004)	销售和运作计划风险、战略计划风险、供应中断风险、采购风险、控制风险

Prater(2001)针对跨国供应链风险提出了相应的评分方法来度量风险,在文章中定义了供应链暴露(Supply Chain Exposure)的概念。[4]Johnson(2001)分析了供应链的需求风险和供应风险,市场需求的不可预测、产品生命周期短、产品更新换代过快和季节变化导致了供应链的需求风险和供应风险。[5]Lindroth et al.(2001)提出了一个三维的供应链风险初步分析框架,包括供应链单元分析、供应链风险类型和供应链风险控制,[6]如图1.1所示。Cranfield School of Management同时提出了一个四阶段的供应链风险管理框架,如图1.2所示。

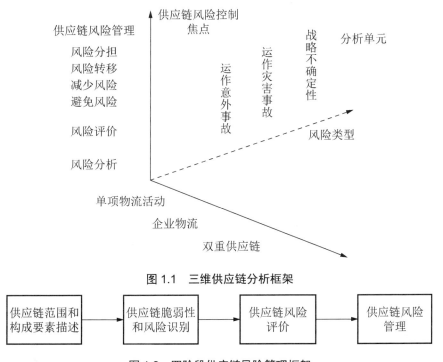

图1.1　三维供应链分析框架

图1.2　四阶段供应链风险管理框架

Nagurney(2003)发展了一个包含了生产商、分销商和零售商的三层供应链网络决策模型，同时还考虑了供应链中存在的风险，并推导出了模型的均衡条件，按照多属性决策进行优化，成功实现利润最大化，风险最小化。[7]Christopher S.Tang(2006)从供应管理、需求管理、产品管理和信息管理这4个方面对供应链风险管理的文章进行了分类回顾，简单介绍了一些相关的理论与模型。[8]最后作者从供应管理、需求管理、产品管理和信息管理这4个方面提出了对未来供应链风险管理的发展方向。Hallikas从风险事件的概率和结果的角度，半定量化地研究了供应链风险评估问题。[9]Baron，Horowitz和Lau基于报童模型讨论了企业决策者对于风险的厌恶态度给企业最优决策带来的影响，他们分别采用期望效用函数、获得预算利润的概率函数等风险指标作为系统决策的目标函数。

国内对供应链风险管理的研究相对于国外而言较迟，始于20世纪末21世纪初。马士华把供应链管理定义为："供应链管理就是使供应链运作达到最优化，以最少的成本，使供应链从采购开始，到满足最终顾客的所有过程，包括工作流、实物流、资金流和信息流等均高效率地操作，把合适的产品以合理的价格，及时准确地送到消费者手上。"[10]胡金环、周启蕾认为供应链风险是指供应链企业在生产过程中，由于各种事先无法预测的不确定因素带来的影响，使供应链企业实际收益与预期收益发生偏差。[11]张炳轩(2001)、党夏宁(2003)、丁伟东(2003)、马士华(2003)、许至端(2003)等主要通过对风险来源的分析对供应链风险做了定性识别，如表1.2所示。供应链风险的评估与预测也是供应链风险管理的重要课题。刘卫国通过模糊评价分析法研究了供应链风险的评估机制[12]。刘敏主要从供应链战略合作方面研究了供应链风险评估与防范问题[13]。胡玉涛基于人工神经网络研究了供应链风险预警模型[14]。吴轩洪，陈萨(2004)从博弈论的角度，通过对两阶段供应链库存信息共享前后的供应链成本分析，说明信息共享不但有必要而且很有效[15]。付玉(2005)把人工智能中的案例推理技术引入供应链风险估计，较好地解决了案例的描述与存储组织、匹配案例的检索以及检索结果的调整等关键问题，设计了实用化的偶发风险估计原型系统[16]。赖芨宇等(2007)从定量研究的角度出发，对供应链风险识别、控制与优化以及发展趋势作对比分析研究，并结合企业运营管理的实际问题，提出基于数据仓库的风险预警、控制与决策化模型[17]。史成东探索了粗糙集和灰色理论相结合的方法对供应链进行预警研究，粗糙集对冗余指标约简，灰色理论对知识共享风险进行评价。[18]王新利结合了供应链风险的评价指标体系,将神经网络与专家系统相结合,建立基于BP神经网络专家系统的供应链风险评价模型。[19]

表1.2 国内相关作者对风险因素的分类

作　者	风　险　因　素
张炳轩等(2001)	市场风险、合作风险、利润分配风险、利润波动风险、道德风险、技术与信息风险
党夏宁(2003)	效率因素、信息因素、资金因素、外来风险因素
丁伟东(2003)	自然环境风险因素和社会环境风险因素(独家供应商、信息传递、物流配送、财务状况、市场波动、合作伙伴、利润分配)
马士华(2003)	内生风险(道德风险、合作关系风险、信息风险、物流风险)和外生风险(政治风险、技术风险、经济风险、供应风险、法律风险、需求风险)
许至端(2003)	战略意图风险的制定、资源和知识的交换、伙伴的选择、伙伴关系的范围、学习的能力、解除合作的程序、关键绩效指标
解琨等(2003)	协作管理风险、信任风险、激励风险、核心技术外泄风险、道德风险、合作关系风险
倪燕翎等(2004)	外部风险(环境、市场)、内部风险(管理、结构、信息、技术、金融)
周艳菊(2006)	需求、供应、经营、环境、制度、信息

从国内外研究现状概述来看,目前对连锁零售企业供应链风险研究还不够系统化,相关文献研究成果主要集中表现为以下几个方面:①对连锁零售企业供应链中的某一个特定类型风险进行研究,缺乏对连锁零售企业供应链整个环节的系统性的风险研究。例如:只是单独对连锁零售企业供应链中的库存环节或是配送环节进行风险分析预测,而没有把整条连锁零售企业供应链的风险进行综合分析管理预测,以致不能判断出连锁零售企业供应链的风险状况。②笼统地对供应链风险管理的理论和方法进行研究,即研究供应链风险管理的基础理论和普遍的风险识别、风险评估和库存风险控制方法,缺乏结合连锁零售企业供应链特性的具体风险管理方法的研究。③仅从战略角度对连锁零售企业供应链风险管理展开研究,没有深入具体地对各个环节所存在的风险进行深入研究。④在对连锁零售企业供应链的风险分析中,建立的风险评价指标、数据往往是不完备的,这使得分析评价工作存在一定的不准确性,可能造成最终的风险预测值存在偏差。

1.2.2 供应链风险预测理论研究综述

风险预测是风险管理的重要组成部分,它是风险规避和控制的基础。任何风险事件的发生,都是外界各种因素的综合作用下引起的。因此,对供应链风险事件进行预测,就需要综合考虑一些不确定的、随机的因素可能引起的破坏性影响。预测技术就是根据事物的运动、变化和发展规律,采取适当的处理方法来评估事物的发展态势和未来状态。现代主流的预测方法有因果链法、直观法、比较类推法等定性方法和趋势外推法、回归分析法、指数平滑法等定量方法,它们的应用范围广泛,涉及经济、社会、军事、科技等诸多方面。随着经济发展和科技水平的进步,实现精确预测对于配置资源、管理生产及防范风险的重要性被越来越多的人认识。在风险预测分析中,由于传统的基于统计的方法对前提条件要求过于严格并且预测结果不够精确,如多元判别分析模型(MDA),只有针对预测数据服从正态分布且方差相等才能进行预测,因此在数据变化较大且复杂程度高的条件下不适合;再如逐步回归法,由于算法不能实现对发展环境下的显著关系集合的复杂性进行充分的建模,因此结果不准确。针对风险预测的这一特定领域,预测方法不断改进和创新,采用机器学习进行风险预测也正逐步发展,基于案例的推理(CBR)、支持向量机(SVM)以及人工神经网络(ANN)等方法广泛应用到了风险预测中。国内 20 世纪 90 年代后期开始出现关于 CBR 方法在经济管理中应用,例如周凯波设计的金融危机预警系统[20]、姜丽红等设计的智能化预测支持系统[21]、赵登福等将其应用于电力系统短期负荷预测[22]。SVM 理论在时间序列预测上具有广泛的应用,黄陈锋运用粗糙集的属性约简方法对不同时期的历史数据进行预处理,并用支持向量机预测模型对 2005~2008 年电力供需警情指标进行测算,最后根据警度对电力供需形势进行预测。[23]预测是人工神经网络应用领域中的一个重要分支,人工神经网络已经成功应用于经济预测、电力负荷预测和灾变预测等众多领域。刘洪波采用 BP 网络,以华北某市 2000 年 24h 用水量的实测数据为样本,考察了 BP 网络用于用水量的预测结果。[24]20 世纪 80 年代以来,神经网络在预测领域取得了丰硕的研究成果。1991 年,Matsuba 等人发表了关于应用神经网络进行股票预测的文章。石山铭和刘豹提出了组合多种信息的综合预测方法,成功将神经网络用于多变量时间序列。黄小原则给出了经济的神经网络预测模型。

1.2.3 供应链风险控制理论研究综述

供应链风险控制,是指在对供应链风险进行识别和评价的基础上,具有针对性地对某个风险因素加强管理,采取积极防范措施以降低风险发生的概率,使风险造成的损失达到最低程度。我国的一些学者,从不同行业所面临的供应链风险进行研究,并对各行业的供应链风险因素进行风险控制分析,以加强企业对风险信息的了解,采取预防性措施,解决我国的实际问题。例如,侯杰(2011)研究了我国煤炭行业的供应链风险识别与控制,他指出应从加快煤炭供应链整合和建立健全煤炭存储机制来防范煤炭供应链风险。[25]晚春东、陈常军等(2011)对水产品加工工业的供应链风险进行了研究,着重从供应、物流、财务、信息、需求、环境等方面对水产品加工业工艺风险进行剖析,提出从增强供应链核心企业的影响力、建立供应链风险评估系统、建立供应链系统协调机制、实施供应链系统柔性管理、采用 POS 系统的物流管理模式、加强供应链财务风险控制、以提高产品档次为核心开拓新兴市场、建立供应链系统应急机制等几个方面讨论风险控制策略[26]。近年,乳制品食品安全事件频繁发生,张智勇等(2011)提出基于 RFID 的乳制品供应链管理风险控制模型,通过建立乳制品供应链系统,利用 RFID 快速、自动且准确收集并存储信息,实现对乳制品安全风险的有效控制[27]。

还有一些学者是针对供应链中存在的个别风险,寻找控制方法。一些学者对供应链信用风险进行了研究:王燕(2008)研究了基于 stackelberg 博弈的供应链信用风险[28];夏德(2003)对信用在供应链中的重要作用以及供应链信用的培养、维护等问题进行了阐述[29];党夏宁(2003)针对信用风险,提出首先需要依靠契约作保障设定补救机制[30]。同时,针对一些企业可能遇到的不可预测的信用风险,设立供应链风险基金,实现供应链上企业共同防御资金风险。蒋敏等在已有的条件风险值的基础上建立一种基于 $\alpha-CVaR$ 损失值的最优风险控制模型,它可以近似离散化为一个多阶段决策问题[31]。吴德华,陈培健引进了贝叶斯最小风险理论,构建了交通事故贝叶斯最小风险控制模型。陈敬贤等构建了受需求风险干扰的供应链系统的动态模型,同时前馈反馈的最优控制理论引入该模型,设计算法,给出了模型的最优控制策略[32]。陈又星,徐辉根据商业银行信贷目的,针对中小企业资信评价问题的模糊不确定性,给出了信贷风险监测的模糊控制模型[33]。

1.2.4 国内外供应链牛鞭效应研究综述

1. 国外牛鞭效应文献综述

牛鞭效应不是一个全新的现象,在日常经济生活中经常可见。在 1960 年左右时,国外诸多研究院对此进行了研究。在自动化行业有过常年工作经验的研究人员福若斯特通过一连串的行业事实,证明了目前很多行业中都普遍存在牛鞭效应,同时牛鞭效应也意味着所在行业信息化发展开始成熟的标志。在 20 世纪 90 年代初,有一篇文章在学术界产生了巨大的影响,让所有学者为之震撼,由斯特姆教授提出通过对啤酒案例进行的研究方案得出,牛鞭效应发生最大可能的原因是在信息沿着企业物流链条传递时发生了信息不对称以及错误传递,这也为后来学者研究牛鞭效应指明了方向。在 1997 年的时候,斯特姆教授又再次通过定量研究来深度解析牛鞭效应,通过模型研究发现,信息在传递过程中,每增加一层级信息的放大传播,最终导致终端市场波动信息达到原始波动层次 10 倍之多。而后由李斯特教授所提出的完全模拟仿真牛鞭效应模型机理,也是供应链成员之间相互作用相互博弈的战略体现。从市场信息需求预测、物流仓库规划、自动化控制以及快速的问题报告体系等方面根据建立的模型来研究牛鞭效应。自这篇文章发表近 20 年来,各领域研究牛鞭效的学者争先在此基础上进行相关研究,而李斯特教授也被多次评为物流管理学领域之父。目前,学者们还在研究牛鞭效应发生的过程和供应链的运营周期,以及综合智能控制策略等问题。

2. 国内牛鞭效应文献综述

相比于国外研究学者从 1960 年就开始研究牛鞭效应问题,我国对牛鞭效应的研究稍显落后。我国从 1990 年才开始对牛鞭效应有初步的认知,到现在逐渐地开始对供应链深层次问题提出研究解决方案。其中,龚永华教授提出了信息共享的理念,他强调如果采用适当的分享方式,建立供应链网络,牛鞭效应可以被削弱。而后黄丽萍教授和牛娜教授也针对如何减弱牛鞭效应的发生,提出他们的研究观点,可以根据建立多层次的供应链模型,根据供应链管理系统的方程组来实现对供应链基础模型研究,再利用定量公式的方式定性地描述牛鞭效应,又在两年后提出应用计算机模型算法来解决牛鞭效应的发生以及抑制问题。与国外研究牛鞭效应的作者相比较,我国国内的学者更擅长利用算法以及模型来辅助研究。同时在模型之间的比较研究层面上,国内与国外学者相

第1章 绪 论

比,并不落后,研究成果为企业最后实施控制牛鞭效应策略,提供了保证措施以及可行性。

1.3 研究内容和研究方法

1.3.1 研究内容

本书主要针对难以确定连锁零售企业供应链的风险因素、缺乏准确定量的风险预测模型和风险控制模型这些现实问题,建立了一套从风险识别、风险因素指标约简、风险综合评价、风险预测、风险预警、风险应急决策,到连锁零售供应链稳定性分析与智能控制的风险管理框架。这套风险管理框架成功地实现了连锁零售企业供应链风险的精确定量预测和稳定控制,同时采用智能化的分析和处理方法,使得预测和控制的处理过程具有先进性和可靠性。主要研究内容由以下5部分组成。

(1) 连锁零售企业供应链风险识别与综合评价研究,主要包括粗糙集、离散化及信息熵属性约简的基本理论,连锁零售企业供应链风险综合评价指标体系,基于SCOR的连锁零售企业供应链风险识别,基于遗传算法改进粗糙集属性重要度风险指标约简,基于云模型的连锁零售企业供应链风险综合评价等方面的内容。

(2) 连锁零售企业供应链风险预测研究,主要包括灰色预测理论,基于遗传优化岭回归参数的灰色预测方法,连锁零售企业供应链风险数据的选择与处理,连锁零售企业供应链风险灰色预测模型等方面的内容。

(3) 集群式零售供应链风险预警研究,主要包括云模型的基本知识,多维云正向与逆向云发生器,基于云模型的集群式零售供应链风险预警参数处理,数据聚类挖掘供应链预警算法,集群式零售供应链风险预警聚类模型,供应链突发事件风险预警仿真研究等方面的内容。

(4) 连锁零售企业供应链突发事件风险应急决策研究,主要包括突发事件风险下供应商评价指标体系,突发事件风险下供应商选择模型,博弈论与价格谈判的联系,一般情况下零售商和供应商供应价格谈判,突发事件风险下零售商和供应商供应价格谈判,突发事件风险下零售供应链利润分配双层规划模型,供应链利润分配优化算法,突发事件风险下零售供应链采购协同决策平台设计等方面的内容。

(5) 集群式零售供应链稳定性分析与智能控制研究,主要包括集群式零售供应链系统建模,集群式零售供应链牛鞭效应的定量描述,集群式零售供应链系统控制策略-$H\infty$控制,集群式零售供应链自抗扰控制,粒子群优化算法(PSO)整定自抗扰参数,单链零售供应链自抗扰控制仿真研究,双链零售供应链自抗扰控制仿真研究等方面的内容。

1.3.2 研究方法

(1) 基于 SCOR 模型首先针对连锁零售企业供应链中采购、配送、库存各个环节的流程特性进行分析研究,确定出各个环节的核心过程,进而结合技术风险、员工风险、信息风险、合作风险、环境风险这 5 方面的风险因素来源对各个环节流程进行风险识别,获得连锁零售企业供应链各个环节的全部风险因素,建立完备的风险评价体系。

利用信息熵的概念对启发式信息进行重新定义,结合遗传算法给出了一种新的知识约简算法。该算法将定义的条件信息变化率的概念引入到遗传算法的适应度函数中,使用智能化的方法不断搜索选择使得适应度函数达到最大值的条件属性的组合,同时删除其他条件属性,最终获得约简后的属性集。建立基于连锁零售企业供应链风险的从指标体系建立到风险指标数据离散化、最后到风险指标约简的一套完整的风险指标约简模型,成功获得精准的、简洁的风险指标。

已知连锁零售企业供应链中各个环节各个风险因素的指标值,通过综合评价模型得出供应链各个环节的总体风险值,进而实现对供应链中各个环节的风险发生概率情况的合理判定,并且确定风险级别,方便企业管理者针对供应链中可能发生的风险状况提早防范,加强管理,同时为风险预测提供数据基础。本书采用基于云模型的连锁零售企业供应链风险综合评价模型,引入云模型描述评语,同时,风险因素权重的确定采用公式法,减少了传统模糊综合评价法中存在的主观因素影响,使得连锁零售企业供应链风险综合评价结果更加客观、准确。

(2) 评价连锁零售企业供应链的总体风险值的数据量较少,是非单调的摆动发展序列,因此采用灰色 GM(2,1)模型对总体的风险值进行预测具有一定的针对性,然而在求解灰色系统模型过程中,用常规的最小二乘法对灰色微分方程的参数进行估计时,由于数据的累加或累减使得微分方程存在不同程度的病态性,这将直接导致预测系统的稳定性降低,使得预测结果与实际结果差异较大。因此将岭回归估计算法引入到病态方程中,降低了方程组的病态性,同时通过遗传算法进行全局最优搜索,不断优化岭参数,解决岭参数难以确定的问题,最终建立连锁零售企业供应链风险灰色 GM(2,1) 预测模型。根据连锁零售企业供应链风险预测分析结果,企业管理者能够提早做出防范措施,加强管理。

(3) 针对集群式零售供应链风险预警参数的大数据特性,通过云模型算法对集群式零售供应链风险预警大数据参数进行多数据融合处理。集群式零售供应链的风险预警参数分为两部分,一部分是用来训练预警模型的历史参数数据,另一部分是检验预警模型的实时监测数据。历史参数数据由于庞大的数据量,使得历史数据中占主要地位的是具有重复数据信息的数据,这些大量具有重复信息的数据往往会冲散少量关键数据的存在性,同时庞大的历史数据也造成程序运行时间过长,工作效率差的问题。同构分块随机采样的云模型处理方法,使得重复数据量减少,同时提取出关键有用的数据信息。对历史和实时监测数据进行多维云模型融合处理,使其数据形式与预警模型数据形式相对应,以方便对当前供应链运行情况进行判断。选取改进的 DENCLUE 聚类算法,对通过云模型进行多数据融合后的集群式零售供应链历史和实时参数数据进行聚类,克服原始 DENCLUE 算法个别参数需要依赖人为确定的缺点,使参数自身寻找具有相同特点的数据集。再对聚类好的数据集进行专家划分,动态地划分出合理的预警区域,最后进行实时的预警等级决策,提高了集群式零售供应链风险预警的准确性。

(4) 主要研究突发事件风险下供应商选择、供应价格谈判和利润分配方面的内容。供应商选择的指标标准供应做到客观公平,并且合理,构建的指标体系不能太烦琐,分散指标的功能。指标体系由基础指标和突发事件下的核心指标结合而成。在突发事件风险下供应商选择的方法方面,综合使用了层次分析法、模糊综合评判法和全排列多边形图示指标法,并且建立突发事件风险下供应商选择模型。突发事件风险下零售商与供应商针对供应价格的谈判,运用博弈论的相关知识解决此问题。将突发事件风险下零售商与供应商双方的价格谈判分为两部分,第一部分是出价顺序博弈,第二部分是供应价格博弈。两部分组合的价格谈判,符合突发事件风险下零售商与供应商价格谈判的特点,具有可行性。基于收益共享契约,研究突发事件风险下双方利润分配问题。针对零售商与供应商双方各自争取利润最大化的特点,利用双层规划理论,构建突发事件风险下利润分配双层规划模型。对于模型求解，则是采用基于混沌的粒子群细菌觅食优化算法，明显地提高了求解速度和精度。利用 Windows Form 技术，设计突发事件风险下零售供应链采购协同决策平台，提高了企业间在突发事件风险下进行供应商选择、供应价格谈判以及利润分配的决策能力。

(5) 以抑制集群式零售供应链牛鞭效应为出发点，将牛鞭效应的严重程度作为判断供应链系统是否稳定的条件，通过数据建模仿真的方式探讨了 $H\infty$ 控制与自抗扰控制两种控制策略抑制牛鞭效应的效果。采用 $H\infty$ 控制方法，在需求条件最差情况下，控制策略能够寻求最优订货序列使得集群式零售供应链各节点库存偏差量和订货偏差量在较大需求扰动时很快趋于稳定，抑制了牛鞭效应。将自抗扰控制方法引入集群式零售供应链的风险控制系统中，利用自抗扰控制算法的扩张状态观测器对信息环境时滞、柔性制造时滞、零售供应链运作时滞及外部需求不确定性进行估计，动态地补偿被控对象(集群式零售供应链网络)模型的内扰、外扰和关联时滞的影响。最终获得时滞、不确定性存在时的最优订货控制量，很好地抑制了系统的牛鞭效应，解决了传统 PID 快速性和超调的矛盾。

第 2 章 连锁零售企业供应链风险识别与综合评价

在社会经济迅猛发展的今天，连锁零售企业供应链的风险问题十分突出。供应链风险是一种潜在的威胁，它会利用供应链系统的脆弱性，对供应链系统造成破坏，给企业供应链体系造成巨大的损害和损失。目前，我国关于连锁零售企业供应链风险管理的研究甚少，但是众多风险因素的存在，迫切需要连锁零售企业供应链风险管理体系来对企业供应链风险防范进行指导，为连锁零售企业供应链的风险管理提供理论支持，起到防患于未然的作用。

本章介绍了连锁零售企业供应链风险管理的概念，针对连锁零售企业供应链风险的特征提出了包括风险识别、属性约简、综合评价的风险管理模型。该模型设计的各个模块均采用高效的、智能化的、快速的处理方法。首先，对连锁零售企业供应链的各个环节进行 SCOR 流程分析和风险识别，并建立其风险体系表；其次，针对风险体系表中的风险因素多、冗余度较大、难以确定决策规则的特点，采用遗传优化改进属性重要度的约简算法对其进行约简；最后，对基于云模型和约简后的风险因素值进行风险危害程度综合评价。

2.1 基于 SCOR 的连锁零售企业供应链风险识别

2.1.1 供应链风险管理

供应链风险管理是风险管理思想和方法在供应链管理中的延伸和扩展，也是企业在供应链网络运行中期待对风险进行规避和控制的必然要求。供应链风险管理就是通过相应的风险管理方法识别供应链中各个环节存在的风险因素并对其进行有效的风险预测和控制，以降低企业以及整体供应链风险系数的过程。

供应链风险管理理论是一般风险管理理论与供应链管理理论的融合，并且紧密结合了供应链系统的特点和风险特点。

2.1.2 基于SCOR的供应链风险识别理论

1. 供应链风险识别

供应链风险识别是供应链风险管理的第一步，也是供应链风险管理的基础和前提。准确地识别出供应链环节中各种潜在的风险因素，为风险评估、预测和控制提供依据，是供应链风险管理的重要环节。所谓供应链风险识别，就是通过分析供应链中各个环节、每一个参与主体及所处的环境，找出影响供应链运行、造成供应链脆弱性的不确定因素的过程。风险识别的过程有收集相关信息资料、借助风险识别工具识别风险、整理风险识别结果3个阶段。把风险识别的结果整理出来是风险分析后续步骤和风险评估、预测和控制的基础。首先，必须明确风险产生的原因及其表现形式，根据对历史风险资料的分析和供应链环境及供应链本身出现的新变化，估计出供应链风险的发展趋势和形式。然后，详细列出可能遇到的风险，在风险估计与评价阶段进一步做出估计和评价，同时还需要把风险来源进行分类。最后，通过风险识别，发现供应链管理系统中潜在的供应链风险，并依据风险识别的结果形成风险来源指标体系表，为未来可能出现的不利因素采取相应的对策，使供应链能够保持低风险稳定运行。

根据事物的分析方法可知，通过系统分析解决问题必须依赖足够的信息。要识别供应链风险因素，就必须先分析供应链系统各个方面的信息，通过收集资料，分析利用关键信息，然后根据供应链计划的管理目标，逐步识别供应链中各环节可能出现的风险因素，文献[34，35]中提到的供应链风险管理中风险识别过程所必须掌握的信息分析可以综合总结如下。

(1) 一般环境信息，主要包括政治法律信息、经济信息、社会信息、技术信息、自然信息、环境保护等其他信息。

(2) 供销行情和合作伙伴及竞争对手信息，包括采购市场的形势变化、可替代性、顾客以及潜在顾客的需求变化、竞争对手行为、合作伙伴的表现等。

(3) 物流环境信息，包括供应网络覆盖地区的交通信息、仓储设备情况、物流各环节服务水平和价格、运作处理时间等。

(4) 供应链管理历史统计资料信息，包括供应链管理的统计资料数据、关于风险事件及其后续影响、处理结果等资料信息。

(5) 供应链管理计划与企业战略等文化资料信息，企业的供应链管理必须符合企业的战略规划。根据供应链计划，进一步明确实现计划的前提、资源、约束条件。计划的假设、前提、预测中就蕴含着目标实现的风险。任何供应链都是在一定的环境下运营的，受到内部和外部许多因素的制约，应该充分考虑制约因素的限制。

2. 供应链风险识别 SCOR 理论模型

供应链运营参考模型(Supply Chain Operation Reference model，SCOR 模型)是一种用于供应链流程描述与设计的工具。目前，SCOR 模型的使用已经遍布全球，越来越多的企业意识到基于 SCOR 模型来改善供应链内部管理结构、提高企业经济效益，具有重要的现实意义和理论研究意义。

SCOR 模型的基本思路[36]是将业务流程重组、标杆管理、最佳业务分析集成为多功能一体化的标准模型结构，包括供应链管理流程定义、对应流程性能评价、供应链最佳实践描述以及相关的供应链管理表现特征。同时 SCOR 模型对供应链流程的清晰描述为供应链风险识别提供了良好的框架。因此，许多专家和管理者都尝试运用 SCOR 模型流程分析法进行风险识别。供应链中的风险识别，主要通过 SCOR 模型对供应链进行全面、科学的绩效评价。比较各个环节的绩效评价结果与预定的指标是否一致，将达不到预定的标准即可视为风险，指标比较差的环节即视为风险管理的薄弱环节，对于实现预定目标的因素即为风险因素。

SCOR 模型[37]将供应链划分为 4 个层次，分别为顶层、配置层、流程元素层和实施层。顶层定义了 SCOR 模型的范围、基本流程和供应链的评价体系；配置层通过个性化配置实现企业的竞争战略；实施层并不包括在 SCOR 的定义之内，它需要不同的企业根据其不同的供应链结构进行具体配置，企业在这一层将实施其具体的供应链管理实践，形成新的竞争优势以及适应变革。

基于供应链 SCOR 模型的流程图[38,39]风险识别方法有很大的优势，它将把整个供应链的结构、组成、地理分布、处理流程清晰地描述出来，这样风险管理人员就可以仔细地分析识别供应链可能面对的环境风险、结构风险、行为主体风险，可以深入到每一层细分流程之中识别供应过程的风险因素。其识别供应链风险的种类和方法归纳如下。

(1) 环境风险识别。在以地图为背景的图上，描述出 SCOR 模型第二层标准配置的行为，可观察出该供应链的地理分布，便于分析各地区的地理环境、政治法律、经济社会状况、技术水平、自然灾害、物流等信息，有利于确定环境风险。

(2) 供应链主体风险与协作风险识别。基于 SCOR 模型确定供应链上主体的数量、位置、相互关系以及各主体间的相互协作关系，便于分析各主体内部的风险因素及协作风险因素，及时发现供应链上的薄弱环节。

(3) 供应链结构风险识别。基于 SCOR 模型可以帮助管理者判断供应链的结构是否合理，能否实现计划目标。同时还可以通过关键路径分析法确定供应链网络的关键路径并找出关键路径上的主要风险问题。

(4) 供应链流程风险识别。利用对 SCOR 模型的层层分解，深入到标准处理过程的内部，发现业务处理的不合理之处，确定风险存在。

2.1.3 连锁零售企业供应链 SCOR 风险识别模型

本章采用 SCOR 模型进行连锁零售企业供应链风险识别，将连锁零售企业供应链划分为 3 个主要的环节，分别是采购环节、库存环节和配送环节，每个环节都有相应的支持系统。采购环节是按照计划或需求进行获取物料和需要的服务，配送环节为库存生产、按订单制造和按订单定制的产品进行订单、仓库、运输和装配的管理。库存环节对连锁零售企业经营全过程中所需要的各种物品、产品以及其他资源进行管理和控制。将连锁零售企业供应链的风险识别细化为对采购环节、库存环节和配送环节的风险识别，通过分析各个环节、每一个参与主体及所处的环境，找出影响供应链运行、造成供应链脆弱性的不确定因素，建立各自的风险体系，为供应链风险评估、预测和控制提供基础。

1. 连锁零售企业供应链采购环节的 SCOR 风险识别模型

在供应链运营参考模型中，有关采购环节的标准流程如图 2.1 所示。

基于连锁零售企业供应链采购环节 SCOR 运营参考模型，对于采购环节的风险分析主要考虑商品的选择、商品供应商的选择和商品运输方式的选择这 3 个方面，同时结合连锁零售企业的内部风险和外部风险，连锁零售企业供应链的采购环节风险因素体系主要包括技术风险、信息风险、环境风险、合作风险 4 方面的风险因素，连锁零售企业供应链采购环节的风险因素体系如图 2.2 所示。根据采购环节的风险因素来源和采购环节的 SCOR 运营参考模型，对采购环节中各个流程进行风险识别。

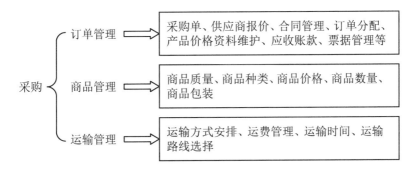

图 2.1 采购环节 SCOR 运营参考模型

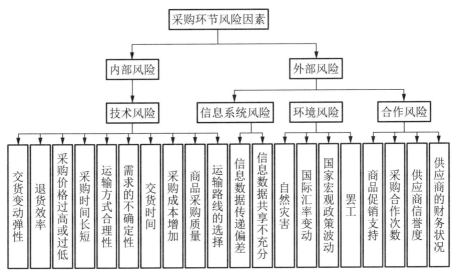

图 2.2 采购环节的风险因素体系

2. 连锁零售企业供应链配送环节的 SCOR 风险识别模型

在供应链运营参考模型中,有关配送环节的标准流程如图 2.3 所示。

根据配送环节 SCOR 运营参考模型,得到了连锁零售企业供应链配送环节的六大核心环节:

进货 → 存储 → 加工 → 理货 → 出货 → 运输

基于连锁零售企业供应链配送环节的进货、存储、加工、理货、出货和运输六大核心环节,结合连锁零售企业的内部风险和外部风险,连锁零售企业供应链的配送环节风险因素体系主要包括技术风险、员工风险、信息系统风险、环境风险、合作风险5方面的风险因素,连锁零售企业供应链配送环节的风险因素体系如图2.4所示。根据配送环节的风险因素来源和配送环节的 SCOR 运营参考模型,对配送环节中各个流程进行风险识别。

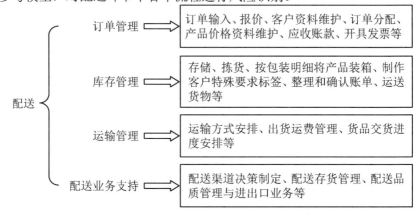

图 2.3　配送环节 SCOR 运营参考模型

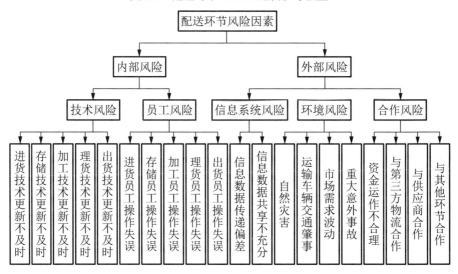

图 2.4　配送环节风险因素体系

3. 连锁零售企业供应链库存环节的 SCOR 风险识别模型

在供应链运营参考模型中,有关库存环节的标准流程如图 2.5 所示。

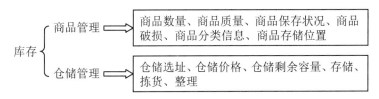

图 2.5　库存环节 SCOR 运营参考模型

基于连锁零售企业供应链库存环节 SCOR 运作参考模型，对库存环节的风险分析主要考虑商品和存储情况两个方面，同时结合连锁零售企业的内部风险和外部风险，连锁零售企业供应链的库存环节风险因素体系主要包括技术风险、信息风险、环境风险 3 方面的风险因素，连锁零售企业供应链库存环节的风险因素体系如图 2.6 所示。根据库存环节的风险因素来源和库存环节的 SCOR 运营参考模型，对库存环节中各个流程进行风险识别。

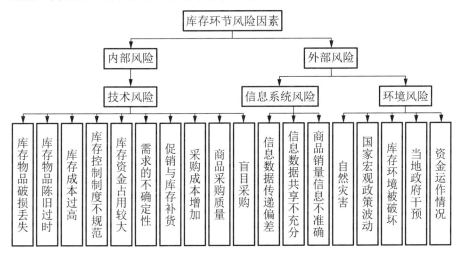

图 2.6　库存环节风险因素体系

2.2　基于遗传算法改进粗糙集属性重要度风险指标约简

2.2.1　粗糙集、离散化及属性约简的基本理论

1. 粗糙集的基本理论

Rough 集理论[40]是由波兰 pawlak 教授于 20 世纪 80 年代提出的一种研究

不完整、不确定知识和数据表达、学习、归纳的理论方法,近些年在理论模型、算法研究、工程实践中得到了广泛的应用,并取得了良好的成果。下面对粗糙集的概念进行简单的介绍。

1) 知识与知识库

粗糙集理论的主要思想是,将不精确或不确定的知识用已知的知识库中的知识来刻画。知识直接与真实或抽象世界的不同分类模式联系在一起,任何客观事物,都可以用一些知识来描述,知识可以被理解为对事物的分类能力,知识分类能力也可用知识系统的集合表示形式来描述。

定义 2.1[41] 一个知识库可以表达为:

$$K = (U, R)$$

其中,U 是对象的有限集合,即论域,R 是 U 上的等价关系。

2) 上近似集与下近似集

定义 2.2 给定知识库 $K = (U, R)$,$X \subseteq U$,等价关系 $r \subseteq R$,则 X 关于等价关系 r 的上、下近似集分别定义如下:

$$r^-(X) = \cup \{Y \mid Y \in U/B \mid Y \cap X \neq \Phi\} \quad (2\text{-}1)$$

$$r_-(X) = \cup \{Y \mid Y \in U/r \mid Y \subseteq X\} \quad (2\text{-}2)$$

$bn_r(X) = r^-(X) - r_-(X)$,定义为 X 中不能被 U/r 精确表示的元素集合,称 X 的 r 边界域。这里,$r_-(X)$ 也称为 X 的 r 正域,表示完全能被 U 在 r 下的等价类精确描述的 X 的子集,$U - r_-(X)$ 称为 X 的 r 负域,表示论域 U 中肯定不属于 X 且能够被 U/r 精确描述的部分。

3) 信息系统与决策表

信息系统(即知识表达系统),通常采用二维表来表示,因此可以称为信息表。信息系统的表达法是一种形式语言,列是由属性的取值构成的,行是由对象构成的。知识库与信息系统存在一一对应关系,知识库中任何一个等价关系的等价类都可以用属性和该属性下的属性值表示。

定义 2.3 一个信息系统表达为:$S = (U, A, V, f)$,简记为 $S = (U, A)$。其中,$U = \{x_1, x_2, \cdots, x_n\}$ 是对象的集合,也称为论域;A 是非空有限属性集合;$V = \underset{a \in A}{\cup} V_a$ 是属性值的集合,V_a 表示属性 a 的取值范围,即属性 a 的值域;$f: U \times A \to V$ 是一个信息函数映射,它为论域 U 中每个对象的属性指定唯一值。

定义 2.4 决策表是一种特殊的信息表,可以用 $T = (U, A = C \cup D, V, f)$ 表示,其中,C 表示条件属性集合,D 表示决策属性集合,且 $D \neq \Phi$。通常,为了讨论方便，也可以记为 $T=(U,A,C,D)$，称为 CD 决策表。

4) 知识与信息熵

Pawlak 提出的粗糙集理论是基于代数观点进行描述的。近几年来，一些学者从信息论、概率论的角度对粗糙集理论重新进行了研究和扩展，对粗糙集理论中的知识做了新的理解，建立了知识与信息熵之间的关系。

给定信息系统 $S=(U,A,V,f)$，其中 U 为论域，A 为非空属性集合(即等价关系族或知识)。

定义 2.5[42] 设 P 和 Q 为论域上 U 上的等价关系族(即知识)，$U/ind(P)=\{X_1,X_2,\cdots X_n\}$，$U/ind(Q)=\{Y_1,Y_2,\cdots Y_n\}$，则 P、Q 在 U 上的子集的概率分布分别为：

$$[X:P]=\begin{bmatrix} X_1 & X_2 & \cdots & X_n \\ p(X_1) & p(X_2) & \cdots & p(X_n) \end{bmatrix} \quad (2\text{-}3)$$

$$[Y:P]=\begin{bmatrix} Y_1 & Y_2 & \cdots & Y_n \\ p(Y_1) & p(Y_2) & \cdots & p(Y_n) \end{bmatrix} \quad (2\text{-}4)$$

其中：$p(X_i)=card(X_i)/card(U)(i=1,2,\cdots n)$，$p(Y_j)=card(Y_j)/card(U)(j=1,2,\cdots,m)$。

有了知识的概率分布定义后，就可以根据信息论来定义知识的自信息熵、联合熵、条件熵、互信息等概念。

定义 2.6 知识(属性集合)C 的自信息熵定义为：

$$H(C)=-\sum_{i=1}^{n} p(X_i)\log p(X_i) \quad (2\text{-}5)$$

定义 2.7 知识(属性集合)D 相对于知识(属性集合)C 条件熵定义为：

$$H(D|C)=-\sum_{i=1}^{n} p(X_i)\sum_{j=1}^{m} p(Y_j|X_i)\log p(Y_j|X_i) \quad (2\text{-}6)$$

其中，$p(Y_j|X_i)=\dfrac{card(Y_j \cap X_i)}{card(U)\times card(X_i)}$。

2. 离散化的基本理论

由于 Rough Set 理论产生于集合论，集合论元素又是以独立个体形式存在的，因而在运用粗糙集理论进行决策表的属性约简前，都必须先将具有连续变化的实数属性值进行离散化处理，选取适当的断点区间来对条件属性构成的空间进行划分，把 $r(a)$（条件属性个数）维空间划分为有限的区域，使得每个区域内对象的决策值相同。离散化后的决策表减少了解决问题的复杂度，可以很好地提高决策的适应性。

决策表 $S=(U,Q,V,f)$，设其决策属性个数为 $r(d)$，c 为实数集。属性 a 的值域 V_a 上的一个断点可以记为 (a,c)，其中 $a\in Q$。在值域 $V_a=\{l_a,r_a\}$ 上任意一个断点集合 $\{(a,c_1^a),(a,c_2^a),\cdots,(a,c_{k_a}^a)\}$ 定义了 V_a 上的一个分类 P_a：

$$P_a=\left\{\left[c_0^a,c_1^a\right],\left[c_1^a,c_2^a\right],\cdots,\left[c_{ka}^a,c_{ka+1}^a\right]\right\} \tag{2-7}$$

$$l_a=c_0^a<c_1^a<c_2^a<\cdots<c_{ka}^a<c_{ka+1}^a=r_a \tag{2-8}$$

$$V_a=\left[c_0^a,c_1^a\right]\cup\left[c_1^a,c_2^a\right]\cup\cdots\cup\left[c_{ka}^a,c_{ka+1}^a\right], \tag{2-9}$$

因此，$\forall P=\underset{a\in R}{\cup}P_a$ 定义一个新的决策表 $S^P=(U,Q,V^P,f^P)$，$f^P(x_a)=i\Leftrightarrow f(x_a)\in[c_i^a,c_{i+1}^a]$，对于 $x\in U,i\in\{0,1,\cdots,k_a\}$，经过离散化处理之后，一个新的信息系统决策表取代了原来的信息系统决策表。

Rough Set 理论的优势在于它不需要额外的参数和先验知识，直接根据数据库或信息本身就可以进行离散化。离散化算法有等距划分算法、等频划分算法、Naïve Scaler 算法、Semi Naïve Scaler 算法、布尔逻辑和 Rough 集理论相结合的离散化算法、基于断点重要性的离散化算法及基于属性重要度的离散化算法等。

3. 属性约简的基本理论

粗糙集属性约简是 Rough set 理论研究中的一个关键性问题，也是粗糙集理论中一个重要的研究课题。属性约简就是从原始属性集中去除不相关的、冗余的、具有干扰性的非重要属性，找出具有重要意义的属性子集的过程。通过属性约简建立一个更简洁、更精确的学习模型，极大地减少了规则抽取算法的计算时间，提高了导出模型的准确性。

定义 2.8 给定一个信息系统 $S=(U,A)$，对于每一个属性子集 $B\subseteq A$，可以构造对应的二元等价关系：

$$ind(B)=\{<x,y>\in U\times U\,|\,\forall a\in B,a(x)=a(y)\} \tag{2-10}$$

式中 $ind(B)$ 被称为由 B 构造的不可分辨等价关系。

定义 2.9 给定一个信息系统 $S=(U,A)$，令 P、Q 为 U 中的等价关系，则 Q 的 P 正域可以定义为：

$$POS_P(Q) = \bigcup_{X \in U/Q} P_-(X) \tag{2-11}$$

对于 U/P 的分类，U/Q 的正域是论域 U 中所有通过分类 U/P 表达的知识一定能够划入 U/Q 类的对象的集合。若 P、Q 为 U 中的等价关系族，由它们构造的不可分辨关系分别为 $ind(P)$、$ind(Q)$，则 Q 的 P 正域可以表示为：

$$POS_{ind(P)}(ind(Q)) = \bigcup_{X \in U/ind(Q)} ind(P)_-(X) \tag{2-12}$$

定义 2.10 给定一个信息系统 $S = (U, A)$，对于属性集合 P、Q、R，称 R 为 P 的 Q 约简，当且仅当同时满足以下两个条件：

(1) $POS_{ind(R)}(ind(Q)) = POS_{ind(P)}(ind(Q))$；

(2) 不存在属性 $a \in R$，使得 $POS_{ins(R-\{r\})}(ind(Q)) = POS_{ind(P)}(ind(Q))$ 成立。

将所有 P 的 Q 约简用 $RED_Q(P)$ 来表示。

定义 2.11 P 相对于 Q 的核 $CORE_Q(P)$ 定义为：

$$CORE_Q(P) = \cap RED_Q(P) \tag{2-13}$$

也就是说 P 的 Q 核 $CORE_Q(P)$ 是所有 P 的 Q 约简的交集。

定义 2.12 给定一个决策系统 $T = (U, C \cup D, V, f)$，对于条件属性子集 $R \subseteq C$，若满足：

(1) $POS_{ind(R)}(ind(D)) = POS_{ind(C)}(ind(D))$；

(2) 不存在属性 $a \in R$，使得 $POS_{ins(R-\{r\})}(ind(D)) = POS_{ind(P)}(ind(D))$ 成立。

则称 R 为条件属性集 C 相对于决策属性集 D 的相对约简，所有 C 的 D 约简可记为 $RED_D(C)$，很显然有 $R = RED_D(C)$。

2.2.2 粗糙集的离散化方法

决策信息表建立后，实际的风险指标约简问题转换为应用粗糙集理论处理决策信息表的数学问题了。对条件属性进行属性约简，首先需要对决策表进行离散化处理。本章使用 Semi-Naive Scaler 算法对决策表进行离散化处理，该算法方便、快捷，并且可行性较高。

Semi-Naive Scaler 算法是 Naive Scaler 算法的改进算法。由于 Naive Scaler 算法在离散化处理过程中考虑的因素不全面且选取的断点太多，因此，可以通过优化断点集来减少断点的数目，由此形成了 Semi-Naive Scaler 算法。

该算法按照属性值的大小，对决策表中的数据从大到小排序：

$$X_i^a = \{x \in U \mid a(x) = v_i^a\} \quad (2\text{-}14)$$

其中，$v_0^a < v_1^a < \cdots < v_i^a < \cdots < v_{k_a}^a$。

然后根据式(2-15)和式(2-16)处理断点：

$$D_i^a = \{v \in V_d \mid v = \arg\max_{v'} \mid \{x \in X_i^a \mid d(x) = v_i\}\} \quad (2\text{-}15)$$

$$C^a = \left\{ \frac{v_i^a + v_{i+1}^a}{2} \mid D_i^a \notin D_{i+1}^a, D_{i+1}^a \notin D_i^a \right\} \quad (2\text{-}16)$$

式中：v_i^a 是条件属性值，v_i 是决策属性值，C^a 为属性断点集合，集合 D_i^a 是 X_i^a 中主要的决策属性值，即等价类 X_i^a 中出现频率最高的决策属性值。

Semi-Naive Scaler 算法的基本步骤如下：

(1) 根据式(2-14)和式(2-15)计算 X_i^a 和 D_i^a 的值；

(2) 如果 $D_i^a \notin D_{i+1}^a$，且 $D_{i+1}^a \notin D_i^a$，则根据式(2-16)得到相应的断点值；若不满足条件，不选取此断点。

Semi-Naive Scaler 算法求出的断点数目要小于 Naive Scaler 算法所求得的断点数目，去掉了 Naive Scaler 算法中一些不必要的断点。实际上它所求得的断点是 Naive Scaler 算法断点的一个子集。

2.2.3 遗传算法改进粗糙集属性重要度约简算法

1. 几种约简算法分析比较

知识约简是粗糙集理论研究的重要内容之一，它具有属性约简和属性值约简两种形式，其基本思想是保持信息系统分类或决策能力不变的基础上，删除不相关或不重要的冗余属性或冗余属性值，获得信息系统的分类或决策规则。伴随数据库系统中数据的不断扩大，属性约简变得更加具有实际价值，它简化了数据库结构的复杂度，提高了人们对隐含在庞大数据量下的各种信息的认识程度。因此，属性约简成为了粗糙集理论研究的热点之一。目前人们针对属性约简做了很多的研究，提出了许多相关约简算法。

1) 辨识矩阵法

辨识矩阵是由数学家 A. skowron 提出来的，在粗糙集约简过程中，通过辨识矩阵表达出复杂信息系统中存在的全部不可区分关系。通过构造区分矩阵得出相关的区分函数，然后应用吸收律化简区分函数，使之成为析取范式，则每个值蕴含式均为约简。这种算法简单直观，易于理解，很容易得到信息系统中属性核与所有约简。但同时该算法的缺点也十分明显：当属性的规模较大时，差别矩阵占有大量的存储空间 $O(n^2)$，不具备可操作性，其时间复杂度随条件属性呈指数增长，无法处理大规模数据集。

2) 启发式约简算法

目前各种启发式算法很多，根据对属性重要度的定义不同可分为：基于属性重要度的启发式算法，基于条件信息熵的约简算法，基于属性频率的启发式算法等。这些算法都以信息系统或决策表的核为起点，依次选择属性重要度最大的属性加入核中，直到满足终止条件，最后得到的属性集合就是信息系统或决策表的最优约简。由于信息系统中各个属性不是孤立存在的，并且相互之间存在联系和影响，所以采用属性重要度的启发式约简算法有时不能找到信息系统的最优解。目前，国内外学者提出了几种经典的属性约简算法，主要分为以下两类。

(1) 基于属性重要性程度逐步扩展的算法，该算法是从空集开始搜索，缺点是计算量较大。

(2) 基于属性重要性的启发式算法，该算法首先计算求出决策系统的相对核，然后逐步扩展求出一个较优的相对属性约简。这种启发式的属性约简算法，主要包括基于分类质量的约简算法、基于依赖度的约简算法、基于差别矩阵的约简算法和基于信息论的约简算法等。其中基于分类质量的算法、基于依赖度的算法分别利用了粗糙集理论中的分类质量和依赖度的概念；基于差别矩阵的算法通过生成差别矩阵，然后根据差别矩阵中属性出现的频率来定义属性的重要性，该方法比较直观，但是需要确定生成的差别矩阵，需要较大的时间复杂度和空间复杂度；基于信息论的算法则是将信息论、概率论引入到属性约简中，通过决策属性与条件属性之间的互信息、条件熵或其组合的方式来度量条件属性的重要性。

① 基于分类质量的启发式算法。

定义 2.13[43,44] 设 $T=(U,A,V,f)$ 为一个决策表信息系统，其中 U 表示论域；$A=C\cup D$ 是属性的非空有限集合，属性子集 C 和 D 分别为该决策表信息系统的条件属性集和决策属性集，并且有条件属性子集 $R\subseteq C$，则条件属性子集 R 的分类质量定义为：

$$r_R = card(POS_{ind(R)}(D))/card(U) \qquad (2\text{-}17)$$

用属性 $a \in C-R$ 添加到属性子集 R 时分类质量 r_R 的增量来表示属性 a 的重要性，即：

$$SGF(a,R,D) = r_{R \cup \{a\}} - r_R \tag{2-18}$$

根据上述以分类质量增量作为属性重要性的定义，提出了基于分类质量的启发式算法。

② 基于依赖度的启发式算法。

定义 2.14[45] 设 $T=(U,A,V,f)$ 为一个决策表信息系统，其中 U 表示论域；$A=C \cup D$ 是属性的非空有限集合，属性子集 C 和 D 分别为该决策表信息系统的条件属性集和决策属性集，且有条件属性子集 $R \subseteq C$，Hu 等定义条件属性子集 R 与决策属性集合 D 之间的依赖度为：

$$k(R,D) = card(POS_{ind(R)}(ind(D))) / card(POS_{ind(C)}(ind(D))) \tag{2-19}$$

很显然 $0 \leq k(R,D) \leq 1$，值 $k(R,D)$ 描述了决策属性 D 和条件属性子集 R 关联性，如果 R 是 C 的相对于 D 的约简，则有 $k(R,D)=1$；如果为空集（即 $R=\Phi$），则有 $k(R,D)=0$。Hu 等用属性 $a \in C-R$ 添加到属性子集 R 时依赖度 $k(R,D)$ 的增量来表示属性 a 的重要性，即：

$$SGF(a,R,D) = k(R \cup \{a\},D) - k(R,D) \tag{2-20}$$

其中，$SGF(a,R,D)$ 表示当前选择的条件属性子集为 R 时，属性 a 的重要性（其中属性 $a \in C-R$），它反映了将属性 a 添加到 R 中依赖度的增量，依据上述以依赖度增量作为属性重要性的定义，提出了基于依赖度的启发式算法。

③ 基于差别矩阵的启发式算法。

定义 2.15[46] 设 $T=\{U,A,V,f\}$ 为一个决策表信息系统，其中 U 表示论域；$A=C \cup D$ 是属性的非空有限集合，属性子集 C 和 D 分别为该决策表信息系统的条件属性集和决策属性集，并且有条件属性子集 $R \subseteq C$，将属性 $a \in C-R$ 的重要性定义为差别矩阵中属性出现的频率，即：

$$SGF(a,R,D) = p(a) \tag{2-21}$$

其中，$p(a)$ 表示差别矩阵中删掉与属性子集中属性有交的属性组合的剩余部分所出现的频率，提出了基于差别矩阵的启发式算法。

④ 基于信息论的启发式算法。

信息论是美国数学家香农(Claude Elwood Shannon)为解决通信过程中遇到的一些问题而建立的一系列理论。一个传递信息的通信系统由信源、信宿以及连接两者的信道组成。信息是确定性的增加，用来消除不确定性的。信息量的大小由所消除的不确定性来度量。从信息论观点研究粗糙集理论的属性约简算法，大多数都采用条件熵、互信息以及两者之间的组合方式来定义属性的重要性，然后得到相应的启发式算法。

a. 基于条件熵的启发式属性约简算法。

定义 2.16[47] 设 $T = (U, A, V, f)$ 为一个决策表信息系统，其中 U 表示论域；$A = C \cup D$ 是属性的非空有限集合，属性子集 C 和 D 分别为该决策表信息系统的条件属性集和决策属性集，并且有条件属性子集 $R \subseteq C$，将属性 $a = C - R$ 的属性重要性定义为条件熵的增量，即：

$$SGF(a, R, D) = H(D|R) - H(D|R \cup \{a\}) \quad (2-22)$$

在条件属性子集 R 一定的情况下，如果要比较各个属性 $a_i \in C - R$ 的属性重要性 $SGF(a, R, D)$ 的大小，因为 $H(D|R)$ 不变，所以只需比较 $H(D|R \cup \{a_i\})$ 的大小即可。根据上述以条件熵的增量作为属性重要性的定义，王国胤、于洪、杨大春等提出了基于条件熵的知识约简算法——CEBARKCC 算法。

b. 基于互信息的启发式属性约简算法。

定义 2.17[48] 设 $T = (U, A, V, f)$ 为一个决策表信息系统，其中 U 表示论域；$A = C \cup D$ 是属性的非空有限集合，属性子集 C 和 D 分别为该决策表信息系统的条件属性集和决策属性集，并且有条件属性子集 $R \subseteq C$，将属性 $a = C - R$ 的属性重要性定义为互信息的增量，即：

$$SGF(a, R, D) = I(R \cup \{a\}; D) - I(R; D) \quad (2-23)$$

在条件属性子集 R 一定的情况下，如果要比较各个属性 $a_i \in C - R$ 的属性重要性 $SGF(a, R, D)$ 的大小，因为 $I(D|R)$ 不变，所以只需比较 $I(R \cup \{a\})$ 的大小即可。根据上述以互信息增量作为属性重要性的定义，苗夺谦等提出了 MIBARK 算法。

2. 遗传算法改进粗糙集属性重要度约简算法

1）属性重要度的定义

在决策表中，可以通过条件属性与决策属性之间的条件熵和互信息熵作为衡量条件属性相对于决策属性重要度的标准。杨大春等提出以条件熵的增益作为属性重要性的度量，苗夺谦等提出以互信息增益来量测属性重要性，但是这两种方法在条件属性差异较小的情况下，其属性重要度的区分效果不十分明显。贾平等提出了以互信息增益率作为属性重要度的度量,这种度量方法将互信息增益作为其分子部分,然而却未充分考虑到已知条件属性子集与待添加条件属性两者之间的相关性。因此,本章采用条件信息变化率作为属性重要度的度量方法。

定义 2.18 设 $S=(U,A,V,f)$ 是一个信息系统,$A=C\cup D$,C 为条件属性,D 为决策属性,$R\in C$,则将任意属性 $a\in C-R$ 相对决策属性 D 的重要性 $SGF(a,R,D)$ 定义为该属性 a 添加到属性集 R 时的条件信息变化率,即:

$$SGF(a,R,D) = \frac{H(D/R\cup\{a\})-H(D/R)}{H(R\cup\{a\})-H(R)} \quad (2\text{-}24)$$

2) 适应度函数的定义

由于适应函数是对个体位串的适应性进行评价的唯一性能指标,所以适应函数的形式直接决定着群体的进化行为。从信息论的角度求解知识约简时,就必须考虑属性的重要性问题。

本章将适应度函数定义如下:

$$F(x) = \left(1-\frac{card(x)}{n}\right)\frac{\beta}{1+e^{\alpha(k_0-k(x))}} = \beta\cdot f(x)\cdot p(x) \quad (2\text{-}25)$$

其中,β 为罚因子,$f(x)=\left(1-\dfrac{card(x)}{n}\right)$ 为目标函数,n 表示条件属性的个数,$card(x)$ 表示对象群体中某个个体 x 中 1 的个数,即选取的个体 x 中所含条件属性的个数,$f(x)$ 的目的是希望 x 中所含条件属性的个数尽可能的小。$R\in C$ 为相对核属性,对于 $p(x)=\dfrac{1}{1+e^{\alpha(k_0-k(x))}}(\alpha\geq 0)$,$k(x)$ 表示个体 x 中所含的条件属性对决策属性 D 的支持度,即为 $\sum\limits_{i=1}^{card(x)}SGF(a_i,R,D)$。$k_0$ 是预设的阈值,其中对于任意的条件属性 a 对应的 $SGF(a,R,D)\leq 1$ 恒成立,即 $\sum\limits_{i=1}^{card(x)}SGF(a_i,R,D)\leq n$ 恒成立,所以设 $k_0=n$。$p(x)$ 函数值的计算可以表征 x 中所含条件属性对决策属性的属性重要度。通过以上分析易知,个体 x 的适应度与属性重要度的变化趋势一致。

3) 算法步骤

决策系统中的属性集合包括条件属性集和决策属性集。根据粗糙集理论,决策系统中的某些条件属性对于决策是不必要的(即冗余的)。冗余知识的存在，一方面是对资源的浪费；另一方面，会干扰人们做出正确而简便的决策。本章将定义的条件信息变化率的概念引入到遗传算法的适应度函数中，使用智能化的方法不断搜索选择使得适应度函数达到最大值的条件属性的组合，同时删除其他条件属性，最终获得高效的属性约简。

步骤如下：

输入：一个决策表 $T = (U, C \cup D)$，其中，U 为论域；C 和 D 分别为条件属性集和决策属性集。

输出：该决策表的一个相对约简，即 C 的 D 约简。

① 计算 C 相对于 D 的核 $Core = Core_D(C)$。

a. $Core_D(C) = \Phi$；

b. 对于条件属性 C 中的所有属性 a，如果 $H(\{d\}|C) < H(\{d\}|C-\{a\})$，则 $CORE_D(C) = CORE_D(C) \cup \{a\}$，$R = CORE$。

② 随机产生 m 个长度为 n(条件属性个数)的二进制串，代表个体组成初始种群，每个个体的每一位对应一个条件属性，如取 0 表示不选择该属性，取 1 则表示选择该属性。

③ 计算所含条件属性与相对决策属性 D 的属性重要性 $\sum SGF(a, R, D)$，记作 $k(x)$；依照适应度值公式计算种群中每个个体的适应度值，找出数值最大的个体复制给下一代，求 $\max(F(x))$。

④ 对种群规模为 m 的种群，计算个体的适应度值 $F(x)$ 以及选择它的概率，通过进行个体的选择，重新构成种群。

⑤ 依据交叉概率把两个父代个体的部分结构加以替换重组而生成新个体。

⑥ 依据变异概率对种群进行变异操作，变异运算对种群中的个体串的某些基因按变异概率随机反转某位基因的二进制字符值来实现。

⑦ 计算每一个个体所包含的条件属性与相对决策属性 D 的属性重要性 $\sum SGF(a, R, D)$，记作 $k(x)$；依据适应度公式计算每个个体的适应度值。

⑧ 判断遗传算法是否成熟(连续 q 代的最优个体适应值不再提高)，如果成熟，则停止运算；否则转至④。

遗传算法改进粗糙集属性重要度约简算法流程图如图 2.7 所示。

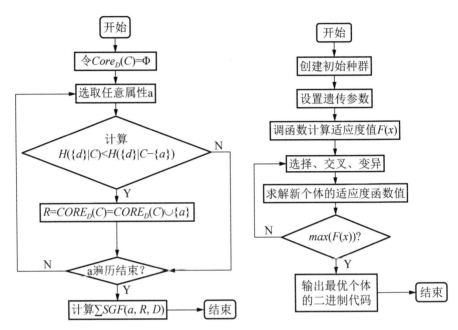

图 2.7　遗传算法改进粗糙集属性重要度约简算法流程图

2.2.4　连锁零售企业供应链风险指标约简

　　配送是连锁零售企业供应链的纽带环节，对连锁零售企业的发展起着至关重要的作用。目前，连锁零售企业供应链配送环节的风险管理体系还不够完善，不仅体现为缺乏对配送环节系统性的风险分析，更体现为缺乏对具体风险因素针对性的控制管理研究，导致连锁零售企业供应链配送环节风险的高发性。因此，若要有效地降低配送环节风险，就需要建立相对完备的风险指标体系。目前，通过风险识别获取的配送环节风险因素集合，普遍存在风险指标冗余的弊端，如何采用恰当的属性约简方法从众多的连锁零售企业供应链配送环节的风险因素中提取核心的、关键的风险因素，降低风险管理的复杂性，以便重点防范和有针对性地加强管理，具有重要的理论研究意义。

　　针对连锁零售企业供应链配送环节的风险指标，基于粗糙集理论建立属性约简模型，为后续的风险预测模型提供全面、简洁的数据基础。

　　运用粗糙集理论进行连锁零售企业供应链配送环节风险指标约简的基本步骤如下：

(1) 获取相关历史风险指标因素及相关数据,建立初始信息表;

(2) 对信息表数据运用 Semi-Naïve Scaler 算法进行离散化处理,建立决策表;

(3) 对建立的决策表运用遗传算法改进粗糙集属性重要度约简算法进行属性约简,得到与决策属性(即风险值)相关的最佳条件属性集。

1. 连锁零售企业供应链属性约简的必要性

决策系统中的属性集合包括条件属性集和决策属性集。根据粗糙集理论,决策系统中的某些条件属性对于决策是不必要的(即冗余的)。冗余知识的存在,一方面是对资源的浪费;另一方面,干扰人们做出正确而简便的决策。

连锁零售企业供应链中,涉及多个环节流程,因此存在大量的风险因素,对于决策者来说把所有的风险指标都拿来作为决策依据显然是不可取的,有些风险因素对于决策属性来说并不重要,是冗余的或是具有干扰性的,对于这些属性是可以删除的,也就是属性约简,约简后得到的属性对于决策者来说更加简洁明了,便于实施决策,有效避免了由于条件属性的庞大而造成决策的失误。

对连锁零售企业供应链管理体系中的风险因素进行约简,可以从大量的风险因素信息中确定哪些风险因素是与决策无关或者相关性不是很大的属性,发现那些有重大作用的规则,为预测提供有力依据,提高预测的准确率。显然通过属性约简运算之后,就可以删除那些对连锁零售企业供应链管理系统影响不大的属性,简化了风险预测数据库的复杂度。这样,各个领域专家就可以根据重要的风险因素来判断供应链系统运营正常与否,能够极大地改善由于冗余数据的掺入而引起的决策不准确的缺憾。

2. 连锁零售企业供应链风险因素指标数据离散化

根据连锁零售企业供应链风险因素指标体系,将某连锁零售企业供应链配送环节发生的风险概率作为决策属性,选取 10 年配送环节各风险因素指标 c_1-c_{20} 发生概率作为条件属性,建立配送环节风险因素指标数据表如表 2.1 所示,10 年决策属性风险等级表如表 2.2 所示。

表2.1 10年配送环节风险因素指标数据表

样本数据	条件属性									
	进货技术更新不及时 c_1	存储技术更新不及时 c_2	加工技术更新不及时 c_3	理货技术更新不及时 c_4	出货技术更新不及时 c_5	进货员工操作失误 c_6	存储员工操作失误 c_7	加工员工操作失误 c_8	理货员工操作失误 c_9	出货员工操作失误 c_{10}
1	0.1	0.27	0.13	0.17	0.1	0.1	0.1	0.5	0.17	0.1
2	0.1	0.33	0.23	0.33	0.1	0.17	0.17	0.33	0.23	0.1
3	0.1	0.33	0.23	0.17	0.1	0.17	0.17	0.33	0.1	0.1
4	0.17	0.23	0.33	0.33	0.33	0.17	0.33	0.17	0.17	0.1
5	0.5	0.5	0.5	0.5	0.5	0.33	0.5	0.33	0.17	0.17
6	0.33	0.23	0.13	0.5	0.5	0.5	0.33	0.17	0.33	0.17
7	0.5	0.23	0.13	0.33	0.33	0.33	0.17	0.17	0.23	0.17
8	0.5	0.23	0.13	0.17	0.17	0.17	0.17	0.1	0.5	0.17
9	0.5	0.23	0.33	0.33	0.33	0.33	0.17	0.17	0.23	0.17
10	0.17	0.33	0.33	0.33	0.5	0.33	0.17	0.17	0.33	0.17

表2.1 10年配送环节风险因素指标数据表(续)

样本数据	条件属性									
	信息数据传递偏差 c_{11}	信息数据共享不充分 c_{12}	自然灾害 c_{13}	运输车辆交通肇事 c_{14}	市场需求波动 c_{15}	重大意外事故 c_{16}	资金运作合理 c_{17}	与第三方物流合作 c_{18}	与供应商合作 c_{19}	与其他环节合作 c_{20}
1	0.33	0.33	0.33	0.23	0.47	0.33	0.23	0.1	0.1	0.33
2	0.33	0.23	0.33	0.33	0.33	0.23	0.33	0.1	0.1	0.33
3	0.23	0.17	0.23	0.33	0.33	0.17	0.33	0.1	0.1	0.23
4	0.23	0.1	0.33	0.33	0.47	0.1	0.33	0.17	0.1	0.33
5	0.5	0.1	0.5	0.29	0.5	0.23	0.46	0.17	0.1	0.5
6	0.5	0.5	0.36	0.29	0.33	0.33	0.28	0.17	0.1	0.33
7	0.23	0.33	0.68	0.17	0.33	0.23	0.17	0.1	0.1	0.5
8	0.33	0.17	0.68	0.17	0.5	0.17	0.17	0.1	0.1	0.23
9	0.33	0.23	0.5	0.33	0.33	0.1	0.17	0.1	0.1	0.23
10	0.23	0.1	0.68	0.17	0.33	0.1	0.17	0.1	0.17	0.17

第2章 连锁零售企业供应链风险识别与综合评价

表2.2　10年决策属性风险等级表

决策属性 d	1	2	3	4	5	6	7	8	9	10
风险等级	1	2	1	2	4	3	3	2	2	3

为了实现条件属性的约简，首先需要对基本决策信息表2.1和表2.2进行离散化处理。运用粗糙集理论进行决策表信息处理时，需要将具有连续变化的实数属性进行离散化处理，解决算法处理数据的难度，提高最终决策规则的适应性。

本章运用 Semi-Naïve Scaler 算法对决策信息表数据进行离散化处理，离散化结果如表2.3所示。

表2.3　Semi-Naïve Scaler 离散化结果

c_1	c_2	c_3	c_4	c_5	c_6	c_7	c_8	c_9	c_{10}	c_{11}	c_{12}	c_{13}	c_{14}	c_{15}	c_{16}	c_{17}	c_{18}	c_{19}	c_{20}	d
1	1	1	1	4	1	1	2	2	2	1	1	2	1	1	2	1	1	1	2	1
2	1	2	2	3	1	1	2	2	2	1	1	3	1	1	1	1	1	1	2	2
1	1	2	2	1	1	1	1	2	1	3	1	1	3	1	1	3	2	1	2	1
2	1	2	1	2	1	1	2	2	2	1	1	2	1	1	3	1	1	1	2	2
3	3	2	3	3	1	2	2	1	2	4	2	1	1	1	1	2	1	2	2	4
3	3	2	3	1	1	1	2	1	2	2	1	1	1	1	1	1	1	1	1	3
2	1	2	1	2	1	1	1	2	2	4	1	1	1	1	1	1	1	1	2	3
1	2	2	1	2	1	1	1	2	2	3	1	1	1	1	1	1	1	1	1	2
2	2	2	1	2	1	1	2	2	4	3	1	1	1	1	1	1	1	1	1	3
2	1	2	2	2	1	1	2	2	2	4	1	1	1	1	1	1	1	2	1	3

3. 连锁零售企业供应链风险因素指标约简

本章采用遗传算法改进粗糙集属性重要度约简算法对连锁零售企业供应链风险因素指标进行约简处理。遗传算法参数取值为：种群规模 $m=20$，交叉概率 $p_c=0.8$，变异概率 $p_m=0.05$，$\varpi=3$，$\tau=30$。该风险管理系统的条件属性中确定的核属性为 (c_5,c_{13})，表2.4显示了每一代的最优个体及适应值。在仿真实验中，种群在第9代就出现了最优个体，连续11代保持不变，对应的约简属性为 $(c_1,c_2,c_5,c_6,c_7,c_{10},c_{11},c_{12},c_{13},c_{16},c_{17},c_{20})$，经检验满足 $H(D/Q)=H(D/P)=0$，该

连锁零售 供应链风险辨识与智能控制

约简为最小约简,由此在保持分析能力不变的情况下,风险发生的因素由原来的 20 个减少到 12 个,去除了 8 个冗余属性,产生风险的因素数目大大降低,减少了后续风险综合评估计算的时间复杂度和空间复杂度。

表 2.4　每一代的最优个体及适应度值

最 优 个 体	适应度函数值
10101100110010010011	0.5704
11001110010100010001	0.7613
11001110010100010001	0.7613
11001110010100010001	0.7613
11001110011100010001	0.8901
11001110011100010001	0.8901
11001110011100010001	0.8901
11001110011100010001	0.8901
11001110011110011001	0.9676
11001110011110011001	0.9676
11001110011110011001	0.9676
11001110011110011001	0.9676
11001110011110011001	0.9676
11001110011110011001	0.9676
11001110011110011001	0.9676
11001110011110011001	0.9676
11001110011110011001	0.9676
11001110011110011001	0.9676
11001110011110011001	0.9676

2.3　基于云模型的连锁零售企业供应链风险综合评价

2.3.1　云模型的基本理论

云模型理论是由李德毅院士提出的,该评价方法实现了定性语言值和定量数值之间的自然转化,将自然语言中定性概念的随机性和模糊性相结合,摆脱了定量模型对于问题不确定性描述的困扰。[49]

云模型是用语言描述的某个定性概念与其数值表示之间的不确定性转换模型。以云模型表示自然语言中的基元——语言值，用云的数字特征——期望Ex，熵En和超熵He表示语言值的数学特征。

1. 云的数字特征与表示

设U是确定的、定量表示的论域，V是U上的定性的概念，若$\forall x \in U$（x是U中的元素），总有$f = \mu_V(x)$，即x在U下的随机数满足一定规律f，则x在U上的分布称为隶属云或云，而x称为云滴。可见，云是一种统计规律，是由大量云滴构成的，它是定性概念与定量概念的桥梁。

云具有3个数字特征，分别是期望Ex、熵En和超熵He。期望值Ex是云的重心位置，代表了模糊概念的信息中心值，是最能代表这个定性概念的值；熵En反应定性概念的不确定性，是定性概念模糊度的度量，熵越大，概念所接受的数值范围也越大，则概念越模糊，不确定性越大，随机性也越大；超熵He是熵的熵，即熵的不确定性度量，由熵的随机性和模糊性共同决定，它反映了云滴的离散程度，超熵的大小间接地反映了云滴厚度。超熵越大，云滴离散度越大，熵的不确定性越大，隶属度的随机性也越大。

2. 云模型类型及云发生器

云模型是云计算、云推理、云控制等方法的基础，同时也是综合评判法的基础。云发生器可分为正向云发生器和逆向云发生器。正向云发生器通过云的3个数字特征生成云滴图，实现了定性到定量的转换。[50]逆向云发生器是根据云图确定3个数字特征，是定量到定性的过程，如图2.8所示。

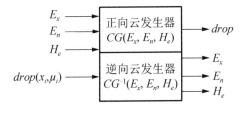

图2.8　云发生器

一维正向正态云发生器的算法实现如下：

输入：表示定性概念 A 的三个数字特征值(期望 Ex，熵 En 和超熵 He)以及云滴数 N；

输出：N 个云滴的定量值，以及每个云滴代表概念 A 的确定度。

步骤：

(1) 产生一个期望值为 En，方差为 He 的正态随机数 En'；

(2) 产生一个期望值为 Ex，方差为 En' 的正态随机数 x_i；

(3) 计算：

$$\mu_i = \exp\left[-\frac{(x_i - Ex)^2}{2(En')^2}\right]$$

(4) 令 (x_i, μ_i) 为一个云滴，它是该云表示的语言值在数量上的一次具体实现，其中 x_i 为定性概念 A 在论域中对应的数值，μ_i 为属于这个语言值的程度的量度；

(5) 重复步骤(1)到步骤(4)，直到产生满足要求数目的 N 个云滴生成云图。

一维逆向正态云发生器的算法实现如下：

输入：N 个云滴的定量值及每个云滴代表概念的确定度 (x_i, μ_i)；

输出：这 N 个云滴表示的定性概念 A 的期望 Ex，熵 En 和超熵 He。

步骤：

(1) 取云滴样本 $drop(x_i, \mu_i)$；

(2) 由 x_i 计算这组数据的样本均值：

$$\overline{X} = \frac{1}{n}\sum_{i=1}^{n} x_i$$

一阶样本绝对中心矩：

$$\frac{1}{n}\sum_{i=1}^{n}|x_i - \overline{X}|$$

样本方差：

$$S^2 = \frac{1}{n-1}\sum_{i=1}^{n}(x_i - \overline{X})^2$$

(3) 由(2)可得期望：

$$Ex = \overline{X}$$

(4) 由一阶样本绝对中心矩可得熵：

$$En = \sqrt{\frac{\pi}{2}} \times \frac{1}{n} \times \sum_{i=1}^{n} |x_i - \overline{X}|$$

(5) 由(2)中的样本方差和(4)中的熵可得：

$$He = \sqrt{S^2 - En^2}$$

3. 虚拟云理论

虚拟云是按照某种应用目的，对各个基云的数字特征进行计算，将得到的结果作为新的数字特征构造成一个新的云。对于连锁零售企业供应链风险评估来说，也可以看成是虚拟云的一种应用。假设最终风险评估结果的云模型为 $T = SC(Ex, En, He)$，则各单项因素的云模型 $Ti = SC(Ex_i, En_i, He_i)$ 即为 T 的各个基云。对于各个基云 $(T_1, T_2, \cdots T_n)$，进行逻辑运算——软"ADN"或软"OR"得到新的云，即虚拟云 $T(Ex, En, He)$。通过对 T_i 的逻辑运算，可以求出最终评估结果的云模型 T。考虑连锁零售企业供应链各环节风险评估中各单项因素之间有较大联系，拟采用虚拟云中综合云算法和浮动云算法相结合的方法进行风险的综合评估。

虚拟云中的综合云算法[51]：

$$\begin{cases} Ex = \dfrac{Ex_1 En_1 w_1 + Ex_2 En_2 w_2 + \cdots + Ex_n En_n w_n}{En_1 w_1 + En_2 w_2 + \cdots + En_n w_n} \\ En = En_1 w_1 n + En_2 w_2 n + \cdots + En_n w_n n \\ He = \dfrac{He_1 En_1 w_1 + He_2 En_2 w_2 + \cdots + He_n En_n w_n}{En_1 w_1 + En_2 w_2 + \cdots + En_n w_n} \end{cases} \quad (2\text{-}26)$$

式中，w_i 为单项因素的权重；(Ex_i, En_i, He_i) 为各单项因素的云模型数字特征值；n 为单项因素个数。

虚拟云中的浮动云算法[52]：

$$\begin{cases} Ex = u = \dfrac{Ex_1 w_1 + Ex_2 w_2 + \cdots + Ex_n w_n}{w_1 + w_2 + \cdots + w_n} \\ En = \dfrac{w_1^2}{w_1^2 + w_2^2 + \cdots + w_n^2} \cdot En_1 + \dfrac{w_2^2}{w_1^2 + w_2^2 + \cdots + w_n^2} \cdot En_2 + \cdots + \dfrac{w_n^2}{w_1^2 + w_2^2 + \cdots + w_n^2} \cdot En_n \\ He = \dfrac{w_1^2}{w_1^2 + w_2^2 + \cdots + w_n^2} \cdot He_1 + \dfrac{w_2^2}{w_1^2 + w_2^2 + \cdots + w_n^2} \cdot He_2 + \cdots + \dfrac{w_n^2}{w_1^2 + w_2^2 + \cdots + w_n^2} \cdot He_n \end{cases}$$

(2-27)

式中，w_i 为单项因素的权重；(Ex_i, En_i, He_i) 为各单项因素的云模型数字特征值；n 为单项因素个数。

4. 基于云模型的风险评价方法

1) 确定指标集 U

首先需要构建待评价问题的指标体系。一般的指标体系可为两层或三层，评价运算从底层开始逐级传递到顶层，最终得到评价结果。

2) 最底层风险因素的评价云模型确定

目前对于连锁零售企业供应链风险元素的评价结果，可归纳为两种形式：一种是最终评价结果为一个定量值，另一种就是为一个区间值。其中定量值的形式多数针对那些可以通过固定数学模型来描述的风险元素。而区间形式主要用于那些难以自动检测必须要人工参与的风险元素评价。

(1) 评价值为定量值的云模型参数确定。

当评价值为定量值的时候，云模型中的期望值 Ex 的取值一般就等于评价值。对于熵 En 表示 Ex 的模糊程度以及 Ex 变化的可能取值范围，结合具体的评价方法来确定。超熵 He 反映云模型的离散程度，根据各指标的不确定程度和评价方法的随机性大小进行调整和确定。

(2) 评价值为区间值的云模型参数确定。

权重集与评价集是由语言值构成的，语言值描述带有不确定性，是定性的。因此需要确定语言值所对应的 Ex、En 和 He，用一个云来表示，从而将定性的语言转化为定量的云图。对于含有双边约束 $[C_{min}, C_{max}]$ 的语言值，数字特征可由式(2-28)～式(2-30)确定：

$$Ex = (C_{min} + C_{max})/2 \quad (2-28)$$

$$En = (C_{max} - C_{min})/6 \quad (2-29)$$

$$He = k \quad (2-30)$$

对于单边约束的语言值，边界值往往取 1，然后按照式(2-28)～式(2-30)计算。

(3) 对指标值进行归一化。

在评价计算过程中的各个定量指标值应当是统一量纲的，而指标集中各指标的含义、取值范围等都不尽相同，因此需要在运算前将数据归一化。

(4) 确定分指标权重。

确定各分指标的权重方法有特尔菲法、AHP 法、环比法和区间估计法、PC-LINMAP 耦合法，这些方法不同程度的受到了人为因素的影响，因此这里采用以下公式确定权重：

$$W_i = \begin{cases} \dfrac{1}{2} + \dfrac{\sqrt{-2\ln\left(\dfrac{2(i-1)}{n}\right)}}{6} & \left(1 < i \leqslant \dfrac{n+1}{2}\right) \\ \dfrac{1}{2} - \dfrac{\sqrt{-2\ln\left(2 - \dfrac{2(i-1)}{n}\right)}}{6} & \left(\dfrac{n+1}{2} < i \leqslant n\right) \end{cases} \quad (2\text{-}31)$$

其中，$W_1 = 1$，上式中的 n 为指标数，i 为排队等级，$i = 1, 2, \cdots, m\ (m \leqslant n)$。(注：排队等级是对指标按其重要程度所做的一个排列，重要程度高的指标排在前，相应的 i 取较小值；不同指标可以处于同一等级，若认为某几个指标同等重要则它们处于同一等级，i 取相同值)。再将 W_i 归一化处理即可得到权重 W_i^*。

(5) 最底层风险因素的浮动云计算。

对于最底层风险因素的综合运算，考虑到它们之间的相关性比较小，并且风险因素基本上都是独立的，因此对于它们的综合运算采用虚拟云中浮动云式(2-27)的算法。

(6) 最高层风险因素的综合云计算。

对于最高层风险因素的综合运算，实际上属于从低层次概念综合到最高层次概念的问题。其本质为概念的提升，将两个或两个以上的风险因素云模型综合为一个更广义的云。对于此类综合运算，这里采用虚拟云中综合云式(2-26)的算法。

(7) 确定风险级别。

经计算得出风险指标的综合评价云模型,结合步骤(2)建立的风险等级评语云对应的风险度区间，可以确定该环节的风险级别。

2.3.2　连锁零售企业供应链风险综合评价体系

本章首先构建配送环节风险评价指标体系，然后利用云模型风险评价算法对连锁零售企业供应链配送环节进行风险评估，为风险预测提供数据基础。本章运用云理论，对供应链配送环节的风险等级进行综合评价，首先用云模型建立风险等级评语集，再对各个单个因素的评语用云模型描述，并对这些评语的期望值进行修正，最后求出该环节的风险等级云模型，通过与评语集对照确定风险级别。在众多的风险综合评估方法中较有代表性的是：层次分析法、基于概率论的方法、模糊综合评判法。模糊综合评判法是一种较传统的评估方法，适用于解决风险评估问题，同时模糊评判中具有明显的缺点：第一，对各风险因素权重的确定一般采取专家主观评定方法，因此具有主观随意性；第二，评估过程中要通过隶属函数构建关系模糊矩阵，而隶属函数的选择相当困难；第三，不能彻底解决评估过程存在大量的不确定性、随机性和模糊性问题。云模型的引入，解决了评语本身的不确定性、随机性和模糊性问题。本模型方法不再使用隶属函数，解决了传统模糊综合评价法难以确定隶属函数的问题。风险因素权重的确定采用公式法，减少了主观因素影响。因此，本评估过程更科学，评估结果更客观、准确。在连锁零售企业供应链配送环节风险评估中，可以把配送环节系统风险度作为目的指标，技术风险、员工风险、信息系统风险、环境风险、合作风险作为分指标，由传统模糊综合评价算法可知，目的指标(系统风险度)既与分指标(单因素)的权重有关，又与各分指标在评价集上的隶属度有关，也就是与各分指标的风险评语有关。因此，完全可以把基于云模型的综合评判模型应用到连锁零售企业供应链配送环节风险评估中，并进行适当改造，以更贴近应用，从而形成了基于云模型的连锁零售企业供应链风险综合评价方法。

1. 风险评价体系的确定

连锁零售企业供应链配送环节的风险评价体系结构如图 2.9 所示。评价指标的顶层是配送环节风险，通过云模型计算可得到最终的整体环节风险评价值。第二层指标对应的是配送环节风险因素的主要来源，从技术风险、员工风险、信息风险、环境风险、合作风险进行划分。第三层指标为各主要风险来源下的具体风险因素，这些因素是采用粗糙集属性约简和求核方法在基于 SCOR 模型进行风险识别得到的风险因素集中进行指标约简后得到的。

根据多层次综合评价的一般步骤，首先从最底层开始进行第一次综合评价计算，通过云模型的浮动云的计算方法获得当前层各评价因素的父层综合评价值；然后把计算结果作为最高层评价因素的新评价值进行综合运算，通过采用云模型中的综合云计算方法获得最终评价结果。在多层次综合评价过程中，共涉及两次综合运算。因为各层次风险因素之间的相关性或独立性不同，所以每层综合运算采用的算法也不同。

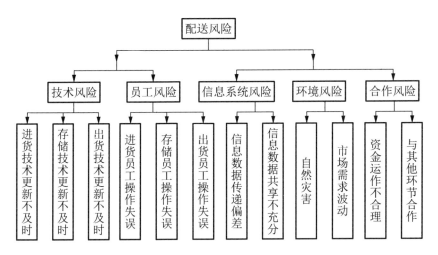

图 2.9 配送环节风险评价体系结构图

2. 评价模型算例

首先需要确定评价集的语言值,并利用正向云发生器生成云图,确定评价标尺。在连锁零售企业供应链配送环节的风险综合评价体系中,将风险的等级作为评价集,用 5 个语言值进行描述,$V = \{$非常高、较高、中、较低、非常低$\}$。利用正向云发生器将语言值的云图表示出来,如图 2.10 所示。

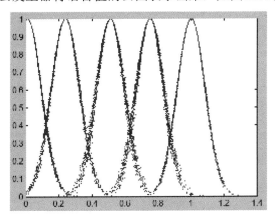

图 2.10 评价集语言值隶属云

评价集的语言值隶属云的数字特征为：非常高(1,0.085,0.002)，较高(0.75, 0.085,0.005)，中(0.51,0.085,0.005)，较低(0.24,0.085,0.003)，非常低(0.01,0.085, 0.002)。专家对各风险因素评估结果如表 2.5 所示。

表 2.5 专家风险的因素评估结果

配送风险	技术风险(非常高)	进货技术更新不及时(较高)
		存储技术更新不及时(较低)
		出货技术更新不及时(中)
	员工风险(非常低)	出货员工操作失误(中)
		存储员工操作失误(较低)
		出货员工操作失误(较低)
	信息系统风险(较高)	信息数据传递偏差(较高)
		信息数据共享不充分(较高)
	环境风险(较低)	自然灾害(非常低)
		需求市场波动(较低)
	合作风险(较低)	资金运作不合理(中)
		与其他环节合作(较低)

根据专家对各指标的风险评估，通过权重计算公式确定各指标权重，如表 2.6 和表 2.7 所示。

表 2.6 分指标权重(1)

指标名称	技术风险	员工风险	信息系统风险	环境风险	合作风险
指标权重	1	0.27	0.73	0.39	0.39

表 2.7 分指标权重(2)

指标名称	进货技术	存储技术	出货技术	出货员工	存储员工	出货员工
指标权重	0.82	0.69	0.75	0.75	0.70	0.69
指标名称	信息传递	信息共享	自然灾害	需求市场	资金运作	其他合作
指标权重	0.82	0.82	0.65	0.69	0.75	0.69

将表 2.6 和表 2.7 中的权重进行归一化处理。经过多年的资料分析，专家对配送环节二级风险指标的云模型评价结果如表 2.8 所示。

表2.8 二级风险指标评价结果

二级风险指标	云模型参数
进货技术更新不及时	(0.85,0.017,0.005)
存储技术更新不及时	(0.24,0.012,0.005)
出货技术更新不及时	(0.53,0.015,0.005)
出货员工操作失误	(0.61,0.017,0.005)
存储员工操作失误	(0.32,0.011,0.005)
出货员工操作失误	(0.23,0.017,0.005)
信息数据传递偏差	(0.68,0.013,0.005)
信息数据共享不充分	(0.57,0.014,0.005)
自然灾害	(0.11,0.017,0.005)
需求市场波动	(0.27,0.015,0.005)
资金运作不合理	(0.54,0.015,0.005)
与其他环节合作	(0.43,0.013,0.005)

首先利用虚拟云中浮动云算法对上表的二级风险指标评价结果进行云模型参数的计算，计算结果如表2.9所示。

表2.9 一级风险指标评价结果

一级风险指标	云模型参数
技术风险	(0.65,0.016,0.005)
员工风险	(0.44,0.016,0.005)
信息系统风险	(0.63,0.014,0.005)
环境风险	(0.23,0.015,0.005)
合作风险	(0.5,0.014,0.005)

利用综合云算法对上表的风险因素进行虚拟云计算，求出最终评价结果的云模型参数：(0.57,0.16,0.005)其云图如图2.11所示。

通过云模型评价计算可以得到配送环节风险总指标数值，从而间接反映了连锁零售企业供应链配送风险与各二级指标和三级指标的权重关系。将图2.11所示的配送风险评价云图与连锁零售企业供应链配送风险评价集云图进行比较，可以确定该年的连锁零售企业供应链配送环节风险属于中级风险，同时可以根据各个风险因素权重值的大小，有重点地进行管理和整治，从而降低连锁零售企业供应链配送环节的风险值，为风险预测提供数据基础。

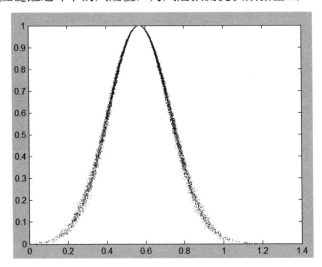

图 2.11　配送风险最终评价模型

2.4　本章小结

首先，本章介绍了当前连锁零售企业供应链风险管理存在的问题，提出了定性与定量相结合的供应链风险识别和综合评价管理模型，为企业管理者及时加强薄弱环节的管理和防御风险发生提供依据，降低企业风险发生的概率，减少由于供应链风险造成的经济损失。将供应链划分为采购、库存、配送这 3 个主要环节，并且分析了 3 个环节的 SCOR 供应链运营模型的流程，同时结合技术风险、员工风险、信息风险、合作风险、环境风险这 5 个方面的风险来源因素，建立了 3 个环节的风险因素识别模型，为风险评价和预测提供理论依据。利用信息熵的概念对启发式信息进行重新定义，结合遗传算法，提出了一种新的知识约简算法。该算法将定义的条件信息变化率的概念引入到遗传算法的适应度函数中，使用智能化的方法不断搜索选择使得适应度函数达到最大值的条件属性的组合，同时删除其他条件属性，最终获得约简后的属性集。建立了从指标体系建立到风险指标数据离散化、最后到风险指标约简的一套完整的连锁零售企业供应链风险指标约简模型，可以成功获得精准的、简洁的风险指标。建立了基于云模型的连锁零售供应链风险综合评价模型，以配送环节为例进行验证。通过云模型评价算法对连锁零售企业供应链的各个环节进行风险评估，从而得到连锁零售企业供应链各个环节的风险级别。

第3章 连锁零售企业供应链风险预测

连锁零售企业供应链的总体风险值数据量较少,是非单调的摆动发展序列,因此采用灰色 GM(2,1)模型对总体的风险值进行预测具有一定的针对性,然而在求解灰色系统模型过程中,用常规的最小二乘法对灰色微分方程的参数进行估计时,由于数据的累加或累减使得微分方程存在不同程度的病态性,这将直接导致预测系统的稳定性降低,使得预测结果与实际结果差异较大。因此将岭回归估计算法引入到病态方程中,降低了方程组的病态性,同时通过遗传算法进行全局最优搜索,不断优化岭参数,解决岭参数难以确定的问题,最终建立灰色 GM(2,1)预测模型。

3.1 灰色预测理论

灰色理论认为尽管系统中的数据具有复杂性,但它是有序的,是有整体功能的。通过灰数的生成,从杂乱的数据中找出规律,进而实现数据的预测。灰色预测的数据就是通过生成数据的 GM(m,n)模型预测的数据的逆处理结果。

3.1.1 GM(2,1)预测模型

GM(2,1)灰色预测模型建模过程[53]:

(1) 应用序列算子对原始数据 $X^{(0)} = (x^{(0)}(1), x^{(0)}(2), \cdots x^{(0)}(n))$ 进行处理。生成 1-AGO:

$$X^{(0)}D = (x^{(0)}(1)d, x^{(0)}(2)d, \ldots x^{(0)}(n)d) \tag{3-1}$$

其中，$x^{(0)}(k)d = \sum_{i=1}^{k} x^{(0)}(i), k = 1,2,\cdots,n$。

生成 1-IAGO：
$$X^{(0)}D = (x^{(0)}(1)d, x^{(0)}(2)d, \ldots x^{(0)}(n)d) \tag{3-2}$$

其中，$x^{(0)}(k)d = x^{(0)}(k) - x^{(0)}(k-1)$。

生成紧邻均值序列：
$$Z^{(1)} = (z^{(1)}(2), z^{(1)}(3), \ldots z^{(1)}(n)) \tag{3-3}$$

其中，$z^{(1)}(k) = (x^{(1)}(k) + x^{(1)}(k-1))/2$。

(2) 构造矩阵：
$$\boldsymbol{B} = \begin{bmatrix} -x^{(0)}(2) & -z^{(1)}(2) & 1 \\ -x^{(0)}(3) & -z^{(1)}(3) & 1 \\ \ldots & \ldots & \ldots \\ -x^{(0)}(n) & -z^{(1)}(n) & 1 \end{bmatrix}, \boldsymbol{Y} = \begin{bmatrix} \alpha^{(1)}x^{(0)}(2) \\ \alpha^{(1)}x^{(0)}(3) \\ \ldots \\ \alpha^{(1)}x^{(0)}(n) \end{bmatrix} = \begin{bmatrix} x^{(0)}(2) - x^{(0)}(1) \\ x^{(0)}(3) - x^{(0)}(2) \\ \ldots \\ x^{(0)}(n) - x^{(0)}(n-1) \end{bmatrix} \tag{3-4}$$

(3) 根据最小二乘法求解 GM(2,1)模型白化方程的系数。

构建 GM(2,1)模型的白化方程：
$$\frac{d^2 x^{(1)}}{dt^2} + \alpha_1 \frac{dx^{(1)}}{dt} + \alpha_2 x^{(1)} = b \tag{3-5}$$

其中，α_1，α_2 为系数，b 为系统的常定输入。

构造的矩阵方程为 $\boldsymbol{B} * \boldsymbol{\beta} = \boldsymbol{Y}$，其中 $\boldsymbol{\beta} = (\alpha_1, \alpha_2, b)^T$ 为 GM(2,1)白化方程的系数，则应用最小二乘估计值为：
$$\boldsymbol{\beta} = (\boldsymbol{B}^T \boldsymbol{B})^{-1} \boldsymbol{B}^T \boldsymbol{Y} \tag{3-6}$$

(4) 求解 GM(2,1)模型的预测微分方程。

(5) 预测与误差检验。

通过预测微分方程，求出预测累加值，然后通过 $\hat{X}^{(0)}(k) = a^{(1)}\hat{X}^{(1)}(k) = \hat{X}^{(1)}(k) - \hat{X}^{(1)}(k-1)$ 还原，即可得到预测序列。将得到的预测序列与原始序列比较，计算相对误差、平均误差、关联度来判断模型的效果。一般情况下，平均误差越小，关联度越大，模型越好。

相对误差：
$$q(k) = \frac{\hat{X}^{(0)}(k) - X^{(0)}(k)}{X^{(0)}(k)} \tag{3-7}$$

平均误差：

$$p = \frac{1}{n}\sum_{k=1}^{n}|q(k)| \tag{3-8}$$

关联度：

$$\gamma(X^{(0)}, \widehat{X}_i^{(0)}) = \frac{1}{n}\sum_{k=1}^{n} r(x^{(0)}(k), \hat{x}_i^{(0)}(k)) \tag{3-9}$$

其中：$r(x^{(0)}(k), \hat{x}^{(0)}(k)) = \dfrac{\min\limits_{i}\min\limits_{k}|x^{(0)}(k)-\hat{x}_i^{(0)}(k)| + r\max\limits_{i}\max\limits_{k}|x^{(0)}(k)-\hat{x}_i^{(0)}(k)|}{|x^{(0)}(k)-\hat{x}_i^{(0)}(k)| + r\max\limits_{i}\max\limits_{k}|x^{(0)}(k)-\hat{x}_i^{(0)}(k)|}$。

根据经验，当$\rho=0.5$时，关联度大于0.6即达到了满意程度。

建模流程如图3.1所示。

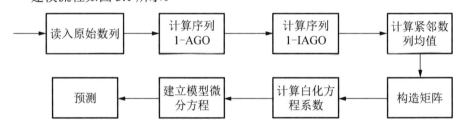

图 3.1 建立灰色预测模型的总体流程

3.1.2 灰色关联理论

灰色关联分析是指对一个系统发展变化趋势的定量描述和比较的方法，其基本思想是通过确定参考数据列和若干个比较数据列的几何形状相似程度来判断其联系是否紧密，反映了曲线间的关联程度。[54]灰色关联分析是一种判定因素之间的关联程度的方法，此方法首先将动态过程的发展态势进行量化分析，进而对获得的时间序列进行相关的数据序列比较，最后计算参考数列和各比较数列的灰色关联度。与参考数列关联度越大的比较数列，与参考数列的关系越紧密，且发展方向与参考数列越接近。灰色关联分析应用领域广泛，并且都取得了较好的效果。

灰色关联分析的具体计算步骤如下：

第一步：确定分析数列。

确定反映动态系统特征的参考数列和比较数列。设参考数列为

$Y=\{y(k)|k=1,2,\cdots,n\}$；比较数列 $X_i=\{x_i(k)|k=1,2,\cdots,n;i=1,2,\cdots,m\}$。

第二步：变量的无量纲化。

系统中各因素序列中的数据由于量纲不同，导致难以得到正确的结论。因此，在进行灰色关联度分析时，首先都要进行数据的无量纲化处理。

$$x_i(k)=\frac{x_i(k)}{\max x_i(k)},k=1,2,\cdots,n;i=0,1,2,\cdots,m \qquad (3\text{-}10)$$

第三步：计算序列数据之间的关联系数。

$y(k)$ 与 $x_i(k)$ 的关联系数：

$$\xi_i(k)=\frac{\min\limits_{i}\min\limits_{k}|y(k)-x_i(k)|+\rho\max\limits_{i}\max\limits_{k}|y(k)-x_i(k)|}{|y(k)-x_i(k)|+\rho\max\limits_{i}\max\limits_{k}|y(k)-x_i(k)|} \qquad (3\text{-}11)$$

记 $\Delta_i(k)=|y(k)-x_i(k)|$，则

$$\xi_i(k)=\frac{\min\limits_{i}\min\limits_{k}\Delta_i(k)+\rho\max\limits_{i}\max\limits_{k}\Delta_i(k)}{\Delta_i(k)+\rho\max\limits_{i}\max\limits_{k}\Delta_i(k)} \qquad (3\text{-}12)$$

$\rho\in(0,\infty)$，为分辨系数。ρ 越小，分辨力越大，一般 ρ 的取值区间为 $(0,1)$，具体取值可视情况而定。当 $\rho<0.5463$ 时，分辨力最好，通常取 $\rho=0.5$。

第四步：计算关联度。

关联系数是比较数列与参考数列在各个时刻的关联程度值，它的数值不止一个，由于信息过于分散不便于进行整体性比较。因而将各个时刻关联系数取其平均值，作为比较数列与参考数列间关联程度的数量表示，关联度 r_i 公式如下：

$$r_i=\frac{1}{n}\sum_{k=1}^{n}\xi_i(k),k=1,2,\cdots,n \qquad (3\text{-}13)$$

第五步：关联度排序

将计算得到的关联度 r_i 按大小进行排序，如果 $r_1<r_2$，则参考数列 Y 与比较数列 X_2 更相似。

3.2 基于遗传优化岭回归参数的灰色预测方法

3.2.1 预测算法改进的必要性

灰色系统模型可以用较少的数据序列建立模型去反映系统的主要动态特

性,并且对于许多问题具有较高的拟合精度,所以得到了广泛的研究和应用。在研究和应用灰色系统模型过程中,GM 模型的缺陷不断被发现,模型的不足之处需要不断被改进。在求解 GM 模型的过程中,用普通最小二乘法进行参数估计时,由于数据的累加和累减使得灰微分方程呈现出很强的病态性,因此很难估计出合理的参数,方程结构也很难确定,并且呈现出很强的不稳定性。因此在求解灰色系统模型的过程中,将岭回归参数引入到灰微分方程中,岭回归能较好消除变量间共线性的影响,解决病态性问题,然而对于岭参数 k 值的选取也是一个难题,常用的 k 值选取方法有岭迹法和 L 曲线法,但均有优缺点。本章在构建的岭回归模型中,采用遗传算法在全域内优化选择岭参数 k,从而获得较优的岭回归模型。

3.2.2 病态方程问题的处理

1. 病态方程

对于判断矩阵方程病态性的研究,条件数是衡量矩阵病态性的一个最常用的标准,对于方程组 $B * \beta = Y$:

定义 5.1 设 $B \in R^{n \times m}$,$\|\bullet\|$ 是一种矩阵范数,$\kappa(\bullet)$ 是关于 $\|\bullet\|$ 的条件数。

如果 $\kappa(B)$ 是大的,则说 B 是关于范数 $\|\bullet\|$ 的矩阵求逆或方程组求解的病态矩阵。

如果 $\kappa(B)$ 是小的,则说 B 是关于范数 $\|\bullet\|$ 的矩阵求逆或方程组求解的良态矩阵;特别的,$\kappa(B)=1$ 时,说 B 是完全良态矩阵。

实践认为:若 $1 < \kappa(B) < 10$,则 B 为良态;若 $10 < \kappa(B) < 100$,则 B 为轻度病态;$100 < \kappa(B) < 1000$,则 B 为中等强度或较强病态;$\kappa(B) > 1000$。则 B 为严重病态。

2. 岭回归

岭回归分析实际上是一种改良的最小二乘法,是一种专门用于共线性数据分析的有偏估计回归方法。如果方程组之间存在共线性的问题,则它们的回归系数是不确定的,并且回归系数有较大的标准差,系数的总体值将不能准确地估计,导致回归系数的方差扩大。Horel(1970)提出了岭回归估计方法,该方法放弃最小二乘的无偏性,损失部分信息,以放弃部分精确度为代价来寻求效果稍差但更符合实际的回归方程。[55]所以,岭回归所得剩余标准差比最小二乘回归要大。

当自变量之间存在共线性问题时,则X^TX是奇异的,它的行列式的值接近于零,此时OLS估计很难正确估计其取值,因此采用岭回归估计,通过将X^TX+KI代替方程中的X^TX,人为地把最小特征根由$\min \lambda_i$提高到$\min(\lambda_i+k)$,这样有助于降低均方误差。这时β的岭估计定义为:

$$\beta = (X^TX+KI)^{-1}X^TY \quad (3\text{-}14)$$

式(3-14)作为β的岭估计,当$k=0$时即为通常所说的最小二乘估计(OLS估计)。当$k \neq 0$时即为所说的岭回归估计,一般情况下,k取0到1之间的数值。

岭回归模型是在相关矩阵中引入很小的一个岭参数k($0<k<1$)值,通过将它与主对角线元素相加来降低参数的最小二乘估计中复共线特征向量的影响。减小复共线变量系数的最小二乘估计方法,以保证参数估计值更接近真实情况。

岭回归分析的关键问题是如何选择k值,到成稿时为止,已有十余种选择k值的方法,但是没有一种方法被证明为显著地优于其他方法。

岭回归求解GM模型中病态微分方程算法步骤如下:

(1) 取初值$k=0$,估计灰微分方程的参数$[a(k),b(k)] = (B^TB+kI)^{-1}B^TY$;

(2) 根据灰微分方程解出特征根和特解,得到时间响应式的结构式;

(3) 用最小二乘法拟合累加数得到时间响应式的其他参数;$k=k+\Delta k$,返回(1)。

3.2.3 遗传算法中正则化方程的选择

岭回归算法模型建立的关键就是岭参数k值需要选取,k值越小,回归模型越逼近,k值越大,回归模型越稳定。[56]因此k值选取决定着岭回归模型建立的成败。为了岭回归模型的逼近程度和稳定性的达到相对的平衡,本章采用遗传算法确定最优的岭参数k值,其中选定Tikhonov正则化泛函作为遗传算法的适应度函数,在搜索空间内,把适应度函数值最小时得到的正则化参数值作为最优的岭参数k值。

对于病态方程:

$$B*\beta = Y \quad (3\text{-}15)$$

其中，B 是无穷维 Hilbert 空间 Z 到 U 的线性紧算子，通常右端的观测数据 Y 不可避免地带有一定的误差 δ，即 $\|Y - Y_\delta\| \leq \delta$。

当算子 B 条件数很大时，右端项微小扰动都会造成解的失真。如果对原问题的极小化元加上进一步的限制，则可以保证极小化元的存在与唯一性。因此必须在目标函数 $\|B\beta - Y_\delta\|$ 上加上惩罚项，使得新的目标函数的求解为适定问题，或者使得极小化元满足的方程是一个第二类积分方程，这就是 Tikhonov 正则化解不适定问题的基本思想。[57]具体说来，该问题就是：对有界线性算子 $B:Y \rightarrow \beta$ 的极小化 Tikhonov 泛函 $f(k) = \|B\beta_k - Y\|^2 + k\|\beta_k\|^2$，其中 k 称为正则化参数，同时也是岭回归参数 k。

3.2.4 遗传算法优化的岭回归预测

基本步骤：

(1) 选择编码方式。利用遗传算法优化岭参数 k，可以看成是一个与 k 值相关的函数优化问题，将岭参数 k 作为遗传算法优化方程的决策变量，采用二进制编码，范围设定为 $k \in (0,150)$。

(2) 确定一个适应度函数。采用正则化原理推导获得岭估计的估计准则作为遗传算法的适应度函数，求 $\min(f)$，$f(k) = \|B\beta_k - Y\|^2 + k\|\beta_k\|^2$，式中，$B$ 为自变量矩阵；β_k 为待估参数；Y 因变量矩阵。其中，$\beta_k = (B^T B + kI)^{-1} B^T Y$。

(3) 随机产生初始种群。

(4) 设定相应的运行参数。运行参数包括二进制编码位数、种群大小、进化代数、交叉概率和变异概率。

(5) 基于不同的岭参数 k，可根据岭回归算法计算岭估计参数 β_k。并通过 Tikhonov 正则化泛函公式求得适应度函数值 $f(k)$。

(6) 确定遗传算子。需要确定 3 个相关的遗传算子，包括选择算子、交叉算子和变异算子。

(7) 通过遗传算法搜索最优岭参数 k。

(8) 将 k 代入岭回归算法计算岭估计参数 β_k。

(9) 建立基于遗传算法优化的岭回归预测模型如图 3.2 所示。

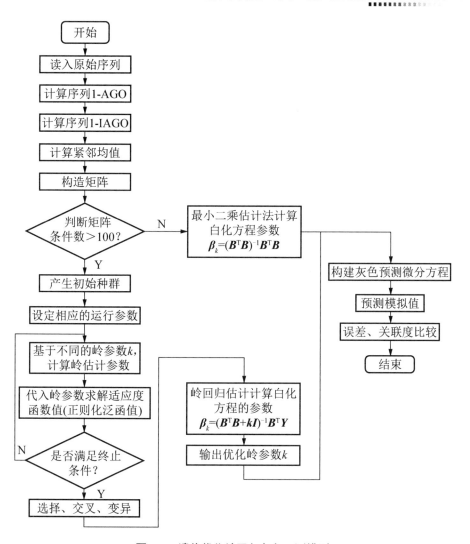

图 3.2 遗传优化岭回归灰色预测模型

3.3 连锁零售企业供应链风险灰色预测模型

针对连锁零售企业供应链风险数据较少、部分数据不完全这一现状，风险数据波浪式的发展态势，本章采用遗传优化岭回归的灰色 GM(2,1)预测模型实现对连锁零售企业供应链的风险预测具有一定的针对性。配送环节是连锁零售企业供应链的核心环节，本章实现了对配送环节的风险预测，为企业管理者采取对策，避免潜在风险演变成现实而造成巨大损失，提供理论支持，起到未雨绸缪的作用。

3.3.1 连锁零售企业供应链风险数据的选择与处理

首先对 X 连锁零售企业 2002—2008 年配送环节进行调查研究，建立专家风险打分评价表，通过专家打分得到连锁零售企业供应链配送环节 2002—2008 年的风险指标数据，然后采用简单的数学运算变换对风险指标数据进行预处理，根据遗传优化岭回归的灰色 GM(2,1)预测模型，以 2002—2008 年风险指标的预处理数据作为原始数据信息，实现对连锁零售企业供应链配送环节 2009 年风险进行预测。

主要针对 X 连锁零售企业供应链配送环节的运营情况进行分析和调研，并请 10 位专家分别对该连锁零售企业供应链 2002—2008 年配送环节的风险指数进行打分，分值为 0.1～0.9，分值具体含义如表 3.1 所示。

表 3.1　打分区间

数据	1	2	3	4	5
打分值	0.1	0.3	0.5	0.7	0.9
风险程度	非常低	较低	中等	较高	非常高

最后将 10 位专家打分后得到的数据进行均值处理，得到表 3.2。

表 3.2　2002—2008 年风险数值

数据	1	2	3	4	5	6	7
年份	2002	2003	2004	2005	2006	2007	2008
风险值	0.4420	0.4810	0.4896	0.5330	0.4520	0.5010	0.4200

由于数据的离散度大，规律性差，波动不符合指数分布，所以需要将原始数据经过一些数学运算变化才能应用。其主要思想是通过一定的数学运算变换使原始序列转化为波动不大，数值较接近的序列。本章首先将数据扩大百倍，然后取其对数，即 $X' = \ln X$ 得到序列数：$X' = [3.7887\ 3.8733\ 3.8911\ 3.9759\ 3.8111\ 3.9140\ 3.7317]$。

3.3.2 预测结果

将 X' 数据作为灰色预测模型的原始数据，采用遗传优化岭回归灰色预测模型算法对原始数据进行预测，建立连锁零售企业供应链配送环节的风险预测系统。计算所得微分方程系数矩阵的条件数为：1066.6，可以判断该微分方程是严重病态矩阵，引入岭回归算法降低病态性。通过遗传算法确定的岭回归参数的值为：149.846。预测数据序列：$\hat{X}'$ = [3.7887 3.9299 3.9234 3.9076 3.8824 3.8479 3.8042 3.7514]。预测的误差分析结果如表 3.3 所示，预测的灰色关联度分析结果如表 3.4 所示，遗传优化仿真结果如图 3.3 所示。

表 3.3 误差分析表

原始数据	3.7887	3.8733	3.8911	3.9759	3.8111	3.9140	3.7377
预测数据	3.7887	3.9299	3.9234	3.9076	3.8824	3.8479	3.8042
残差	0	0.0566	0.0323	0.0683	0.0713	0.0661	0.0665
相对误差	0	1.46%	0.83%	1.72%	1.87%	1.69%	1.78%

表 3.4 灰色关联度分析表

关联度	绝对关联度	相对关联度	综合关联度	相似关联度	接近关联度
关联度值	0.9720	0.9879	0.9799	0.9442	0.9400

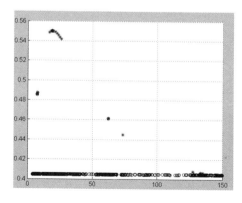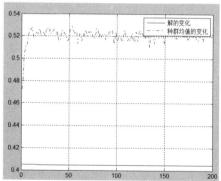

图 3.3 遗传优化仿真结果图

将得到的预测数值进行数据反变换，最终得到 2009 年连锁零售企业供应链配送环节的预测风险值为 0.4258，可以判断该连锁零售企业供应链配送环节在 2009 年风险发生概率较低，并且运行良好。可见算法预测结果与系统实际运行情况相一致，采用遗传优化岭回归灰色预测算法对配送环节风险预测可以促使连锁零售企业供应链管理者提前防范，规避风险。

3.3.3　结果分析

(1) 从预测结果与实际数据的偏差来看，其残差均控制在 0.08 以内，相对误差控制在 3%以内。预测数据的精度较高，灰色预测值与实际测量值基本吻合。

(2) 从预测结果与实际数据的关联度分析来看，灰色关联度比较表中预测数据与实际数据的关联度接近 1，体现出预测数据曲线的发展态势与实际情况相接近。

(3) 从风险预测的整体模型来看，该预测方法能够大体上反应连锁零售企业供应链配送环节风险指标变化趋势。可见基于遗传算法优化岭回归灰色预测模型保留了灰色预测模型采用线性模型确定非线性模型结构和参数的优点，解决了岭回归算法中岭参数难以确定的问题，又有效避免了采用最小二乘估计是由病态方程引起的微分方程参数估计不准确的问题。该算法可由程序代码直接计算，操作简便，易于理解，运算过程更具有客观性。

3.4　本章小结

本章首先介绍了灰色预测模型的基本概念，分析了灰色微分方程的病态性问题，提出了将岭回归参数引入到灰色微分方程中以解决方程的病态问题。同时由于岭参数 k 值选取决定着岭回归模型建立的成败，为了使岭回归模型的逼近程度和稳定性达到相对的平衡，本章采用遗传算法确定最优的岭参数 k 值，其中选定 Tikhonov 正则化泛函作为遗传算法的适应度函数，在搜索空间内，将适应度函数值最小时得到的参数值作为最优的岭参数 k 值。将遗传优化岭回归的灰色预测模型应用于连锁零售企业供应链配送风险预测实例中，实现对连锁零售企业供应链的风险预测，企业决策者能够提早加强薄弱环节的管理，降低风险发生的概率。

第4章 集群式零售供应链风险预警

随着企业生产和营销模式向集群化和协同化发展[58,59]，原始独家经营、自主营销的管理模式逐渐退出历史舞台，供应链管理模式逐渐地向集群化发展[60,61]。集群式供应链管理模式无疑在企业间竞争中占有绝对优势[62,63]，但是集群式供应链自身结构的脆弱性[64]，为企业的管理决策无疑增大了难度。它要求对供应链运营参数的变化进行实时监测，敏感把握。在稍微有变化时，能够被管理者识别[65,66]。

本章创建实时有效的集群式零售供应链预警模型。以集群式零售供应链为研究对象，大量丰富的数据基础能够详细包含集群式零售供应链风险预警参数的变化信息。[67]本章的中心思想是通过检测搜集的集群式零售供应链风险预警数据参数，对这些参数数据进行数据挖掘，分析其中含有的数据信息，辨识出能够表示集群式零售供应链风险预警等级范围的数据特征，进行集群式零售供应链风险动态预警研究。

本章的主要研究内容包括对集群式零售供应链大数据参数的云模型处理，其目的主要是在茫茫数据海洋中筛选出有用的数据信息，同时保证不丢失重要的有用数据，将原始数据复制成具有原始数据特性的复原小样本。采用基于距离与密度的改进聚类算法对这些小样本进行聚类，有效地克服了聚类结果过多依赖人为设定参数的缺点，根据聚类结果动态地进行预警等级划分。实验结果表明，基于云模型的集群式零售供应链风险预警系统，提高了聚类过程的运行速度，节省了存储空间，使得集群式零售供应链风险预警更加精准。

4.1 云模型的基本知识

云模型理论是由李德毅院士提出的,以随机数学和模糊数学为理论背景,用于刻画语言值随机性和模糊性,以及二者间关联性的一种方法。通过该方法能够实现定性概念与定量数据之间的不确定性转换。[68]

4.1.1 云与云滴

设 U 是一个精确数值集合的定量论域,C 是 U 上的定性概念。若定量值 x 属于 U,且 x 是定性概念 C 的一次随机实现,x 对 C 的隶属度 μ 属于 0~1,是具有稳定倾向的随机数,则 x 在论域 U 上的分布称为云,每个 x 称为一个云滴 $Drop(x,\mu)$。

云具有以下几点性质。

(1) 论域 U 的形式,可以是一维的,也可以是多维的;

(2) 云滴定义中所谓的"随机实现"是基于概率意义下的实现;确定度是基于模糊理论下的隶属度,具有概率意义下的分布,这些主要体现出云模型中随机性与模糊性的联系;

(3) 对于任何一个 $x \in U$,x 到区间[0, 1]上的映射是一对多的变换,x 对 C 的确定度是一种概率分布;

(4) 云由许多云滴组成,云滴之间随机排列,一个云滴表示定性概念在定量数据域上的随机实现;

(5) 云滴概率越大,确定度越大,体现云滴在这个概念中作用越大。

4.1.2 云的数字特征与发生器

数字特征是体现云的不确定性的衡量数据。云模型中的数字特性是由期望值 Ex、熵 En 和超熵 He 这 3 个数字量组成的。其中,期望 Ex 反映了定性概念的云滴群的中心值。熵 En 在云模型中用来综合度量定性概念的模糊度和概率,熵 En 的大小直接决定论域中可被模糊概念接受的范围。超熵 He 是熵 En 的不确定度量。超熵的大小间接地表示了云的离散程度和厚度。在本章的应用中,应急管理参数数值以云滴概念来体现,用期望来表示定性的应急管理参数云滴群的中心值,熵是度量应急管理参数的模糊度和概率,超熵表示应急管理参数云的离散度和厚度。在具体转换过程中,按照云的产生机理和计算方向,有正向云发生器和逆向云发生器，如图 2.8 所示。正向云发生器是从数字特征推出云滴，逆向云发生器是从云滴推出数字特征。

4.1.3 多维云正向与逆向云发生器

设 U 是一个 n 维精确数值集合的定量论域 $U=\{x_1,x_2,...,x_n\}$，C 是 U 上的定性概念。U 中元素对 C 的隶属度 μ 属于 $0\sim1$，是具有稳定倾向的随机数。设论域各维向量之间相互独立，则 n 维云可以由如下 $3n$ 维数字特征值来表示：$\{(Ex_1,En_1,He_1),(Ex_2,En_2,He_2),\cdots,(Ex_n,En_n,He_n)\}$。

由一维云发生器可以知道正向云发生器是从数字特征推出云滴，逆向云发生器是从云滴推出数字特征。多维云发生器与一维云发生器的区别在于生产随机数的期望和方差都是多维的。具体以正向云发生器为例，算法步骤如下：

(1) 生成 j 个以 $(Ex_1,Ex_2,\cdots,Ex_n)$ 为期望、$(En_1,En_2,\cdots,En_n)$ 为方差的 n 维随机数 $x_k=(x_{1k},x_{2k},...,x_{nk}),k=1,2,...,j$。

(2) 生成 j 个以 $(En_1,En_2,\cdots,En_n)$ 为期望、$(He_1,He_2,\cdots,He_n)$ 为方差的 n 维随机数 $y_k=(y_{1k},y_{2k},...,y_{nk}),k=1,2,...,j$。

(3) 计算隶属度：

$$\mu_k=\exp[-\frac{1}{2}\sum_{i=1}^{n}\frac{(x_{ik}-E_{xi})^2}{y_{ik}^2}],k=1,2,...,j \tag{4-1}$$

其中，(x_k,μ_k) 为云滴。

4.2 基于云模型的集群式零售供应链风险预警参数处理

集群式零售供应链风险预警需要对供应链风险预警参数进行实时监测，由于集群式零售供应链的风险预警参数具有大数据、随机性和模糊性特征[69,70]，另外，为了能够将定性的风险预警参数转换为定量的参数，本章采用云模型理论对集群式零售供应链风险预警参数进行描述与处理。

4.2.1 集群式零售供应链风险预警历史参数的云处理

1. 历史参数的云存储

集群式零售供应链风险预警参数具有实时性、历史性等特点[71-73]，市场上大型连锁零售企业对自身企业供应链管理参数的检测、存储都有完整的管理系统。本章的研究主要基于目前流行的云存储。云存储是随着大数据的发展应运而生的，是在云计算概念上延伸和发展出来的新概念，相较于数据库的存储，云存储具有大容量性，同时更具有安全性、可靠性、可拓展性等。云存储方式可以根据用户所需要存储容量的大小进行设定，与传统存储方式相比较所得结果如表 4.1 所示。

表 4.1　云存储方式与传统存储方式对比结果

类型 特点	云　存　储	数据库存储
1	云存储的构建成本与运行成本与其他存储模式相比都是最低的；对资源的利用率和功能的通用性与其他存储形式相比有了很大的提高。	通过接口连接实现对各类数据的共享，有较多的接口连接方式。[74]
2	数据动态迁移技术应用，在网络相连的前提下，能够实现数据池中的数据随时可取，不会出现业务中止的缺点，使数据的可靠性，可用性增强。	避免了大量重复数据的存储。由于数据的共享技术的实现，相同数据信息可以只保存一份，供多用户使用。减少了大量重复数据。[75,76]
3	数据多副本容错与存储节点异构可互换功能的实现，提高了系统的可靠性。	数据的独立性提高，该独立性除了逻辑结构和应用程序相互独立，也包括数据物理结构的变化不影响数据的逻辑结构。[77,78]

云存储是云计算部分功能的拓展。云存储的诞生主要为云计算提供基础的数据支持。云的处理都是针对大数据的处理，大数据作为处理的底层主要构成，首先要确保有足够的地方存储这些大规模的数据。云存储不仅仅是一个简单的数据存储系统，它更是一个资源整合系统，将一些原本分散的基层资源进行重新组合，提高它们彼此的性能。云存储面对用户更具有智能性，区别于原有固定的数据存储形式，云存储将存储空间的设定交给用户，供用户合理地安排资源。[79,80]

本章根据集群式零售供应链风险的特点，选取的主要风险预警参数包括能够体现信息环节变化的信息重大事故突发率；能够体现供应风险的产品合格率；能够体现需求变化的需求变化率以及能够体现物流运输过程中的产品延迟交货率和产品损坏率。

风险预警参数定义如下：

$$产品合格率 = \frac{一定时间内供应链系统产品合格的数量}{一定时间内供应链系统产品的总数量} \times 100\% \quad (4-2)$$

$$需求变化波动程度 = \frac{|最终订单需求量 - 市场实际需求量|}{市场实际需求量} \times 100\% \quad (4-3)$$

$$延迟交货率 = \frac{本期延迟交货次数}{本期交货总次数} \times 100\% \quad (4-4)$$

$$产品损坏率 = \frac{配送中损坏产品量}{配送产品总量} \times 100\% \quad (4-5)$$

$$\frac{信息交流重大}{事故发生率} = \frac{一定时期内信息技术和设备出现重大故障的次数}{一定时期内记录使用信息技术和设备的总次数} \times 100\% \quad (4-6)$$

通过上述公式实时地计算出各个风险预警参数值，将这些数值实时地存入集群式零售供应链的云存储平台，即各个参数分别存储在所对应的云端中。

2. 历史参数的云处理

本章通过对集群式零售供应链风险预警历史参数蕴含信息的数据挖掘，动态地聚类出供应链风险预警等级的数据区域，并且定义为预警区间。但是，由于供应链风险预警历史参数具有庞大的数据量，而且在这些数据中存在许多重复的具有相同意义的数据。大量重复数据可能导致重要数据被淹没。[81-83]因此在聚类之前，首先对数据进行随机采样，然后采用云模型算法进行多数据融合处理，提取出重要的风险预警聚类数字特征参数。

1) 历史参数的随机采样

历史参数数据由于庞大的数据量，使得历史数据中占主要地位的是具有重复数据信息的数据，这些大量具有重复信息数据往往会冲散少量关键数据的存在性，同时庞大的历史数据也造成程序运行时间过长，工作效率差的问题。同构分块随机采样的处理方法，使得重复数据量减少，同时提取出关键有用的数据信息。

云端数据包含集群式零售供应链风险预警参数的历史数据，这些数据中蕴含了丰富的数据信息，科学地分析这些数据，能够得到许多的有用信息，但是由于原始数据中会存在大量存储累赘的数据，如果直接将原始数据输入程序会消耗大量的时间做无用功。[84-86]为了避免这一缺点，本章首先对云端原始数据进行随机采样处理，在保留原有数据信息的基础上，减少无用数据的干扰。由于各云端数据的处理方法相同，选取信息云端为例，进行具体的处理说明。

将信息云端中的数据进行等块划分，划分成 n 个等容量小块，分别在各个小块中进行随机采样运算。具体过程如图 4.1 所示。

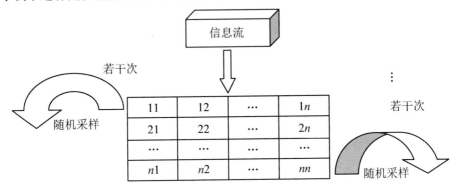

图 4.1 信息流的随机采样

每次采样样本大小计算公式：

$$s = f \times n + \frac{n}{n_i} \times \log\left(\frac{1}{\delta}\right) + \frac{n}{n_i} \sqrt{\log\left(\frac{1}{\delta}\right)^2 + 2 \times f \times n_i \times \log\left(\frac{1}{\delta}\right)} \quad (4\text{-}7)$$

式中，f 为抽取到指定数据的比例，$0 < f < 1$，n 为数据规模；n_i 为簇 C_i 的规模。式(4-7)中 s 表示以概率 $1-\delta (0 < \delta < 1)$ 从簇 C_i 中至少抽取 $f \times n_i$ 个数据时样本的大小。

以集群式零售供应链风险因素群中的信息因素为例，选取 $n = 10000$，$n_i = 50$，以 80%(此时 $\delta = 0.2$)的可能性得到 10%(此时 $f = 0.05$)的 C_i 数据，$s = 6440$。

将每次采样数据输入逆向云发生器，生成云数字特征。为了防止遗漏数据信息，在之后的迭代过程中，将每次迭代时抽取的样本加入之前的样本中，产生的云数字特征与之前的云数字特征进行对比。保留具有不同数字信息的云数字特征。

2) 采样数据的云模型处理

本章采用云模型对每次采样的风险预警参数数据进行处理，首先应用一维逆向云发生器将风险预警参数云滴生成应急管理参数云数字特征，具体生成过程如表 4.2 所示。然后对每次采样数据生成的云数字特征进行多维云合并得到合并云数字特征，最后将合并云数字特征输入正向云模型，得到风险预警参数的中心云滴值。

表4.2 逆向云发生器算法

	Inverse Cloud Generator
Input	样本点 x_i 及其相似度 μ_i，其中 $i=1,2,3,\cdots,n$
Output	反映定性概念的数字特征 (Ex, En, He)
Process 1	计算 x_i 的平均值 $Ex = MEAN(x_i)$，求得期望 Ex
Process 2	计算 x_i 的标准差 $En = STDEV(x_i)$，求得熵 En
Process 3	计算 En 的标准差 $He = STDEV(En)$，求得超熵 He

3) 多维云数据合并算法

将云端中每块经过筛选得到的多维云数字特征进行合并。通过随机采样得到的 m 个 p 维云 $C_i(Ex_i, En_i, He_i), (i=1,2,\cdots\cdots,m)$，以及刻画每个云重要度的向量 $\boldsymbol{\eta} = (\eta_1, \eta_2, \cdots, \eta_m)^T, \sum_{i=1}^{m}\eta_i = 1$，记

$$\begin{bmatrix} M_x \\ M_n \\ M_h \end{bmatrix} = \begin{bmatrix} (Ex_1, Ex_2, \cdots, Ex_m) \\ (En_1, En_2, \cdots, En_m) \\ (He_1, He_2, \cdots, He_m) \end{bmatrix} \quad (4\text{-}8)$$

若合并后的云为 $C(Ex, En, He)$，则有

$$Ex = \left(e_x^j\right)_{p\times 1}, En = \left(e_n^j\right)_{p\times 1}, He = \left(h_e^j\right)_{p\times 1} \quad (4\text{-}9)$$

$$\begin{cases} e_n^j = \langle r_n', \boldsymbol{\eta} \rangle \\ e_x^j = \langle r_x, r_\eta \rangle / e_n^i \\ h_e^j = \langle r_h, r_\eta \rangle / e_n^i \end{cases} \quad (4\text{-}10)$$

其中，运算符 $\langle \bullet, \bullet \rangle$ 为欧氏内积。$j=1,2,\cdots,p, r_n' = \boldsymbol{M}_n'^{T}\boldsymbol{l}_j, r_x = \boldsymbol{M}_x^{T}\boldsymbol{l}_j$，$r_h = \boldsymbol{M}_h^{T}\boldsymbol{l}_j, r_\eta = \boldsymbol{\eta} \otimes r_n'$，$\otimes$ 为 Hadamard 积。$\boldsymbol{l}_j$ 为第 j 个元素为1，其余元素为0的 p 维单位列向量。

$$\boldsymbol{M}_n' = \left(e_{ni}^j\right)_{p\times m} \quad (4\text{-}11)$$

求解方法为：

令 $C_i^j(e_{xi}^j, e_{ni}^j, h_{ei}^j)$ 为第 i 个 p 维云 C_i 的第 j 个维度构成的一维云，其期望曲线方程为 $y_i^j(x)$。设

$$y_i^{j'}(x) = \begin{cases} y_i^j(x), & \text{若} y_i^j(x) \geqslant y_k^j(x), k=1,2,\cdots,p \\ 0, & \text{其他} \end{cases} \quad (4\text{-}12)$$

则有

$$e_{ni}^{j'} = \frac{1}{\sqrt{2\pi}} \int_U y_i^{j'}(x) dx \quad (4\text{-}13)$$

其中，U 为第 i 个 p 维云 C_i 的第 j 个维度对应论域，$i=1,2,\cdots,m, j=1,2,\cdots,p$。通过以上方法合并得到的云数字特征为 $(Ex_i, En_i, He_i), i=1,2,\cdots,p$。

4) 中心云滴的产生

将合并云的数字特征输入多维云正向云发生器得到云滴，此时的云滴称为中心云滴。中心云滴生成过程如表4.3所示。据此产生的中心云滴是原来大数据的不确定性复原小样本。此时生成的云滴在概念粒度上携带了原始数据的重要信息，中心云滴的小样本特性提高了聚类的效果，同时节省了存储空间。将历史参数各时段的随机采样数据经过云模型处理得到的更新云滴输入云滴数据库，方便后面调用。

表4.3 多维云正向云发生器算法

	Forward Cloud Generator
Input	数字特征 $(Ex_i, En_i, He_i), i=1,2,\cdots p$
Output	$drop(x, \mu)$
Process 1	生成以 $(Ex_1, Ex_2, \cdots, Ex_p)$ 为期望、$(En_1, En_2, \cdots, En_p)$ 为方差的 p 维随机数 $x = (x_1, x_2, \cdots, x_p)$。
Process 2	生成以 $(En_1, En_2, \cdots, En_p)$ 为期望、$(He_1, He_2, \cdots, He_p)$ 为方差的 p 维随机数 $y = (y_1, y_2, \cdots, y_p)$。
Process 3	计算隶属度：$\mu = \exp\left[-\frac{1}{2}\sum_{i=1}^{p}\frac{(x_i - Ex_i)^2}{y_i^2}\right]$
Process 4	产生云滴为 (x, μ)

4.2.2 集群式零售供应链风险预警实时参数的云处理

实时参数是体现集群式零售供应链当前运行情况的数据[87,88]。通过历史数据训练出的预警模型，主要是为了预警当前时刻的实时数据是否处于安全的范围。从而保证集群式零售供应链管理者能够及时准确地判断供应链的运行情况，采取相应措施。

当前时间段内的随机采样参数数据，作为实时监测数据。对实时监测数据进行多维云模型合并处理，是因为实时监测数据作为预警模型的检验数据，其数据形式需要与预警模型数据形式相对应，以方便对当前集群式零售供应链风险情况进行判断。

本章采用云模型对实时监测参数数据进行处理，首先应用一维逆向云发生器将风险预警参数云滴生成应急管理参数云数字特征，具体生成过程如表4.2所示。生成的数字特征矩阵如式(4-14)所示。

$$\begin{bmatrix} (Ex_{11},En_{11},He_{11}) & (Ex_{12},En_{12},He_{12}) \cdots (Ex_{1m},En_{1m},He_{1m}) \\ (Ex_{21},En_{21},He_{21}) & (Ex_{22},En_{22},He_{22}) \cdots (Ex_{2m},En_{2m},He_{2m}) \\ & \cdots \\ (Ex_{p1},En_{p1},He_{p1}) & (Ex_{p2},En_{p2},He_{p2}) \cdots (Ex_{pm},En_{pm},He_{pm}) \end{bmatrix} \quad (4\text{-}14)$$

然后对实时监测数据生成的云数字特征进行多维云合并得到合并云数字特征。将 p 维云 $C_i(Ex_i,En_i,He_i),(i=1,2,\cdots,m)$，以及刻画每个云重要度的向量 $\eta=(\eta_1,\eta_2,\cdots,\eta_m)^T, \sum_{i=1}^{m}\eta_i=1$，记

$$\begin{bmatrix} M_x \\ M_n \\ M_h \end{bmatrix} = \begin{bmatrix} (Ex_1,Ex_2,\cdots,Ex_m) \\ (En_1,En_2,\cdots,En_m) \\ (He_1,He_2,\ldots,He_m) \end{bmatrix} \quad (4\text{-}15)$$

若合并后的云为 $C(Ex,En,He)$，则有：

$$Ex=\left(e_x^j\right)_{p\times 1}, En=\left(e_n^j\right)_{p\times 1}, He=\left(h_e^j\right)_{p\times 1}$$

$$\begin{cases} e_n^j = \langle r_n^{'},\eta \rangle \\ e_x^j = \langle r_x,r_\eta \rangle / e_n^i \\ h_e^j = \langle r_h,r_\eta \rangle / e_n^i \end{cases} \quad (4\text{-}16)$$

其中，$j=1,2,\cdots,p, r_n^{'}=M_n^{'T}l_j, r_x=M_x^T l_j, r_h=M_h^T l_j, r_\eta=\eta\otimes r_n^{'}$，$l_j$ 为第 j 个元素为 1，其余元素为 0 的 p 维单位列向量。

$$M_n^{'}=\left(e_{ni}^{j'}\right)_{p\times m} \quad (4\text{-}17)$$

求解方法为：

令 $C_i^j(e_{xi}^j, e_{ni}^j, h_{ei}^j)$ 为第 i 个 p 维云 C_i 的第 j 个维度构成的一维云，其期望曲线方程为 $y_i^j(x)$。设

$$y_i^{j'}(x) = \begin{cases} y_i^j(x), & \text{若} y_i^j(x) \geq y_k^j(x), k=1,2,\cdots,p \\ 0, & \text{其他} \end{cases} \quad (4\text{-}18)$$

则有

$$e_{ni}^{j'} = \frac{1}{\sqrt{2\pi}} \int_U y_i^{j'}(x)\,\mathrm{d}x \quad (4\text{-}19)$$

其中，U 为第 i 个 p 维云 C_i 的第 j 个维度对应论域，$i=1,2,\cdots,m; j=1,2,\cdots,p$。通过以上方法合并得到的云数字特征为 $(Ex_i, En_i, He_i), i=1,2,\cdots,p$。

将合并云的数字特征输入多维云正向云发生器得到云滴，此时的云滴称为中心云滴。中心云滴生成过程如表4.3所示。得到实时参数的云滴值。该实时云滴值作为当前时刻集群式零售供应链风险预警参数的数据特性，与历史数据聚类得到的安全等级区间进行对比，判断出所属区域进行预警。

4.3 数据聚类挖掘供应链预警模型

4.3.1 集群式零售供应链预警参数的数据挖掘

从本质上说，数据挖掘是一种从原始数据中提取知识的工具。与具体应用相结合，数据挖掘就按照既定目标，对大量实际数据进行探索与分析，以揭示隐藏的、未知的规律性并将其模式化，从而为决策活动提供支持。因此，数据挖掘只有与具体应用背景相结合才能真正发挥它的作用，提高理论的完备性。此外，在数据挖掘技术中，很难有一种方法能够适应多种不同数据环境和背景的挖掘需要。

本章采用聚类算法对集群式零售供应链预警参数数据进行挖掘。之所以选择聚类挖掘算法是因为集群式零售供应链风险预警数据参数所蕴含的能够表示集群式供应链风险严重度的数据信息并没有明确的特点，需要通过数据挖掘，挖掘出集群式零售供应链风险的参数数据特征类，通过人为的常识对数据特征类进行区分定义，为之后的实时监测预警提供依据。

聚类是指将一组数据按照寻找相似性的原则分为若干具有共同特征的类

别。[89,90]对于集群式零售供应链来说，供应链的管理参数是可以对判断供应链的安全提供有力支持的。供应链的安全管理参数包含多个方面，这些方面的安全与否都能够通过量化后的具体参数数据体现出来。可能由于管理参数性质的不同，数据在体现安全性范围时会存在差异，为了消除这种差异，本章通过云模型的方法对原始数据进行了处理，能够有效地消除这种差异，同时保留数据中蕴含的能够表示供应链安全性的数据信息。在这些数据上聚类的目的就在于使得属于同一类别的数据距离尽可能小，而不同类别上的数据距离尽可能大，通过对聚类的供应链安全管理参数特征的提取，可以建立集群式零售供应链风险预警模型。当输入实时数据时，就能够及时地判断当前供应链运行状态的安全等级。

针对大数据挖掘的特征[91,92]，为了在确保精确度的情况下，利用原始历史数据存储资源挖掘出历史数据中所蕴含的有用信息，同时为了提高数据聚类速度，本章将原始数据在聚类之前进行相关处理，使处理后的相关数据在保留了原始数据信息的前提下，减少了冗余数据量。

本节主要的研究内容如下：首先，历史处理数据的高效聚类。在原始数据经过处理后得到的更新数据输入聚类算法时，能够及时得到聚类效果图。其次，动态的风险预警等级区间的划分。研究聚类效果图，制定合理的划分区间方案，构建快速准确的区间划分模型，支持风险预警模型检测。最后，实时地更新聚类结果。根据实时的风险监测数据流，采用集群式零售供应链聚类预警模型，动态的监测集群式零售供应链风险预警等级，及时地做出正确的响应决策，避免延迟风险处理，造成大规模财产经济损失。

4.3.2 集群式零售供应链风险预警聚类算法

1. 基础 DENCLUE 聚类算法

DENCLUE 聚类算法能够排除噪声干扰，识别各种聚类形状，并且聚类的结果不会受到输入数据顺序的影响，是一种优良的聚类算法。但它的缺点在于需要人为输入邻域半径及密度阈值。本章从数据角度出发，希望通过聚类自身的算法识别出数据中蕴含的信息，不要过多的受人为因素的影响，因此本章经过多方对比选择 DENCLUE 聚类算法，对于 DENCLUE 算法中需要人为观察确定的参数，通过较为合理的数学计算，计算出相应的参数值。应用基于距离与密度的无监督聚类算法运用 k 最近邻自适应搜索算法，采用核密度估计方法和熵的理论,有效确定 DENCLUE 聚类算法的参数。这种聚类算法被称为基于密度和距离的聚类算法。

2. 风险预警聚类算法

对 DENCLUE 算法的改进,就是将其需要人为确定的参数,能够通过科学合理的计算得到。通过查找文献,本文发现 PKED 聚类算法是将 DENCLUE 算法与最近邻自适应搜索算法的合成。针对 DENCLUE 算法中需要人工给定的参数,通过最近邻自适应搜索算法确定。该算法有效地克服了 DENCLUE 算法人为确定参数的不客观性。

根据各邻居与 x 的距离将 $K_{nn}(x)$ 分割成两个部分,其中一部分就是 x 的相关邻居,很可能与 x 同在一个簇中。

对于已经聚类的粗糙分类簇,再通 DENCLUE 算法进行详细的划分,DENCLUE 是以 KED (Kernel Density Esimate)聚类算法为基础。KED 是通过核函数来衡量各数据对彼此之间的影响力。某一个数据和的密度估计值就是周围其他数据对它的影响总和。聚类簇的划分是有密度吸引点来决定的,密度吸引点是核密度估计所估计的那个对象的最大值。

该算法的前提条件是 x 和 y 是 d 维特征空间 F^d 中的对象。数据对象 y 对 x 的影响函数是一个函数 $f_B^y : F^d \to R_0^+$,以 $f_B^y(x) = f_B(x,y)$ 的关系来定义之前的函数。理论上说影响是由某个邻域内的两个对象之间的距离来决定。距离函数 $d(x,y)$ 应当是自反的和对称的。例如一个高斯影响函数:

$$f_{Gauss}(x,y) = e^{\frac{d(x,y)^2}{2\delta^2}} \tag{4-20}$$

在一个对象 $x(x \in F^d)$ 上的密度函数往往被看作多个函数之间相互作用的集合。给定 n 个数据对象,$D = \{x_1, x_2, \cdots, x_n\} \subset F^d$,在 x 上的密度函数定义如下:

$$f_B^D(x) = \sum_{i=1}^{n} f_B^i(x) \tag{4-21}$$

高斯影响函数得出的密度函数是:

$$f_{Gauss}^D(x) = \sum_{i=1}^{n} e^{\frac{d(x,y)^2}{2\delta^2}} \tag{4-22}$$

$f(x)$ 是一个粗糙序列,这意味着 $(x_i, f(x_i))$ 是由一个或多个波形组成。将这些波形可以通过爬山算法——区分开。进行一次粗略的划分。再在粗略划分的模糊簇中进行精确的划分,首先是确定宽窗的值,宽窗表示的是一个数据样本所能够影响的超球体的空间半径。不同样本点的宽窗不一定相同。宽窗通过密度估计熵来确定。密度估计熵的定义为：

$$Den\_En = -\sum_{i=1}^{n} \frac{f^D(x_i)}{Z} \log\left[\frac{f^D(x_i)}{Z}\right] \quad (4-23)$$

其中，$Z = \sum_{i=1}^{n} f^D(x_i)$ 为标准化因子。

所有的宽窗可以被唯一地正则化为 $\{w_j | j \leqslant n', n_i' \leqslant n_i\}$，则核密度熵估计值为：

$$Den\_En = -\sum_{j=1}^{n_i'} \frac{f^{FC_i}(x_j)}{Z} \log\left[\frac{f^{FC_i}(x_j)}{Z}\right] \quad (4-24)$$

其中，$Z = \sum_{j=1}^{n_i'} f^{FC_i}(x_j)$。使得 Den_En 最小的 w_j 就是模糊簇 FC_i 的宽窗值。需要注意的是，当一个簇中的样本个数大于等于阈值 λ，该簇被称为标准簇，需要进行进一步的划分。阈值 λ 的确定采用启发式确定，将 $[\min(f^D(x))$，$\max(f^D(x))](x \in FC_i)$ 离散成 k（$k > 2$）个区间，然后可以用 x^2 检验方法可视化地确定阈值 λ。

4.3.3 供应链风险预警聚类算法的程序实现

PKED 聚类算法的程序实现步骤如下：

(1) 设定参数 k，通过 k 最近邻自适应搜索算法查找出各数据的 k 个最近邻居；

(2) 确定 k 个最近邻居的核函数，计算核密度估计值；

(3) 通过指定密度吸引点对数据进行模糊簇 FC_i 划分(密度吸引点就是一个局部中核密度估计值最大的那个对象)；

(4) 通过确定各模糊簇中的宽窗值 w_j 和阈值 λ，达到对模糊簇的精确划分。

选取若干参数值，输入聚类算法，得到图 4.2 和图 4.3 所示的聚类效果图，能够看出有明显的聚类效果。

本节主要是基于改进的 DENCLUE 聚类算法建立风险预警模型，对通过云模型进行数据融合后的集群式零售供应链历史参数数据进行聚类，克服原始 DENCLUE 算法个别参数需要依赖人为确定的缺点，使参数自身寻找具有相同特点的数据集。再对训练好的数据集进行专家划分,划分出合理的预警区域。

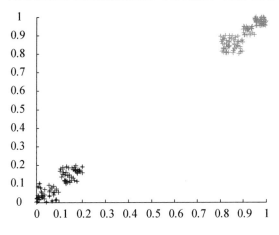

图 4.2　聚类效果图 1

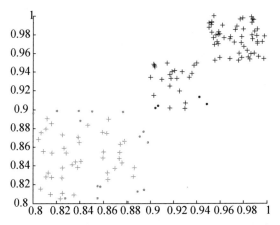

图 4.3　聚类效果图 2

4.4　实　例　分　析

本文以 MN 连锁零售业为例,搜集 2006—2015 年内该集群式供应链企业多次遭遇突发事件下供应链风险部分管理参数数据。首先对社会上多次突发事件及对企业的影响进行阐述。

4.4.1 零售供应链企业突发事件事例介绍

将零售供应链企业所经历的几起突发事件案例和突发事件对企业运营的影响进行简单的描述。

1. 三鹿奶粉事件

1) 事件描述

2008 年作为中国奶制品行业知名企业三鹿集团被报道其生产的奶粉造成全国各地包括港澳台等地多名婴幼儿患有严重的肾结石。此次事件一经报道就引起了轩然大波，婴儿是一个生命的开始，这些代表人类希望的生命一出生就受到了威胁。经过调查发现在三鹿集团的奶粉中发现化工原料三聚氰胺。从事件发生到截至，根据不完整统计将近有四万多婴儿遭受伤害。事件引起了全国哗然，也造成全国人民对国产婴幼儿用品的不信任，同时也造成国外内销的婴幼儿用品的购买热。该事件的连带反应，不但使国内婴幼儿食用品等的滞销，更导致了其他奶制品行业的滞销。同时也使得许多外销出口的产品被禁止。此次事件除了造成巨大的经济损失外，也给许多企业带来严重伤害。许多零售企业因为压货滞销的缘故，影响了其他产品的正常营销，造成社会小范围动荡。此事件发生后时隔三年，央视记者做民众调查发现，仍然有至少七成的人不愿意购买国产品牌的婴幼儿食用品。

2) 企业影响

此次三鹿奶粉事件不仅仅是一起简单的忽视生产安全而导致的社会危机事件，它同样是一场浩大的企业危机。作为奶制品的最大供应商，三鹿集团忽视产品链上游的安全质量监督，不仅损害了自身企业的利益，对其他销售三鹿产品的分销商、零售商都是莫大的打击。对该零售企业的供应链环节进行分析，首先消息的散播，在供应链的下游，直接消费者们首先做出了反应，该环节的参数首先发生了变化，一直保持销售量的三鹿奶粉无人问津。而且会诞生一系列连锁反应。"毒奶粉"事件直接影响到了消费者对所有国产婴幼儿奶粉企业产品品质的不信任。图 4.4 体现了该事件对消费者的影响。

可以看出，由于消费者对国产婴幼儿奶粉企业的信心缺失，直接影响了消费者的购买行为，该零售企业中大量的奶制产品的产品销售因"毒奶粉"事件受到一定程度的影响。

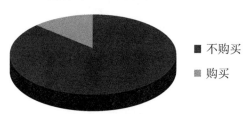

图 4.4　顾客购买意愿调查

从原料方面来看，B 公司在除生鲜乳外，其他原材料(包括植物脂肪粉、奶粉基粉、乳清粉、蛋白粉、乳糖等)主要从国外进口，对于原料基粉部分，在自有产能不足的情况下，也是采取对外采购的方式来满足生产所需。2008 年"毒奶粉事件"后，国内市场的大包装奶粉出现了缺货的情况，进口大包装奶粉则一度出现供不应求的现象，价格还疯狂的上涨，而国内婴幼儿奶粉等高端产品中必须添加的乳糖、乳清粉价格也是涨得离谱。原料的供不应求便是这种涨价的最主要原因。这就使得 B 公司只能被动地接受国际市场价格的变动，生产成本也被迫增高。

2. 双汇"瘦肉精"事件

1) 事件描述

2011 年 3 月 15 日河南一家养猪厂被举报发现其喂养猪的饲料中含有瘦肉精，造成猪肉含有毒素，更因为该猪场为某著名食品企业提供食品制造的猪肉，造成了一系列恶劣的连锁反应。随后又发现了其他一些地方的养猪场也有类似事件。据初步统计至少有七万家养猪企业涉案。一时间引起轩然大波。这次发生在供应链原产料污染的事件，给供应商和零售商都造成了巨大的伤害。

2) 企业影响

该零售供应链下游部分超市都不同程度出现产品下架和经销商退货等情况，连锁反应导致消费者对双汇企业旗下其他食品如双汇火腿肠、香肠等产品质量不信任，销量不佳，虽然采取措施出示产品检验合格证明，但是消费者依然保持怀疑态度。

3. 北京市洪水事件

1) 事件描述

2012 年 7 月 21 日，北京市内遭遇特大暴雨天气，由于雨量的积累未能及时疏通排出，造成北京多处地区交通中断，交通事故的发生，造成37人死亡。此次天灾也给处于该处洪水区的一些零售企业的货物运输带来了困难，造成了运输中断。

2) 企业影响

此次特大洪水造成零售企业位于受灾区域的超市部分产品供应不足，无法满足消费者的需求，同样由于洪水的影响，导致一些商品销售率增高，缺货率变大。

4. 企业信息储存事故

由于早期互联网技术的不成熟，数据库存储技术本身的缺陷和企业管理人员失误等一系列问题，导致企业的以往供应链管理相关存储信息丢失以及部分当前订单信息缺失。[93-95]后来经过技术人员的抢修找回部分数据，但还是给企业带来了经济损失。

4.4.2 突发事件风险预警聚类模型

1. 预警模型的建立

第一条供应链的样本数据如表4.4所示。

表4.4 各指标更新云滴

风险参数 样本	供应风险 产品合格率	信息风险 重大事故发生率	物流风险 产品损坏率	物流风险 产品延迟率	需求风险 需求突变率
1	0.9793	0.0707	0.0074	0.0201	0.0890
2	0.9972	0.0778	0.0277	0.0037	0.0248
3	0.9877	0.0245	0.0068	0.0281	0.0582
4	0.9850	0.0139	0.0265	0.0778	0.0301
…	…	…	…	…	…

从表4.4中可以看出，数值区间分为两部分，一部分以产品合格率为首，属于高概率事件，另一部分以重大事故发生率为首，属于低概率事件。针对这种情况，如果直接将数据输入聚类程序，会出现两级分化，导致聚类效果不清晰，这样不利于进行详细分类区间的划分。为了改变这一局限性，本章将影响供应链安全因素中的大概率事件，统一转换为小概率事件。在本章选取的参数中，即将产品合格率转换为产品的不合格率。转换后的云滴数据表，如表4.5所示。

表 4.5　转换后各指标更新云滴

风险参数 样本	供应风险 产品不合格率	信息风险 重大事故发生率	物流风险 产品损坏率	物流风险 产品延迟率	需求风险 需求突变率
1	0.0207	0.0707	0.0074	0.0201	0.0890
2	0.0028	0.0778	0.0277	0.0037	0.0248
3	0.0123	0.0245	0.0068	0.0281	0.0582
4	0.0150	0.0139	0.0265	0.0778	0.0301
…	…	…	…	…	…

将处理后数据保存于 txt 文档中，在 matlab 程序中进行调用。采用集群式零售供应链风险预警聚类算法对历史风险预警监测参数数据进行聚类数据挖掘，聚类效果图如图 4.5 所示。

从图 4.5 中可以看出，更新云滴被分为四块区间分别如下。

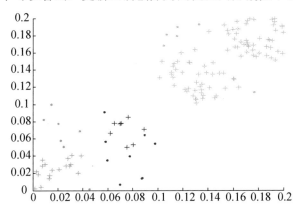

图 4.5　更新云滴聚类效果图

范围①：当 x 轴范围在[0 - 0.05]时，y 轴有两个区间，[0 - 0.04]和[0.04 - 0.1]；

范围②：当 x 轴范围在[0.05 - 0.1]时，y 轴有两个区间，[0 - 0.03]和[0.03 - 0.1]；

范围③：当 x 轴范围在[0.1 - 0.18]时，y 轴的区间，[0.1 - 0.18]；

范围④：当 x 轴范围在[0.14 - 0.2]时，y 轴的区间，[0.14 - 0.2]。

通过专家评判的方式，对以上划分的区间进行定义，范围①属于安全范畴。范围②属于较安全范畴，范围③和范围④属于常规突发事件预警范畴。按照本文的思路，如果出现参数范围不在上述四个区间时，则为非常规突发事件。

2. 预警模型的检验

为了保证风险预警效果的准确性，本章在检测当前实时数据的同时，对当前时刻前一时刻的实时数据也进行检测。分别通过云模型多数据融合的方法处理两组集群式零售供应链风险预警参数数据，最后得到两个处理数据值，将代表当前时刻前一时刻的集群式零售供应链风险预警参数数据作为 x 轴，将代表当前时刻的集群式零售供应链风险预警参数数据作为 y 轴，与根据历史数据训练后得到的预警区间进行对比，找出对应的预警区间，进行预警。具体数据处理过程如下：通过市场调查，获得检验预警模型的样本数据。样本数据分为3种具有代表性的数据，第一组为正常数据样本，第二组为前一时刻数据正常的数据样本，当前时刻数据异样的数据样本，第三组为两组数据均为异样数据样本。

(1) 第一组第一条供应链的样本数据如表 4.6 和表 4.7 所示。

表 4.6　当前时刻前一时刻数据值

风险参数 样本	供应风险 产品不合格率	信息风险 重大事故发生率	物流风险 产品损坏率	物流风险 产品延迟率	需求风险 需求突变率
1	0.0108	0.0001	0.0005	0.0001	0.0013
2	0.0081	0.0395	0.0057	0.0281	0.0265
3	0.0207	0.0707	0.0304	0.0037	0.0265
4	0.0028	0.0778	0.0074	0.0201	0.0890
…	…	…	…	…	…

表 4.7　当前时刻数据值

风险参数 样本	供应风险 产品不合格率	信息风险 重大事故发生率	物流风险 产品损坏率	物流风险 产品延迟率	需求风险 需求突变率
1	0.0105	0.0001	0.0005	0.0001	0.0013
2	0.0071	0.0391	0.0054	0.0281	0.0262
3	0.0206	0.0703	0.0303	0.0032	0.0265
4	0.0020	0.0770	0.0072	0.0203	0.0890
…	…	…	…	…	…

以上两组数据的矩阵形式：

$$\begin{bmatrix} x_{11} & x_{12} & \cdots & x_{1p} \\ x_{21} & x_{22} & \cdots & x_{2p} \\ \cdots & \cdots & \cdots & \cdots \\ x_{n1} & x_{n2} & \cdots & x_{np} \end{bmatrix} = \begin{bmatrix} 0.0108 & 0.0001 & 0.0005 & 0.0001 & 0.0013 \\ 0.0081 & 0.0395 & 0.0057 & 0.0281 & 0.0265 \\ 0.0207 & 0.0707 & 0.0304 & 0.0037 & 0.0265 \\ \cdots & \cdots & \cdots & \cdots & \cdots \end{bmatrix} \quad (4\text{-}25)$$

$$\begin{bmatrix} y_{11} & y_{12} & \cdots & y_{1p} \\ y_{21} & y_{22} & \cdots & y_{2p} \\ \cdots & \cdots & \cdots & \cdots \\ y_{n1} & y_{n2} & \cdots & y_{np} \end{bmatrix} = \begin{bmatrix} 0.0105 & 0.0001 & 0.0005 & 0.0001 & 0.0013 \\ 0.0071 & 0.0391 & 0.0054 & 0.0281 & 0.0262 \\ 0.0206 & 0.0703 & 0.0303 & 0.0032 & 0.0265 \\ \cdots & \cdots & \cdots & \cdots & \cdots \end{bmatrix} \quad (4\text{-}26)$$

将式(4-25)和式(4-26)中数据和其他供应链的数据分别输入到逆向云发生器，得到两组数字特征矩阵：

$$E_x = \begin{bmatrix} (Ex_{11x}, En_{11x}, He_{11x}) & (Ex_{12x}, En_{12x}, He_{12x}) & \cdots & (Ex_{1mx}, En_{1mx}, He_{1mx}) \\ (Ex_{21x}, En_{21x}, He_{21x}) & (Ex_{22x}, En_{22x}, He_{22x}) & \cdots & (Ex_{2mx}, En_{2mx}, He_{2mx}) \\ & & \cdots & \\ (Ex_{p1x}, En_{p1x}, He_{p1x}) & (Ex_{p2x}, En_{p2x}, He_{p2x}) & \cdots & (Ex_{pmx}, En_{pmx}, He_{pmx}) \end{bmatrix} \quad (4\text{-}27)$$

$$E_y = \begin{bmatrix} (Ex_{11y}, En_{11y}, He_{11y}) & (Ex_{12y}, En_{12y}, He_{12y}) & \cdots & (Ex_{1my}, En_{1my}, He_{1my}) \\ (Ex_{21y}, En_{21y}, He_{21y}) & (Ex_{22y}, En_{22y}, He_{22y}) & \cdots & (Ex_{2my}, En_{2my}, He_{2my}) \\ & & \cdots & \\ (Ex_{p1y}, En_{p1y}, He_{p1y}) & (Ex_{p2y}, En_{p2y}, He_{p2y}) & \cdots & (Ex_{pmy}, En_{pmy}, He_{pmy}) \end{bmatrix} \quad (4\text{-}28)$$

将式(4-27)和式(4-28)数字特征数据通过云模型多数据融合算法进行数据融合处理得到：

$$E_{hx} = \begin{bmatrix} (Ex_{1x}, En_{1x}, He_{1x}) \\ (Ex_{2x}, En_{2x}, He_{2x}) \\ \cdots \\ (Ex_{px}, En_{px}, He_{px}) \end{bmatrix} \quad (4\text{-}29)$$

$$E_{hy} = \begin{bmatrix} (Ex_{1y}, En_{1y}, He_{1y}) \\ (Ex_{2y}, En_{2y}, He_{2y}) \\ \cdots \\ (Ex_{py}, En_{py}, He_{py}) \end{bmatrix} \quad (4\text{-}30)$$

将式(4-29)和式(4-30)的合并云数字特征输入多维云正向云发生器得到实时参数的云滴值 $\mu_x = 0.0162$，$\mu_y = 0.0431$。将 $(0.0162, 0.0431)$ 与划分的预警区间进行对比，属于范围①，即系统运行安全。仿真实验效果如图 4.6 所示。

(2) 第二组第一条供应链的样本数据如表 4.8 和表 4.9 所示。

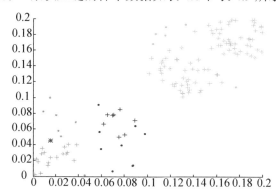

图 4.6　仿真聚类效果图 1

表 4.8　当前时刻前一时刻数据值

风险参数 样本	供应风险 产品不合格率	信息风险 重大事故发生率	物流风险		需求风险 需求突变率
			产品损坏率	产品延迟率	
1	0.0105	0.0001	0.0005	0.0001	0.0013
2	0.0081	0.0395	0.0057	0.0281	0.0265
3	0.0207	0.0707	0.0304	0.0037	0.0265
4	0.0028	0.0778	0.0074	0.0201	0.0890
…	…	…	…	…	…

表 4.9　当前时刻数据值

风险参数 样本	供应风险 产品不合格率	信息风险 重大事故发生率	物流风险		需求风险 需求突变率
			产品损坏率	产品延迟率	
1	0.0105	0.0001	0.0005	0.1101	0.0013
2	0.0071	0.0391	0.0054	0.1281	0.0262
3	0.0206	0.0703	0.0303	0.1132	0.0265
4	0.0020	0.0770	0.0072	0.1203	0.0890
…	…	…	…	…	…

以上两组数据的矩阵形式：

$$\begin{bmatrix} x_{11} & x_{12} & \cdots & x_{1p} \\ x_{21} & x_{22} & \cdots & x_{2m} \\ \cdots & \cdots & \cdots & \cdots \\ x_{n1} & x_{n2} & \cdots & x_{np} \end{bmatrix} = \begin{bmatrix} 0.0108 & 0.0001 & 0.0005 & 0.0001 & 0.0013 \\ 0.0081 & 0.0395 & 0.0057 & 0.0281 & 0.0265 \\ 0.0207 & 0.0707 & 0.0074 & 0.0037 & 0.0265 \\ \cdots & \cdots & \cdots & \cdots & \cdots \end{bmatrix} \quad (4\text{-}31)$$

$$\begin{bmatrix} y_{11} & y_{12} & \cdots & y_{1p} \\ y_{21} & y_{22} & \cdots & y_{2p} \\ \cdots & \cdots & \cdots & \cdots \\ y_{n1} & y_{n2} & \cdots & y_{np} \end{bmatrix} = \begin{bmatrix} 0.0105 & 0.0001 & 0.0005 & 0.1101 & 0.0013 \\ 0.0071 & 0.0391 & 0.0054 & 0.1281 & 0.0262 \\ 0.0206 & 0.0703 & 0.0303 & 0.1132 & 0.0265 \\ \cdots & \cdots & \cdots & \cdots & \cdots \end{bmatrix} \quad (4\text{-}32)$$

将式(4-31)和式(4-32)中数据和其他供应链的数据分别输入到逆向云发生器，得到两组数字特征矩阵：

$$\boldsymbol{E}_x = \begin{bmatrix} (Ex_{11x}, En_{11x}, He_{11x}) & (Ex_{12x}, En_{12x}, He_{12x}) \cdots (Ex_{1mx}, En_{1mx}, He_{1mx}) \\ (Ex_{21x}, En_{21x}, He_{21x}) & (Ex_{22x}, En_{22x}, He_{22x}) \cdots (Ex_{2mx}, En_{2mx}, He_{2mx}) \\ & \cdots \\ (Ex_{p1x}, En_{p1x}, He_{p1x}) & (Ex_{p2x}, En_{p2x}, He_{p2x}) \cdots (Ex_{pmx}, En_{pmx}, He_{pmx}) \end{bmatrix} \quad (4\text{-}33)$$

$$\boldsymbol{E}_y = \begin{bmatrix} (Ex_{11y}, En_{11y}, He_{11y}) & (Ex_{12y}, En_{12y}, He_{12y}) \cdots (Ex_{1my}, En_{1my}, He_{1my}) \\ (Ex_{21y}, En_{21y}, He_{21y}) & (Ex_{22y}, En_{22y}, He_{22y}) \cdots (Ex_{2my}, En_{2my}, He_{2my}) \\ & \cdots \\ (Ex_{p1y}, En_{p1y}, He_{p1y}) & (Ex_{p2y}, En_{p2y}, He_{p2y}) \cdots (Ex_{pmy}, En_{pmy}, He_{pmy}) \end{bmatrix} \quad (4\text{-}34)$$

将式(4-33)和式(4-34)数字特征数据通过云模型多数据融合算法进行数据融合处理得到：

$$\boldsymbol{E}_{hx} = \begin{bmatrix} (Ex_{1x}, En_{1x}, He_{1x}) \\ (Ex_{2x}, En_{2x}, He_{2x}) \\ \cdots \\ (Ex_{px}, En_{px}, He_{px}) \end{bmatrix} \quad (4\text{-}35)$$

$$\boldsymbol{E}_{hy} = \begin{bmatrix} (Ex_{1y}, En_{1y}, He_{1y}) \\ (Ex_{2y}, En_{2y}, He_{2y}) \\ \cdots \\ (Ex_{py}, En_{py}, He_{py}) \end{bmatrix} \quad (4\text{-}36)$$

将式(4-35)和式(4-36)的合并云数字特征输入多维云正向云发生器得到实时参数的云滴值 $\mu_x = 0.0162$, $\mu_y = 0.1123$。将 $(0.0162, 0.1123)$ 与划分的预警区间进行对比,属于范围③,即参数运行危险,需要进行预警。仿真实验效果图如图 4.7 所示。

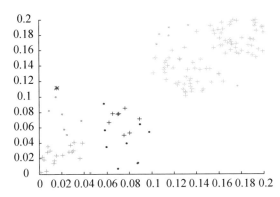

图 4.7 仿真聚类效果图 2

(3) 第三组第一条供应链的样本数据如表 4.10 和表 4.11 所示。

表 4.10 当前时刻前一时刻数据值

风险参数 样本	供应风险	信息风险	物流风险		需求风险
	产品不合格率	重大事故发生率	产品损坏率	产品延迟率	需求突变率
1	0.0108	0.0001	0.0005	0.0001	0.0013
2	0.0081	0.0395	0.0057	0.0281	0.0265
3	0.0781	0.0774	0.0304	0.1824	0.0265
4	0.0909	0.0395	0.0689	0.1662	0.0776
…	…	…	…	…	…

表 4.11 当前时刻数据值

风险参数 样本	供应风险	信息风险	物流风险		需求风险
	产品不合格率	重大事故发生率	产品损坏率	产品延迟率	需求突变率
1	0.0105	0.0001	0.2132	0.0001	0.1013
2	0.0071	0.0395	0.0054	0.2281	0.0265

续表

样本\风险参数	供应风险 产品不合格率	信息风险 重大事故发生率	物流风险 产品损坏率	物流风险 产品延迟率	需求风险 需求突变率
3	0.0206	0.0703	0.0303	0.1824	0.1265
4	0.0909	0.0395	0.0689	0.1662	0.0776
…	…	…	…	…	…

以上两组数据的矩阵形式：

$$\begin{bmatrix} x_{11} & x_{12} & \cdots & x_{1p} \\ x_{21} & x_{22} & \cdots & x_{2p} \\ \cdots & \cdots & \cdots & \cdots \\ x_{n1} & x_{n2} & \cdots & x_{np} \end{bmatrix} = \begin{bmatrix} 0.0108 & 0.0001 & 0.0005 & 0.0001 & 0.0013 \\ 0.0081 & 0.0395 & 0.0057 & 0.0281 & 0.0265 \\ 0.0207 & 0.0707 & 0.0074 & 0.0037 & 0.0265 \\ \cdots & \cdots & \cdots & \cdots & \cdots \end{bmatrix} \quad (4\text{-}37)$$

$$\begin{bmatrix} y_{11} & y_{12} & \cdots & y_{1p} \\ y_{21} & y_{22} & \cdots & y_{2p} \\ \cdots & \cdots & \cdots & \cdots \\ y_{n1} & y_{n2} & \cdots & y_{np} \end{bmatrix} = \begin{bmatrix} 0.0105 & 0.0001 & 0.2132 & 0.0001 & 0.1013 \\ 0.0071 & 0.0391 & 0.0054 & 0.2281 & 0.0262 \\ 0.0206 & 0.0703 & 0.0303 & 0.0032 & 0.1265 \\ \cdots & \cdots & \cdots & \cdots & \cdots \end{bmatrix} \quad (4\text{-}38)$$

将式(4-37)和式(4-38)中数据和其他供应链的数据分别输入到逆向云发生器，得到两组数字特征矩阵：

$$E_x = \begin{bmatrix} (Ex_{11x}, En_{11x}, He_{11x}) & (Ex_{12x}, En_{12x}, He_{12x}) & \cdots & (Ex_{1mx}, En_{1mx}, He_{1mx}) \\ (Ex_{21x}, En_{21x}, He_{21x}) & (Ex_{22x}, En_{22x}, He_{22x}) & \cdots & (Ex_{2mx}, En_{2mx}, He_{2mx}) \\ & & \cdots & \\ (Ex_{p1x}, En_{p1x}, He_{p1x}) & (Ex_{p2x}, En_{p2x}, He_{p2x}) & \cdots & (Ex_{pmx}, En_{pmx}, He_{pmx}) \end{bmatrix} \quad (4\text{-}39)$$

$$E_y = \begin{bmatrix} (Ex_{11y}, En_{11y}, He_{11y}) & (Ex_{12y}, En_{12y}, He_{12y}) & \cdots & (Ex_{1my}, En_{1my}, He_{1my}) \\ (Ex_{21y}, En_{21y}, He_{21y}) & (Ex_{22y}, En_{22y}, He_{22y}) & \cdots & (Ex_{2my}, En_{2my}, He_{2my}) \\ & & \cdots & \\ (Ex_{p1y}, En_{p1y}, He_{p1y}) & (Ex_{p2y}, En_{p2y}, He_{p2y}) & \cdots & (Ex_{pmy}, En_{pmy}, He_{pmy}) \end{bmatrix} \quad (4\text{-}40)$$

将式(4-39)和式(4-40)数字特征数据通过云模型多数据融合算法进行数据融合处理得到：

$$E_{hx} = \begin{bmatrix} (Ex_{1x}, En_{1x}, He_{1x}) \\ (Ex_{2x}, En_{2x}, He_{2x}) \\ \ldots \\ (Ex_{px}, En_{px}, He_{px}) \end{bmatrix} \tag{4-41}$$

$$E_{hy} = \begin{bmatrix} (Ex_{1y}, En_{1y}, He_{1y}) \\ (Ex_{2y}, En_{2y}, He_{2y}) \\ \ldots \\ (Ex_{py}, En_{py}, He_{py}) \end{bmatrix} \tag{4-42}$$

将式(4-41)和式(4-42)的合并云数字特征输入多维云正向云发生器得到实时参数的云滴值 $\mu_x = 0.0162$，$\mu_y = 0.1931$。将 $(0.0162, 0.1931)$ 与划分的预警区间进行对比，不属于以上4个划分的范围，则该组数据被定义为非常规突发事件进行预警。仿真实验效果图如4.8所示。

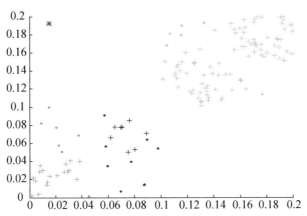

图4.8 仿真聚类效果图3

4.5 本章小结

本章以集群式零售供应链风险预警为出发点，分析集群式零售供应链的结构特点，集群式零售供应链管理参数特征。以某大型集群式零售供应链为研究对象，通过研究零售企业所经历的多次突发事件案例，分析供应链面对突发事件的变化时，各供应链管理参数的变化，为本章的理论研究提供现实依据。针对集群式零售供应链管理参数的数据特性，提出多数据云模型融合的方法实现对集群式零售供应链管理参数挖掘前的数据处理，为聚类数据挖掘预警模型的建立提供可靠数据支持。云模型作为本章所选取的多数据融合关键算法，起到了预期的效果，即减少了集群式零售供应链大数据的数据量，又集中保留了集群式零售供应链预警管理参数的重要数据信息，为实现聚类效果提供了前期保证。作为本章第二个关键环节，聚类算法的选取和最后聚类效果提高，pked的聚类算法不但克服了在聚类过程中过多依赖人为设定参数的缺点，而且大大缩短了聚类时间，提高了聚类精度。

第5章 连锁零售企业供应链突发事件风险应急决策

21世纪初开始，从2000年的9·11恐怖袭击事件，2003年的非典，2004年的印度洋海啸，2008年的汶川地震，2013年的雅安地震，到2014年上半年在兰州、武汉、靖江发生的3起水污染事件。一系列局部的、区域性的甚至是国家的自然灾害、社会安全事件、公共卫生事件等突发事件的发生频率日益增大，这些都给国家和人民造成了巨大损失。对于商业企业而言，突发事件的出现会破坏原有供应链系统的稳定性，会造成商品需求上的较大波动、供应商企业无法按时送货、工厂无法正常生产等问题。如果在突发事件风险下，企业不及时调整策略，还按照日常的策略进行采购，很可能会造成利润下滑，或者巨大的利润损失，严重时会导致一个企业破产倒闭。突发事件风险下，怎样改变企业的采购决策已经成为管理者们研究的重点。包括突发事件风险下供应商选择问题、价格谈判问题以及利润分配问题，已经成为突发事件风险下采购决策的重点研究内容。解决好这些问题，会对突发事件风险下企业的采购决策提供一定的理论参考和指导，会使企业在突发事件风险下收获更大的价值。

突发事件风险下供应商选择问题的研究集中在两方面，分别是供应商选择指标体系和供应商选择方法。在评价指标的确定方面，G.W.Dickson整理了众多有关采购代理人的问卷，得出来二十多项供应商绩效评价标准，而商品质量是其中"极其重要"的指标。[96]Weber集中研究供应商选择的相关文献，分析出质量、价格、交货期三个指标出现率最高。[97]而在突发事件风险下的指标选择上，沈芸铭提出以快速响应能力、服务质量、配置能力等构建应急供应商评价体系。[98]刘乃娟提出以快速响应能力、供应能力、质量、柔性、价格等一级

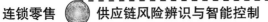

指标建立的指标体系[99]。张潇化针对应急物资供应商的选择与考核的标准设计出产品质量、供应能力、价格、快速响应能力、可靠性、生产技术、地理位置等 7 个指标[100]。江孝感，冯勤超等人考虑到应急情况，提出将产品合格率、交货准时率、收费标准等列为备选供应商选择指标。[101]学者们在选择方法的研究上，具体包括主观评价法、招标法、AHP、模糊评价法等。如商丽媛采用灰熵法建模[102]。李敬宇针对应急物资采购问题，建立了多级模糊评判求解模型，运用具体算例分析[103]。李翠采用 AHP-GRAP-线性规划法进行研究[104]。Shirouyehzad 采用数据包络法评估供应商[105]。Nine 等提出结合模糊聚类法与层次分析法进行供应商选择[106]。

突发事件风险下零售商与供应商的价格谈判，国内外学者的研究重点主要集中在谈判策略上，有代表性的文章有：王刊良通过三阶段的讨价还价博弈，将信息的非对称性，包括博弈人的价格区间和心理压力等因素，考虑到博弈中，并得出具体条件下博弈人的保留价格能在博弈中被分析出[107]。苏秦讨论利用马尔科夫型协商战术获得最优解情况[108]。孙国岩提出一种具有激励性的价格策略[109]。姜晖分析了信息不完全条件下，应该采取的报价策略[110]。张志勇构建不完全信息下双边多轮谈价模型，提出合理的出价策略[111]。王燕涛为了控制谈判成本，提出基于最大时间约束的价格谈判策略，设定最大谈判判时间，构建价格谈判的离散数学模型，求解此问题[112]。熊运莲构建基于效用理论的价格谈判模型，分析了双方谈判能力和风险规避程度对谈判的影响[113]。

庞庆华等提出，突发事件风险下的市场需求将产生波动，一般情况下的供应链系统将会被破坏，通过改变原有收益共享契约，系统再次协调，更合理地分配利润[114]。胡劲松分析突发事件风险下供应链发生的变化，修改之前的契约，使整个系统正常工作，优化利润分配[115]。范志强选择模拟退火算法处理利润分配问题[116]。冯春采用纳什谈判解的方法，构建二层规划模型，求解利润分配问题[117]。刘海军引入合作博弈的 K-S 解作为分配机制，解决利润分配问题[118]。Xu 研究突发事件下需求突发时独自决策和集中决策两种情况分别使供应链协调，利润合理分配[119]。曹二保解决突发事件风险下需求和成本同时扰动的供应链协调问题，提出应对突发事件的最优策略，求解最优利润分配[120]。Qi 研究突发事件下报童环境中，当需求发生扰动时供应链利润分配问题[121]。盛方正基于机制理论和自组织临界特性分析突发事件环境下供应链协调问题，为减少突发事件给双方带来的损失，提出合理的利润分配方案[122]。Xiao 针对突发事件风险下需求波动的供应链，通过调整订货量和零售价格，使供应链利润最大[123]。刘秋生基于一个联合契约讨论了供应链利润分配情况[124]。

对于突发事件风险下供应商选择问题，在选择指标体系的建立方面往往过于详细，太多的指标只会分散指标的作用，尤其是在突发事件风险下，无法突出指标的核心，只能是综合性的评价。

突发事件风险下零售商与供应商价格谈判，在谈判策略上，利用博弈论思想，可以解决零售商与供应商双方的问题，然而大部分的研究只集中在价格上，只关心数值的博弈，而忽略了出价顺序上的博弈。

对于突发事件风险下零售商与供应商利润分配问题，大多数文章采用单目标优化的方法建立利润分配模型，而不是从系统工程的角度，对于零售企业和供应商企业建立突发事件风险下多目标双层规划利润分配协同决策模型，以求达到双方都能接受的程度。在模型求解的方法上，常用的算法在速度和准确性上存在不足，影响了零售商与供应商双方的决策效率。

5.1 突发事件风险下供应商选择

5.1.1 突发事件风险相关理论

1. 突发事件的定义

目前，我国法律将突发事件解释为突然发生的，已经形成或能够形成重大社会危害的自然灾害、事故、公共卫生以及社会安全事件，这些事件需要相关部门及时采取行动以避免事态扩大。[125]

学术界则从突发事件所造成的影响、突发事件所具有的特征、系统论角度、组织角度以及突发事件构成因素等方面对突发事件进行了相应的定义。其中，从引起的影响角度，指出突发事件是在某一范围内突然发生的，给社会经济活动带来严重威胁的，极大地影响人民生命以及财产安全的紧急事件。例如，飓风的侵袭、毒气的泄漏、核泄漏、煤田塌坊、泥石流等恶性事故。从所具有的特征方面，指出突发事件是在事前无任何通知或预兆下发生，且具有较大破坏性、影响性、不确定性的事件。从系统论角度进行了定义，指出突发事件是在环境的巨大改变下，系统稳定性、控制力受到严重破损，系统行为表现出较大失常，结果表现出明显偏差的无规律事件。

针对所研究重点，本章从零售供应链受到的影响阐释突发事件。所谓的突发事件就是：突然发生的，极大地破坏供应链网络中各个或者某个节点企业所具有的功能，导致供应链系统生产或服务出现中断或严重停滞的，急需相关企业马上处理的事件。例如，2014 年上半年在我国兰州、武汉、靖江发生的三起水污染事件，导致当地物价猛涨，这就属于典型公共突发事件。2010 年，世纪联华超市封杀卡夫食品事件，就属于供应链内部引起的突发事件。

2. 突发事件的主要特性

本章针对突发事件对零售供应链的影响，认为突发事件一般具有如下特性，包括突发性、破坏性、不确定性、时间紧迫性、信息不完全性、机遇与挑战并存性。

1) 突发性

突发事件的产生往往是很突然的，出人意料的，其产生的时刻、位置、起因、规模等都是事先没有预测到的。

2) 破坏性

突发事件大多会带有很强的破坏性，而对于供应链系统来说，其影响也是很大的。它可能会导致供应链的运营被迫停止，可能致使供应链中的某些节点企业停产或者倒闭。

3) 不确定性

事态的发展变化和影响不容易做到提前预测，产生了较大的不确定性。

4) 时间紧迫性

因为突发事件具有较大破坏性，所以要求管理者抓紧处理，不能迟疑。片刻的延迟都有造成极大损失的可能。而突发事件的突发性和不确定性，又让管理者没有系统化的处理措施来加以应对，因此管理者不得不召集各部门的人才来制定紧急、灵活的应对措施。

5) 信息不完全性

突发事件的突发以及不确定性往往会使我们在应对它时不能了解到完整的情况。信息的收集和整理工作往往是和事件的处理同时进行的，这也就同时预示着我们在处理突发事件时是按照非程序化的进程来进行的。信息的不完整性给我们处理突发事件带来了很大的困难，它同时也让管理者意识到公司的正常运行需要大家时刻保持警惕，要有持续不断学习的能力。

6) 机遇与挑战并存性

突发事件会带来危机，但是同样包含着转机。对于突发事件，一方面要严谨分析，梳理清楚其中的威胁和利害关系，要主动采用有针对性的举措来处理各种突发事件，尽量避免不必要的损失，减少损失。另一方面，要善于发现突发事件中存在的经验和机遇，抓住机遇并创造更大的价值。

5.1.2 零售供应链采购管理

采购管理作为供应链管理中的重要环节，它起到连接供应链上、下游活动的关键作用，而采购管理的发展也随着人类社会生产、经济生活、科技创新不断变化。在管理水平相对较低的时代，市场环境以生产为导向，生产商具有市场主导权，消费者只能购买生产商提供的商品。此时，企业采购管理主要考虑的是节约制造成本、管理成本等问题，以最小化库存投资为目标进行采购管理和采购决策的制定，此阶段称为基于库存理论的采购管理阶段。[126]随着科技进步和市场环境的变化，生产供应有了一定的增加，市场由生产导向型转变为需求导向型的市场环境，需求的多样性显现出来，企业之间出现了一定程度的竞争。与此同时，为了生产、采购、销售等环节能够顺利运营，企业之间还要不断巩固合作，建立互助互赢的关系。这个时期的采购管理研究集中在供应链协调和应对市场需求波动性，此阶段称为供应链协调的采购管理阶段。[127,128]随着科学技术创新，生产力提高，商品越来越多样，市场向买方较大倾斜，企业竞争加剧。此时，出现了一批产、购、销一体化企业，采购管理能力将会直接影响它们未来的发展，这一阶段则是专业采购管理阶段。[129]现如今，绝大多数企业的采购管理仍然把供应链协调作为重点。

伴随着市场从生产导向过渡到需求导向，各种需求变得越来越多。企业生产者除了要做好基本的商品和服务供应，还要考虑到激烈的竞争环境，采购管理应从供求两方的利益出发，研究订单量、价格等供应链协调问题。此阶段，企业常常依靠谈判机制来进行采购管理，而在现实中，大多数企业都采用竞争谈判方式。与其他阶段的采购管理相比较，这一阶段的人们普遍认为采购也是一种交易，能够通过谈判或者博弈方法来达成双方各自意愿，实现共赢的结果。而零售商和供应商各自的谈判能力也会对最终的采购结果产生不一样的影响。

如今，当突发事件来临时，很多零售企业会使用快速反应采购系统。该系统需要供应商对零售企业随时提出的订单要求作出快速准确的反应，然后为零售企业供应准确数目的商品,并且满足零售企业最低库存水平和尽量短的准时交货时间。[130]很多国外的大型零售商如 Dillards、Penneys 都在使用这一采购方法。

供应链协调的采购方式使零售商和供应商建立起良好的合作关系,使零售商的采购计划和供应商的供应计划能够同步进行,缩短了响应时间。零售商采购到的商品,马上进入销售环节,减少采购中因库房使用等问题的支出。采购中双方相互协同决策,大大提升应变能力。

本章结合实际的采购流程和突发事件这一特性,对采购流程中关键性的步骤进行研究。研究包括突发事件风险下供应商选择、供应价格谈判以及利润分配研究。在突发事件风险下的采购决策中,供应商选择作为整个采购决策的第一步,显得尤为重要。

5.1.3 突发事件风险下供应商评价指标体系建立

1. 评价指标体系建立的原则

供应商的选择,需要科学合理的指标体系。指标选取的优劣,对于能否选出满足自身企业需求的供应商,有着举足轻重的影响。指标体系应该包含数个评价指标,它们之间要具有关联性,要能产生相互作用。评价指标体系建立的原则应该包括如下几点:

1) 系统性原则

构建的评价指标体系一方面要真实地反映出供应商的情况,另一方面还要保证单一的指标和整个体系总目标的统一性,做到层次分明,目标清晰。

2) 科学性原则

各指标的概念要清楚,表示方法要做到科学、规范。体系规模需合适,不应过大或过小,需要符合科学性。如果指标体系过大,指标间的层次较多,指标过于细化,肯定会分散各个指标的权重,最终使得供应商间的综合评价结果很接近;如果指标体系过小,则指标间的层次较少,指标过于粗放,评价指标体系的综合结果没有公信力,起不到对供应商进行选择的作用。

3) 简明性原则

若供应商信息足够丰富,则设立的指标名目不宜太多,要做到简洁明了。

4) 独立性原则

设立的评价指标应该彼此独立,不能有太强的联系,应该尽量避免包含关系，不可以出现很多的信息交叉，导致指标含义相似或相互包含。

5) 可比性原则

评价指标应该具有可比性，不能设定一些奇怪或独特的指标，而导致整个指标体系只能为某个供应商服务，起不到多个供应商之间进行择优选择的目的。

6) 可重构和可扩充性原则

评价指标体系应该依据现实情境进行小部分的删改和增添，使其更能反映现状。评价指标体系可以有数量上的变化，也可以有指标内容上的变化，以达到使用者的具体要求。

7) 实用性原则

指标体系不仅要简明，还要实用。在保证评价结果客观全面的前提下，指标体系应该考虑删减掉若干对供应商评价作用小，甚至作用可忽略不计的指标。评价方法的计算要简易，便于理解，用到的数据要容易获得，容易量化。

8) 定量与定性相结合的原则

评价指标体系由定量与定性指标共同组成，两类指标都要有清楚、严谨的概念和准确的表示法。特别是定性指标，应该表述清楚它的定义，然后依据约定的标准进行赋值，使它可以恰当地表示出指标的特性。

2. 评价指标体系建立

建立一套既适合采购主体进行选择又适合供应商体现自身优势的评价指标体系，一方面保证了采购工作的高质量，另一方面避免了采购主体在选择评估过程中因为主观判断过多导致最终结果不准确的情况。

影响供应商选择的评价指标很多，本章结合突发事件特征因素，确立的构建评价指标体系思路是首先选取一些在一般情况下供应商选择中占据突出地位的指标作为基础指标，然后选择一些在一般情况下影响权重小，但当突发事件发生后尤为重要的指标作为核心指标。基础指标和核心指标共同组成一个突发事件风险下供应商选择指标体系。

考虑到突发事件发生后，采购工作具有追求时间效益最大化的特点，对于采购时间，包括配送时间等要求紧迫，对采购对象的质量要求更高。而且，本章是针对零售供应链中的商品进行供应商选择，这些商品大多是日常必需品，因此更加突出商品质量、物流时间等因素的重要程度。综合分析突发事件风险下供应商选择的特点、策略以及需求内容、运作目标等方面，本章按照全面、简洁、科学、合理的原则建立突发事件风险下供应商选择指标体系，如表5.1所示。

表 5.1 突发事件风险下供应商选择指标体系

一级指标	二级指标	指标类型	指标内涵
质量	产品合格率	定量	合格产品数量占总产品的比率
	质量保证能力	定性	质量体系认证情况
价格	价格稳定程度	定量	价格波动的频率
	价格优势	定量	产品价格占同行业该产品均价的比率
柔性	时间柔性	定量	可缩短的交货松弛时间占正常交货时间的比率
	品种柔性	定量	可生产产品品种数的范围
	数量柔性	定量	在盈利条件下可以供货的数量
响应时间		定量	完成突发需求任务所需要的时间
应急订货能力		定量	供应商实际到货量与紧急订购量的比率
配送能力		定性	配送方式、配送时间

指标体系中选取质量、价格和柔性为一级指标,即基础指标,并且它们均配有若干二级指标,其目的是可以科学、全面的进行评价。而突发事件发生后,企业在选择供应商时将更加关注响应时间、订货能力等一些在一般情况下不被特别关注的指标,因此将响应时间、应急订货能力、配送能力定为一级指标,即核心指标,以反映突发事件风险下供应商选择的侧重点。有些指标数据可以直接获取,有些则需要量化计算,下面对各项指标做简要解释。

1) 质量

质量是选择供应商时所需考量的一个基本因素。如果供应商提供商品质量低劣,对零售商信誉、消费者购物心情都会造成不同程度的影响,特别是在突发事件风险下,消费者购买商品的心情迫切,更容易造成消极的影响。所以说,质量是供应商选择中的一个关键指标,零售企业必须具有一套科学严谨的质量考核标准,它应该包括产品合格率以及质量保证能力。产品合格率如式(5-1)所示。质量保证能力为定性指标,供应商企业需要列出已经通过的 ISO 认证,由专家组评定打分。

$$产品合格率 = \frac{合格产品数量}{抽样产品总数} \times 100\% \qquad (5\text{-}1)$$

2) 价格

在消费者眼中,"物美价廉"一直是挑选商品的首要标准,对于零售商来说,供应商提供一个合理的价格,可以减轻自身成本压力,并且最终反映在消费者眼中的零售价上。突发事件风险下,零售商往往需要大量采购,成本压力将更大,所以价格因素显得十分重要,而衡量价格优劣,主要看价格稳定程度以及价格优势。其中价格稳定程度可由一年内价格波动频率来衡量,而价格优势则由式(5-2)表示。

$$价格优势 = \frac{产品价格}{同行业该产品均价} \times 100\% \quad (5-2)$$

3) 柔性

当市场需求产生波动时,供应商要想能够应对由市场需求波动引起的供应链运营变化,应该具有适当的柔性,能够在第一时间对外部需求做出反应并在最短的时间内提供足够品种和数量的产品来满足需求。柔性作为一级指标,通过时间、品种以及数量柔性二级指标反映出来。其中,时间柔性描述对交货时限改变的反应能力,如式(5-3)所示。品种柔性指标描述改换商品种类的能力,如式(5-4)所示。数量柔性描述供应商在日常经营下,商品供应量的变化范围,如式(5-5)所示。

$$时间柔性 = \frac{可缩短的交货松弛时间}{正常交货时间} \times 100\% \quad (5-3)$$

$$品种柔性 = \frac{供应商新产品种类数}{供应商全部产品的种类数} \times 100\% \quad (5-4)$$

$$数量柔性 = \frac{供应商可调整的供货数量范围}{供应商盈利下最大供货数量} \times 100\% \quad (5-5)$$

4) 响应时间

响应时间表示完成突发需求工作所消耗的时间。

5) 应急订货能力

应急订货能力表示在突发事件风险下,供应商及时满足采购订单的能力。可以采用供应商实际到货量与紧急订货量的比率来表示,如式(5-6)所示,其指标值越高表明该供应商应急订货能力越强。

$$数量柔性 = \frac{供应商实际到货量}{紧急订购量} \times 100\% \quad (5-6)$$

6) 配送能力

配送能力是由供应商配送方式和配送时间等因素综合决定的定性指标。当突发事件发生后,供应商面对大量订货,是否有能力增加物流运力,采用合理的配送方式以及缩短配送时间,这些都凸显一个供应商的配送能力。

5.1.4 突发事件风险下供应商选择模型建立

1. 确定二级指标权重

为了避免评价指标难统计,量化不准确等问题,更客观科学地表示单级指标与多级指标间的权重关系,构建突发事件风险下供应商选择模型。该模型先利用层次分析法和模糊综合评判法对拥有二级指标的各一级指标进行数值分析和计算。随后,利用图示指标法进行分析比较,并以此结果作为突发事件风险下供应商选择的依据。

层次分析法可以理解为把与决策主要相关的元素分成目标层、准则层、方案层,并结合定性、定量分析的层次权重决策方法。方法的具体步骤如下。

1) 构建指标层次结构表

构建的指标层次结构表中只包含具有二级指标的层次,其层次结构如表5.2所示。

表5.2 指标层次结构

目 标 层	准 则 层	指 标 层
供应商选择	质量	产品合格率
		质量保证能力
	价格	价格稳定程度
		价格优势
	柔性	时间柔性
		品种柔性
		数量柔性

2) 构造判断矩阵

在递阶层次结构中,每个元素和该元素支配的下一层元素构成了一个子区域,对于子区域内的各元素用Delphi法来分别列写判断矩阵。判断矩阵如表5.3所示,B_i表示B层第i个元素,其中b_{ij}是对于A层来说,下一层元素B_i对B_j的相对重要程度,判断矩阵中数据采用1-9标度法获得。

表5.3 判断矩阵

A	B_1	B_2	...	B_n
B_1	b_{11}	b_{12}	...	b_{1n}

					续表
B_2	b_{21}	b_{22}	…	b_{2n}	
…	…	…	…	…	
B_n	b_{n1}	b_{n2}	…	b_{nn}	

3) 确定指标权重和一致性校验

将判断矩阵进行归一化处理，得到矩阵 P：$p_{ij} = \dfrac{b_{ij}}{\sum_{i=1}^{n} b_{ij}}$，指标权重 $W_i = \sum_{j=1}^{n} p_{ij}$，

归一化后 $\overline{W_i} = \dfrac{W_i}{\sum_{i=1}^{n} W_i}$。通过计算判断矩阵特征根 $\lambda_{\max}$ 获得一致性指标 CI，

$CI = \dfrac{\lambda_{\max} - n}{n-1}$，$n$ 为判断矩阵的阶数。判断矩阵的一致性比率 $CR = \dfrac{CI}{RI}$，RI 表示平均随机一致性指标，可查表获得，如表 5.4 所示。根据经验判断，当 $CR < 0.1$ 时，表示一致性校验成功，否则必须再次修改判断矩阵各项数值，直到通过一致性校验。

表 5.4 平均随机一致性指标 RI

n	1	2	3	4	5	6	7	8	9	10
RI	0	0	0.52	0.89	1.12	1.26	1.36	1.41	1.46	1.49

2. 进行模糊综合评判

模糊综合评判法通过隶属度概念，可以将定性评价转为定量评价，方便了人们对定性事件的分析。具体步骤如下。

(1) 依据现实情况建立评价对象集、因素集以及决断集。

(2) 建立评价指标的权重分配向量，通过层次分析法计算分配向量。

(3) 求出单因素模糊评价矩阵 $\boldsymbol{R}$，$\boldsymbol{R} = (r_{ij})_{m \times n} = \begin{pmatrix} r_{11} & \cdots & r_{1n} \\ \vdots & \ddots & \vdots \\ r_{m1} & \cdots & r_{mn} \end{pmatrix}$。被评价对象的第 i 个因素对于评价集中各等级的隶属度由 $\boldsymbol{R}$ 矩阵中的第 i 行的因素 r_{ij} 表示出来。而被评价对象的各个因素则分别是评价集中第 j 个等级的程度，并由

第 j 列表示。因素集到评语集的映射就是 R 所表达出来的模糊关系。

(4) 进行模糊综合评判。评判结果 B：

$$B = W \cdot R = (W_1, W_2, \cdots, W_m) \cdot \begin{pmatrix} r_{11} & \cdots & r_{1n} \\ \vdots & \ddots & \vdots \\ r_{m1} & \cdots & r_{mn} \end{pmatrix} = (b_1, b_2, \cdots, b_n)$$

其中，W 为指标权重向量。

3. 供应商最终评价

全排列多边形图示指标法是有关生态城市研究中率先被提及的，现如今在环境测评[131]、土地测评[132]等研究中也被广泛使用。

全排列多边形图示指标法定义为，设有 n 个已经完成标准化的指标值，将它们的上限值作为边长组成中心 n 边形；大多数情况，上限值统一设定为 1，可以组成正 n 边形。将每个指标值按顺序相连，组成无规则的中心 n 边形，它的顶点就是所有指标按顺序相连的全排列。综合指数则规定为全部无规则多边形面积的平均值和中心多边形面积之比。[133]

标准化过程利用双曲线函数，如式(5-7)所示：

$$F(x) = \frac{a}{bx+c} \tag{5-7}$$

$F(x)$ 满足 $F(x)|_{x=L} = -1$，$F(x)|_{x=T} = 0$，$F(x)|_{x=U} = +1$。其中，U 表示指标 x 的上限数值，L 表示指标 x 的下限数值，T 表示指标 x 的临界数值。根据上面 3 个条件，可得：

$$F(x) = \frac{(U-L)(x-T)}{(U+L-2T)x + UT + LT - 2LU} \tag{5-8}$$

标准化函数 $F(x)$ 把位于 $[L,U]$ 上的指标数值映射到 $[-1,+1]$ 上。映射后的数值影响了指标增速，如果数值比临界值小，那么标准化以后，指标增速将慢慢减缓，反之，增速将慢慢增加。[134]

对于第 i 个指标，标准化计算公式如式(5-9)所示。

$$S_i = \frac{(U_i - L_i)(X_i - T_i)}{(U_i + L_i - 2T_i)X_i + U_iT_i + L_iT_i - 2L_iU_i} \tag{5-9}$$

n 个指标能够绘制一个正 n 边形，图形顶点为 $S_i = +1$ 的值，中心点则为 $S_i = -1$ 时的值，任一指标标准化后的数值大小必定可以在其顶点与中心点之间的线段上表示出来，$S_i = 0$ 时绘成的多边形代表指标的临界区，[135]如图 5.1 所示。

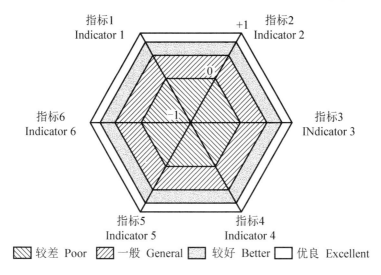

图 5.1 全排列多边形图示指标法示意图

全排列多边形综合指数计算公式如式(5-10)所示。

$$S = \frac{\sum_{i=1}^{n}\sum_{j=1}^{n}(S_i+1)(S_j+1)}{2n(n-1)} \tag{5-10}$$

式中，S 为评价对象的综合指数，S_i 为第 i 项指标，S_j 为第 j 项指标 ($i \neq j$)，n 为指标个数。

本章的图示指标法可以通过几何图形进行分析，也可以通过代数计算进行判断。方法中的指标虽是静态的，但具有动态趋向，任何一个指标都存在上限、下限以及指标值三个数值。指标下限值能够通过采购企业对指标的最低要求制定，指标上限值也同样能够依据采购企业的最高要求制定，临界值则需要采购企业依据不同供应商同一指标的平均水平来制定，各项数值也可以根据突发事件发生后的现实境况进行具体调整，凸显方法的客观性。

依据所述方法，完成突发事件风险下供应商选择，具体步骤如下。

(1) 指标的标准化计算。

明确所有仅仅具有一级指标的指标量，设定这些指标的上限、下限以及临界值，并代入标准化公式(5-9)。

(2) 构造全排列多边形图示指标图。

将前一部分进行层次分析法—模糊综合评判的指标评判值和标准化后的

其余一级指标值在 n 个 $[-1,+1]$ 的线段上描点,将这些点按顺序相连,构造出指标图。

(3) 计算综合指数。

利用综合指数公式(5-10)计算出综合指数,比较其他备选供应商的综合指数,进行最终的突发事件风险下供应商选择。

5.1.5 实例分析

1. 供应商初始数据

假设在一次突发事件后,某超市的矿泉水需求激增,因此需要在 3 个矿泉水供应商 (A,B,C) 之间进行选择。3 个备选供应商的定量数据由供应商数据库统计获得,定性数据由专业评价团队采用 0-1 评分法打分得出,如表 5.5 所示。

表 5.5 供应商初始数据

一级指标	二级指标	A	B	C	权重
质量 I_1	产品合格率 I_{11}	0.90	0.91	0.92	0.67
	质量保证能力 I_{12}	0.80	0.70	0.80	0.33
价格 I_2	价格稳定程度 I_{21}	0.91	0.90	0.88	0.58
	价格优势 I_{22}	0.86	0.89	0.90	0.42
柔性 I_3	时间柔性 I_{31}	0.90	0.90	0.87	0.35
	品种柔性 I_{32}	0.85	0.83	0.86	0.42
	数量柔性 I_{33}	0.82	0.85	0.85	0.23
响应时间 I_4		9	9	8	
应急订货能力 I_5		0.88	0.90	0.87	
配送能力 I_6		0.70	0.80	0.70	

2. 确定指标权重

针对包含二级指标的突发事件风险下供应商的基础指标质量、价格、柔性,先采用 Delphi 法进行评分,随后按照层次分析法的要求,借助 EXCEL 软件获得指标权重,并且判断矩阵完成一致性校验,如表 5.5 所示。

3. 基础指标模糊综合评价

突发事件风险下供应商基础指标评价集 $U:U=(I_1,I_2,I_3)$。

其中，$I_1=(I_{11},I_{12})$；$I_2=(I_{21},I_{22})$；$I_3=(I_{31},I_{32},I_{33})$。
各二级指标的权重 W：

$W_1=(0.67,0.33)$；$W_2=(0.58,0.42)$；$W_3=(0.35,0.42,0.23)$

构造质量、价格以及柔性的单因素矩阵：

$$R_1=\begin{pmatrix}0.90 & 0.91 & 0.92\\ 0.80 & 0.70 & 0.80\end{pmatrix};\ R_2=\begin{pmatrix}0.91 & 0.90 & 0.88\\ 0.86 & 0.89 & 0.90\end{pmatrix};\ R_3=\begin{pmatrix}0.90 & 0.90 & 0.87\\ 0.85 & 0.83 & 0.86\\ 0.82 & 0.85 & 0.85\end{pmatrix}$$

3 个供应商的"质量"模糊综合评价结果为：

$$B_1=W_1R_1=(0.67\ \ 0.33)\begin{pmatrix}0.90 & 0.91 & 0.92\\ 0.80 & 0.70 & 0.80\end{pmatrix}=(0.87\ \ 0.84\ \ 0.88)$$

同理得到"价格"以及"柔性"的模糊综合评价结果：

$$B_2=W_2R_2=(0.58\ \ 0.42)\begin{pmatrix}0.91 & 0.90 & 0.88\\ 0.86 & 0.89 & 0.90\end{pmatrix}=(0.89\ \ 0.90\ \ 0.89)$$

$$B_3=W_3R_3=(0.35\ \ 0.42\ \ 0.23)\begin{pmatrix}0.90 & 0.90 & 0.87\\ 0.85 & 0.83 & 0.86\\ 0.82 & 0.85 & 0.85\end{pmatrix}=(0.86\ \ 0.85\ \ 0.86)$$

4. 突发事件风险下供应商选择最终评价

整理 3 个供应商的指标数据，并确定响应时间、应急订货能力、配送能力这 3 个指标的界限值，依据公式(5-9)标准化，如表 5.6 所示。

表 5.6 供应商指标数据

一级指标 \ 供应商	A	B	C
质量	0.87	0.84	0.88
价格	0.89	0.90	0.89
柔性	0.86	0.85	0.86
响应时间	0.53	0.53	0.70
应急订货能力	0.63	0.80	0.53
配送能力	0.71	0.45	0.71

依据表 5.6 中数据，绘制全排列多边形图示指标图，如图 5.2 所示。通过

公式(5-10)计算3个供应商的综合指数,计算结果是供应商 A 为 1.526,供应商 B 为 1.447,供应商 C 为 1.550,供应商 C 的综合指数最高,因此选择供应商 C 为此次突发事件风险下进行采购的供应商。

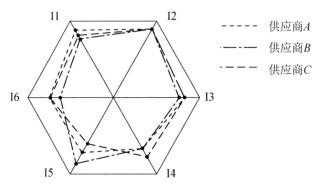

图 5.2　全排列多边形图示指标图

　　本节主要研究了突发事件风险下零售供应链采购决策中的供应商选择问题。介绍了突发事件和零售供应链采购管理两部分的相关理论,这两部分内容,不仅对突发事件风险下供应商选择提供理论支持,而且对本章其他部分的研究也提供了帮助。在供应商选择问题的研究中,首先依据评价指标体系构建原则,以及突发事件这一因素,建立了突发事件风险下供应商选择指标体系;随后建立供应商选择模型,利用层次分析法、模糊综合评判法以及全排列多边形图示指标法对备选供应商进行科学的、客观地评判。最后,通过实例分析,验证了所建立的模型能够在突发事件风险下进行供应商选择,所采用的方法具有一定的实用价值和现实意义,为企业在突发事件风险下进行有关供应商选择的采购决策提供帮助和指导。

5.2　突发事件风险下基于博弈论的供应价格谈判

5.2.1　博弈论理论与方法

1. 博弈论理论综述

　　博弈论是研究决策主体的行为发生相互作用时的决策和引起的均衡问题[136]。当一个主体的选择被另外一些主体的选择所影响,而与此同时,这个主体也影响到了那些影响其做选择的另外一些主体。在互相影响下，博弈论解决主体的优化决策与均衡问题。这种理论可以通过构建模型，来分析和处理实际中的许多矛盾和问题。在许多地方，我们均可以发现博弈论的使用，如武器战争、货币贸易、政治谈判等。博弈论和其他决策理论之间存在很大不同，主要在4个方面：

(1) 博弈者们相互存在利益矛盾或者利益不平衡；

(2) 博弈者需做出优化决策，而且这个决策必须尽可能让自己获得最大利益；

(3) 博弈者们所做的决策会相互影响；

(4) 博弈者们假定都是理性的。

完整的博弈应该具备若干个条件，具体条件如下。

(1) 博弈的博弈者。

博弈者是单独做决定并且承担责任的个人或者团体。博弈者若不是个人，则需要他具备统一做决策、统一承担责任的职能。

(2) 博弈的信息。

信息对于博弈者来说非常重要，拥有越多的信息，对于博弈者来说，所做出的决定就会越准确，而如果得到了对方的信息，那么可以根据对方的决策随时调整自身的决策，做到知己知彼，并最终取得博弈成功。

(3) 博弈的所有可行决策方法集合。

博弈理论明确博弈者们进行决策时可采用的方法，所有可采用的方法汇总成为一个决策集合。针对博弈的内容不同，相对应的决策集合也不全相同，有些策略集合可能比较单一，只由若干个策略组成，但有些策略集合可能会比较复杂，有众多决策组成。

(4) 博弈的次序。

在选举中常见的举手表决，要求投票者在同一时间、同一地点做出决定，这样才能确保选举的公平。博弈过程中，也会出现要求多个博弈者同一时间做出决策的情景，但是绝大多数博弈需要在做出决策前，确定博弈先后顺序。不同的次序，博弈者或许会采用不同的策略，而且结果也可能会不一样。

(5) 博弈者的得益。

博弈过程中的博弈者们分别做出各自决策后，这个博弈会产生一个结果，这个结果是在所有博弈者的决策共同影响下所产生的，而这个结果也表示了每个博弈者的得益。对于每个博弈者的博弈结果，我们只能通过定量分析的方式来比较，因此也就要求博弈结果为数值或者具备量化的条件。若结果不能满足为数值或者具备量化的条件，那么所讨论的问题将不能利用博弈论解决。博弈结果通常被称为得益。在具体的博弈里，每个博弈者的得益都被自己所知，但是除博弈者本身以外，另外的博弈者不一定知道此博弈者的得益是多少，也就是说，自身的得益情况是私密的。

上述 5 个方面的内容是任何的博弈都应该具备的条件，具备了这些条件就可以断定它是一个完整的博弈。博弈论分析符合定义的博弈问题，找到博弈者们做出理性决策时存在的解，这个解也被称为均衡解。

依据不同基准，博弈的分类方法众多，例如，分为二人博弈和多人博弈两类，它们的区别在于博弈人数的多少；从博弈次数的角度来分，分为有限次博弈和无穷次博弈两类。但在学术界，专家学者们普遍从博弈的时间序列性和博弈者对其他博弈者的了解情况，两方面进行分类。其中，从博弈的时间序列性角度来分，分为静态博弈和动态博弈；从博弈者对别人的认知情况角度来分，分为完全信息和不完全信息博弈两类。把以上两种分类方式组合起来，便构成了四个经典的博弈，他们分别是完全信息静态博弈、完全信息动态博弈、不完全信息静态博弈和不完全信息动态博弈。

2. 讨价还价博弈

1) 讨论还价理论

讨价还价是博弈论研究领域里较早被关注的热门课题。讨价还价一般发生在交易个体间拥有共同利益，但是在利益如何分配上存在不同想法的情景时。在零售商与供应商的交易中，讨价还价博弈已经成为了双方交易活动普遍采取的方式，而双方的交易活动则是以讨价还价理论为基础[137,138]。

如今，我们在经贸交易中遇到的诸多情景往往是属于轮流讨价还价。轮流讨价还价理论是鲁宾斯坦在 1982 年时，借鉴了前人的研究，在此基础上做出的奠基性理论[139,140]。鲁宾斯坦在思考两个参与人的讨价还价行为时，意识到步骤的关键性，引入了参与人的贴现因子这一参数，构造出完全信息下无穷次讨价还价模型，求得唯一的均衡解。从此以后，人们不断探究此课题，并在不完全信息方面取得进展。[141]

最早的不完全信息下的讨价还价模型是由弗登伯格和泰勒提出来的，他们研究了单边不完全信息下的讨价还价问题。[142]而双边的问题研究则是在 1990 年之后才开始渐渐发展起来。比较有代表性的有克雷普斯和威尔逊[143]的声誉机制研究，阿布鲁和格尔[144]的双边要约模型等。

总的来说，完全信息下的讨价还价理论研究已较为成熟，不完全信息下的讨价还价模型中，单边不完全信息情况时的研究要好于双边不完全信息情况时。从方法论角度讲，不对称信息下的模型研究将会是讨价还价理论研究的主要领域。

2) 鲁宾斯坦模型

鲁宾斯坦把讨价还价设想成甲乙二人分配一块蛋糕，将过程模型化。首先，甲建议一个分配方案，乙选择接受或拒绝；如果乙接受，博弈完成，蛋糕依据甲的方案切分；如果乙拒绝，他将还价，这时，甲可以接受乙的价格或者拒绝。如果甲接受，那么博弈完成，蛋糕按乙方案切分；如果甲拒绝，甲可以再次出价。按照上述方式无限次进行，直到一人的方案被另一人接受，并按此人的方案分配蛋糕。完美信息下的无穷次博弈，甲在第 1，3，5，等奇数次博弈时出价，其他时刻只能接受或拒绝。而参与者乙在第 2，4，6，等偶数次博弈时出价，在其他时刻也只能接受或拒绝。

用"1"代表一块蛋糕，也就是博弈的全部得益。用 X 代表参与者甲的得益，$(1-X)$ 是参与者乙的得益，X_t 和 $(1-X_t)$ 分别表示时期 时参与者甲和参与者乙各自得益。甲与乙的贴现因子分别为 δ_1 与 δ_2。这样，当博弈在时间 t 结束，那么甲实际得益表示成 $W_1 = \delta_1^{t-1} X_t$，乙实际得益表示成 $W_2 = \delta_2^{t-1}(1-X_t)$。

甲与乙在进行无穷次博弈后的纳什均衡解：$X_1 = \dfrac{1-\delta_2}{1-\delta_1 \delta_2}$，$X_2 = 1 - X_1$。

贴现因子表示一个单位得益在一定时间后等价的实际得益。讨价还价中的贴现因子概念不同于经济领域，它依据于参与者耐性。"耐性"可以反映出参与者的心理或经济承受能力，不一样的参与者所拥有的能力也不全一样，能力较强的参与者获得较多得益的概率会大。[145]正是因为贴现因子，参与者在本回合的得益 X 和下一回合的得益 X，虽然数值上一样，但价值是不一样的。下一回合的得益 X 由于贴现因子的作用，在数值上只能等于本回合的 δX，即下一回合实际得益是 δX，要小于本回合的实际得益 X。所以说，参与者们应该尽可能快的选择接受对方合适报价，不然，即便在下回合获得更高得益，下回合的实际得益也可能比本回合实际得益小。

不难发现，讨价还价行为里，最先出价的一方往往占据"先动优势"。假定 $\delta_1 = \delta_2 = \delta < 1$，则 $X_1 = \dfrac{1}{1+\delta} > \dfrac{1}{1+1} = 0.5$。也就是说，参与者甲的得益总比乙

的得益大，甲会一直占据着有利位置，如果讨价还价的双方缺乏足够耐性，那么整个过程对先出价的那方一直有利。

5.2.2 零售商和供应商价格谈判分析

1. 零售商和供应商价格谈判中的矛盾

零售商与供应商作为供应链中尤为关键的环节，是构成产品销售渠道的重要部分。对于一个消费者，想要买到物美价廉的商品，那么该商品的零售商与供应商的价格谈判活动，往往起到了举足轻重的作用。传统模式下双方确实存在种种摩擦，具体介绍包括以下几点。

1) 周期短

传统的价格谈判，大多数零售商和供应商都是从自身出发，考虑自身最终的获益情况，缺乏一种大局观和一种从长远角度考虑双方贸易活动的思想。短期交易活动也许会满足双方当前的一些期望。但在如今经济全球化、一体化的背景下，为了适应时代发展，企业就应该把自身利益和对方利益放在一起。从整体上，从更长远角度考虑，以实现资源的合理分配和高效使用，并符合动态的市场需求，而这就需要两方建立相对平等的新型关系。

2) 静态性

在中国人的消费习惯中，有一条不成文的规定，就是"看牌子"，"只选贵的不选对的"，很多零售商也会依据这个习惯，来挑选供应商。不可否认，一个名牌商品代表了一种品质的保证，代表了一种"放心"，但是从零售商角度来讲，一旦零售商与某个名牌供应商建立交易关系，很可能会相互依赖，或者说是相互"利用"，供应商一再涨价，而零售商为了满足消费者的习惯，也只能一味接受，到头来吃亏的还是消费者。究其原因，很重要的一点是零售商与供应商交易的静态性，双方有一种"一劳永逸"的思想，而且不会让别的供应商参与到竞争中，长此以往，交易活动中的竞争越来越少，缺少动态价格谈判，双方都将走向末路。

3) 利益独享

在传统的价格谈判中，谈判结果往往是要么零售商获利多，要么供应商获利多，很难出现一种共赢的局面。传统模式的利益独享对企业今后发展有害无益，因此，需要在零售商和供应商交易中考虑到双方利益共享，建立利益共享机制，以实现双赢发展。

正是基于以上几点矛盾,零售商与供应商的价格谈判在突发事件风险下显得更加困难重重,因此需要分析出突发事件风险下零售商与供应商价格谈判的特点,针对存在的问题,提出解决方法,弱化双方矛盾,力求双赢。

2. 突发事件风险下零售商和供应商价格谈判特点

1) 时间主导性

在一般情况下零售商与供应商的价格谈判中,双方的主要目标是使自身获益最大,因此会故意拖延价格谈判的时间,消磨对方的耐心,达到自身的利益最大。而当突发事件发生后,消费者对一些商品的需求是迫切的,对于零售商和供应商也是获利的黄金时期。因此,在突发事件风险下双方进行价格谈判的过程中,零售商与供应商必须在最短时间内完成价格谈判,否则会影响到双方的获利情况甚至社会的稳定度。[146]因此,突发事件风险下零售商与供应商价格谈判会更加关注时间效率,获利放在次位。

2) 弱经济性

与一般情况下零售商与供应商价格谈判不同的是,突发事件风险下双方的首要任务是尽快完成价格谈判,而不是一味地追求自身利益最大化。零售商与供应商双方应该发扬企业的社会责任感,弱化企业利润为先的观念,相互理解,各退一步,尽快促成合作,为未来双方深化合作打下基础。

3) 先动优势

在一般情况下,双方的价格谈判不追求时间主导性,只追求自身利益,因此双方的耐性往往非常高,贴现因子约等于1,而零售商和供应商的收益几乎相等。但在突发事件风险下,双方由于追求时间主导性,各自的耐性都会大大降低,此时,哪一方获得优先报价权,都将会大大提高自身收益。

4) 尽快接受

考虑到突发事件风险下,双方的贴现因子都会降低,远小于1。假设某一方在本回合的得益为数值 X,下一回合的得益也为数值 X,虽然两个回合的得益在数值上一样,但价值却是完全不一样的。下一回合的得益 X 由于贴现因子的作用,在数值上只能等于本回合的 δX,即下一回合实际得益是 δX,要小于本回合的实际得益 X。所以说,无论是零售商还是供应商,都应该尽快选择接受对方合适的报价,不然,即使在下回合谈判中获得理论上相同甚至更多的得益,下回合的实际得益也可能小于本回合的实际得益。

5.2.3　博弈论与价格谈判的联系

当突发事件发生后,市场中出现的某些问题或行为往往不能通过常见的供求曲线、需求价格函数等来说明。但是利用博弈论理论和方法,却能够很好地解释这些问题。例如,个别商家在遇到突发事件时果断调价,但不是简单的依据成本、销量等因素单方向提价,这里面就蕴含着博弈论。

如果博弈者仅仅按照风险最低、收益最大的思路进行策略选择,博弈结束时,结果往往是博弈者不能如愿获得最大的收益,他和其他人的收益都会停滞在一个较低的均衡点上。之所以会出现这种情况,是因为博弈者都不希望其他人的收益高于自己,而所有博弈者均在一个低收益的均衡点上,正好符合每个博弈者的最低希望,这样作为独立的博弈者就不用考虑别人的行为是否会影响到自身收益。当今的市场竞争环境中,由于竞争者们的策略相互影响,会产生均衡点。但是,为了在竞争市场中占据优势地位,竞争者们都会根据市场反应或者竞争对手的行为,不时地变换自己的策略。竞争者们依据多重因素制定出一套"随机"的策略集,避免因为策略单一而被竞争对手研究透彻,同时力求在变中求胜,获得更高市场收益。

博弈论中的均衡解,同样告诉我们,在特定的博弈里,唯一地存在一组合理的策略组合,能使所有博弈者确信可以有比较满意的收益。在现实的经贸活动中,所有参与者都为了找到并实现这个最优策略组合而努力。作为零售商和供应商,双方要不断辨别对方发出的各种信息,以及搜集对方的信息,在虚虚实实、真真假假中占据有利位置。

用博弈论来考虑突发事件风险下供应价格谈判问题,可以更好地理解其中较为复杂的问题或者现象。当突发事件发生后,若零售商和供应商都能适当地调整价格,那么双方的收益在一段时间内很可能会明显高于一般情况下的收益。

5.2.4　一般情况下零售商和供应商供应价格谈判

一般情况下零售商和供应商的价格谈判不考虑时间主导性,而只注重于双方各自利益,零售商与供应商双方的贴现因子趋于 1,由于谈判的时间往往较长,双方的信息都会被对方所了解。综合以上特点,选用经典的鲁宾斯坦模型来描述一般情况下零售商与供应商供应价格谈判。

设定存在零售商和供应商双方都认可的价格谈判区间 $[a,b]$,零售商的贴现因子是 δ_r,供应商的贴现因子是 δ_s,并决定由供应商先出价。依据鲁宾斯坦模型的纳什均衡解，可得到一般情况下零售商与供应商供应价格谈判的纳什均衡解 $X = \dfrac{(1-\delta_r)(b-a)}{1-\delta_s\delta_r} + a$；供应商收益 $M_s = \dfrac{(1-\delta_r)(b-a)}{1-\delta_s\delta_r}$；零售商收益 $M_r = b - a - \dfrac{(1-\delta_r)(b-a)}{1-\delta_s\delta_r}$。

5.2.5 突发事件风险下零售商和供应商供应价格谈判

1. 突发事件风险下零售商和供应商供应价格谈判流程图

考虑到突发事件风险下零售商与供应商供应价格谈判具有时间主导性、弱经济性以及"先动优势"等特点，将博弈论方法用于双方供应价格谈判。博弈分为两部分，第一部分是报价顺序博弈，第二部分是供应价格博弈。突发事件风险下双方供应价格谈判流程图如图 5.3 所示。

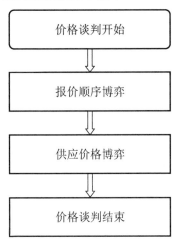

图 5.3 突发事件下零售商和供应商供应价格谈判流程图

2. 突发事件风险下零售商和供应商报价顺序博弈

报价顺序博弈有两个功能，一是确定最先出价者，二是更新零售商与供应商双方可接受的价格区间。设定区间 $[a,b]$ 为双方可接受的价格谈判区间，零售商与供应商在此区间内进行价格谈判；P_r 和 P_s 分别表示零售商和供应商在报价顺序博弈阶段的预出价，双方在区间 $[a,b]$ 内可以分别提出一个更合理的供应价格；P^* 表示上一价格谈判周期的最终供应价；图 5.4 为报价顺序判定坐标轴，根据 P_r 和 P_s 在坐标轴上的位置，确定双方的报价顺序。

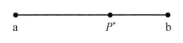

图 5.4　报价顺序判定坐标轴

报价顺序判定规则如下：

(1) P_r 和 P_s 在 P^* 左右两边时（P_r 在左，P_s 在右），计算两点与 P^* 的距离，距离近的获得最先报价权，若距离相等，则由上一个价格谈判周期的后出价者获得这一周期最先报价权；

(2) 若 P_r 和 P_s 同在 P^* 左边，则供应商获得最先报价权；

(3) 若 P_r 和 P_s 同在 P^* 右边，零售商便会获得最先报价权。

价格区间 $[a,b]$ 的更新，会出现两种可能情况：

(4) $P_r < P_s$，此时价格区间更新为 $[P_r, P_s]$；

(5) $P_r > P_s$，此时价格区间更新为 $[P_s, P_r]$。

报价顺序博弈为解决突发事件风险下零售商与供应商供应价格谈判问题，起到了积极作用。一方面，报价顺序判断规则的制定，为双方提供了争取"先动优势"的机会，而想要获得"先动优势"就必须要尽可能多的牺牲掉自身利益，这一思想也反映出弱经济性特点。具体的规则中，如规则(1)，双方通过与 P^* 比较确定报价优先权，上一个谈判周期的供应价作为一把标尺，衡量着零售商与供应商双方牺牲各自利益的程度；规则(2)则会出现在供应商作出较大牺牲时，供应商提出的供应价比上一周期还要低，此时规则将最先报价权给与供应商。另一方面，报价顺序博弈起到更新价格区间作用。按照常理，零售商与供应商双方的出价应满足 $P_r < P_s$，谈判价格区间缩小，更新为 $[P_r, P_s]$；但是，还有可能由于突发事件导致的双方信息不完全，某一方会对供应价格产生误判，此时 $P_r > P_s$，为了体现弱经济性，避免某一方造成更大的损失，将价格谈判区间更新为 $[P_s, P_r]$，这样某一方将会减小损失，另一方将会获得比自身期望更好的供应价格。综上分析，报价顺序博弈体现出了突发事件风险下零售商与供应商价格谈判具有的弱经济性和"先动优势"特点，具有一定可行性。

3. 突发事件风险下零售商和供应商供应价格博弈

1) 博弈模型构建的基本前提及参数设置

突发事件风险下零售商与供应商供应价格博弈模型为二回合讨价还价动态博弈模型。假定由供应商首先出价；双方期望价格分别表示为 E_r、E_s，并且都服从$[a,b]$区间均匀分布，$[a,b]$是两方都认可的价格谈判区间；双方的期望价格属于私人信息，对方不能直接获得；δ_r、δ_s为双方的贴现因子$(0<\delta<1)$。x_i^s、x_i^r表示第i阶段双方出价；第一回合出价被接受的概率表示为p_1；第一回合被拒，第二回合接受出价的概率表示为p_{21}；第二回合出价被接受的概率为p_2；第二回合出价被拒的概率为p_2'。

2) 供应价格博弈模型建立及求解

建立突发事件风险下零售商与供应商价格博弈模型，第一回合由供应商出价，若出价被接受，则供应商得益为：$x_1^s - E_s$，零售商得益为：$E_r - x_1^s$；第二回合由零售商出价，若出价被接受，又考虑到贴现因子的影响则供应商得益为：$(x_2^r - E_s)\delta_s$，零售商得益为：$(E_r - x_2^r)\delta_r$；若出价未被对方接受，双方得益都是0，博弈失败并且结束。图5.5为二回合讨价还价博弈树。

模型的求解过程如下。

第二回合是零售商出价，由于是博弈的最后一个回合，若零售商出价被拒，双方的得益均为0，因此只要满足供应商得益高于0，供应商必然接受。供应商第二回合得益为：

$$(x_2^r - E_s)\delta_s \geqslant 0，即 x_2^r \geqslant E_s \tag{5-11}$$

而在第二回合，零售商预先判断对方期望价格服从区间$[a, x_1^s]$上均匀分布。

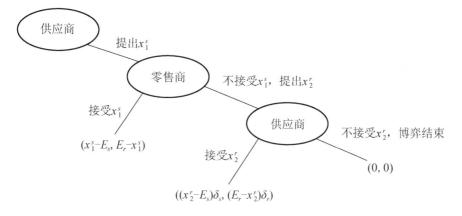

图5.5 二回合讨价还价博弈树

零售商的出价需满足：

$$\max_{x_2^r}[(E_r - x_2^r)\delta_r p_2 + 0 p_2'] \qquad (5\text{-}12)$$

其中：

$$p_2 = p(x_2^r \geqslant E_s) = \frac{x_2^r - a}{x_1^s - a} \qquad (5\text{-}13)$$

$$p_2' = p(x_2^r < E_s) = \frac{x_1^x - x_2^r}{x_1^s - a} \qquad (5\text{-}14)$$

代入式(5-12)得：

$$\max_{x_2^r}\left[(E_r - x_2^r)\delta_r \frac{x_2^r - a}{x_1^s - a}\right] \qquad (5\text{-}15)$$

对式(5-15)求导得：

$$x_2^r = \frac{a + E_r}{2} \qquad (5\text{-}16)$$

此回合供应商得益是 $\left(\dfrac{a+E_r}{2} - E_s\right)\delta_s$，此回合零售商得益是 $\left(E_r - \dfrac{a+E_r}{2}\right)\delta_r$。由此逆推第一回合供应商的出价策略，若第一回合零售商得益高于其第二回合，那么零售商必然同意供应商出价。所以只要 $(E_r - x_1^s) \geqslant \left(E_r - \dfrac{a+E_r}{2}\right)\delta_r$，即 $E_r \geqslant \dfrac{2x_1^s - \delta_r a}{2 - \delta_r}$，零售商便会同意对方第一回合出价。供应商在满足零售商的得益后，也要使自己得益最大，因此供应商第一回合出价应满足：

$$\max_{x_1^s}\left((x_1^s - E_s)p_1 + \left(\frac{a+E_r}{2} - E_s\right)\delta_s p_{21}\right) \qquad (5\text{-}17)$$

其中：

$$p_1 = p\left(E_r \geqslant \frac{2x_1^s - \delta_r a}{2 - \delta_r}\right) = \frac{2(b - x_1^s) - \delta_r(b - a)}{(2 - \delta_r)(b - a)} \qquad (5\text{-}18)$$

$$p_{21} = p\left(E_r < \frac{2x_1^s - \delta_r a}{2 - \delta_r}\right) \cdot p_2 = \frac{2(x_2^r - a)}{(2 - \delta_r)(b - a)} \qquad (5\text{-}19)$$

代入式(5-17)中得：

$$\max_{x_1^s}\left((x_1^s - E_s)\frac{2(b - x_1^s) - \delta_r(b - a)}{(2 - \delta_r)(b - a)} + \left(\frac{a+E_r}{2} - E_s\right)\delta_s \frac{2(x_2^r - a)}{(2 - \delta_r)(b - a)}\right)$$

求导得：

$$x_1^s = \frac{(2-\delta_r)(b-a)+2E_s+2a}{4} \tag{5-20}$$

综上所述，突发事件风险下供应价格博弈的混合纳什均衡解为：

第一回合，供应商出价为 $x_1^s = \frac{(2-\delta_r)(b-a)+2E_s+2a}{4}$，假如零售商第一回合期望价格 $E_r \geqslant \frac{2x_1^s - \delta_r a}{2-\delta_r}$，则零售商接受对方出价；否则零售商拒绝，博弈进入第二回合。

第二回合零售商出价 $x_2^r = \frac{a+E_r}{2}$，假如对方第二阶段期望价格 $E_s \leqslant x_2^r$，则对方接受出价；否则供应商拒绝，博弈结束。

5.2.6 数值分析

假定有一个零售商与一个供应商，双方针对某应急商品进行供应价格谈判，双方认可的价格谈判区间 $[a,b]=[5,14]$。双方在一般情况下的贴现因子 $\delta_r = \delta_s = 0.8$。双方在突发事件风险下的贴现因子 $\delta_r' = \delta_s' = 0.7$。

1. 一般情况下零售商和供应商价格谈判

在一般情况下，零售商与供应商价格谈判适用于鲁宾斯坦模型，依据上文一般情况下零售商与供应商供应价格谈判模型，计算一般情况下双方价格谈判的均衡解。

若供应商先出价，则纳什均衡解为 $X = \frac{\delta_r(b-a)}{1-\delta_s\delta_r} + a = \frac{0.8(14-5)}{1-0.8\times0.8} + 5 = 10$；

若零售商先出价，则纳什均衡解为 $X = b - \frac{\delta_r(b-a)}{1-\delta_s\delta_r} = 14 - \frac{0.8(14-5)}{1-0.8\times0.8} = 9$。两个纳什均衡解可作为零售商和供应商各自的期望价格参考值，指导各自的出价。

2. 突发事件风险下零售商和供应商价格谈判

1) 没有报价顺序博弈

当突发事件风险下零售商和供应商供应价格谈判，没有报价顺序博弈时，双方的价格谈判区间保持为 $[5,14]$，$\delta_r' = \delta_s' = 0.7$。

假定由供应商先出价。供应商期望价格 $E_s = 10$，则第一回合纳什均衡解是：$x_1^s = \dfrac{(2-\delta_r)(b-a)+2E_s+2a}{4} \approx 10.4$；$E_r \geqslant \dfrac{2x_1^s - \delta_r a}{2-\delta_r} \approx 13.3$；若博弈进入到第二回合,零售商期望价格 $E_r = 9$,则第二回合纳什均衡解为：$x_2^r = \dfrac{a+E_r}{2} = 7$；$E_s \leqslant 7$。

2) 存在报价顺序博弈

当突发事件风险下零售商与供应商价格谈判,存在报价顺序博弈时,双方的价格谈判区间会变动,假定更新为[7,12],$\delta_r' = \delta_s' = 0.7$。

并且依然由供应商先出价。供应商的期望价格 $E_s = 10$,则第一回合纳什均衡解是：$x_1^s = \dfrac{(2-\delta_r)(b-a)+2E_s+2a}{4} \approx 10.1$；$E_r \geqslant \dfrac{2x_1^s - \delta_r a}{2-\delta_r} \approx 11.8$；若博弈进入到第二回合,零售商期望价格 $E_r = 10$,则第二回合纳什均衡解为：$x_2^r = \dfrac{a+E_r}{2} = 8$；$E_s \leqslant 8$。

3. 突发事件风险下具有报价顺序博弈的供应价格谈判分析

突发事件风险下零售商与供应商供应价格谈判中,在供应商先出价,E_s 和 E_r 保持不变,贴现因子 δ_s 和 δ_r 保持不变的前提下,通过观察是否加入报价顺序博弈,而获得的纳什均衡解的结果可以发现以下情况。

第一回合供应商出价时,存在报价顺序博弈的供应商出价比没有报价顺序博弈的供应商出价更接近于自身期望价格,在本算例中,存在报价顺序博弈的供应商出价为10.1,而没有报价顺序博弈的供应商出价为10.4,可见纳什均衡解所反映的供应商最佳出价策略更趋于理性。

而且零售商期望价格的不等式 $E_r \geqslant \dfrac{2x_1^s - \delta_r a}{2-\delta_r}$,在没有报价顺序博弈时 $E_r \geqslant 13.3$,存在报价顺序博弈时 $E_r \geqslant 11.8$,说明报价顺序博弈的存在,使得零售商的期望价格判断标准降低,进一步增加了在第一回合获得纳什均衡解的可能。

同样,在第二回合零售商出价时,存在报价顺序博弈的零售商的出价要高于没有报价顺序博弈的零售商出价,零售商提高了出价,为零售商与供应商双方在第二回合完成博弈、获得纳什均衡解增加了概率。随着零售商出价的提高,供应商的期望价格判断不等式 $E_s \leqslant x_2^r$ 的判断标准也被放宽,说明供应商获得纳什均衡解的概率也增加了。

实际谈判中,双方作为不完全理性参与人,受到很多主观或客观因素的限制。但是总体来说,报价顺序博弈缩小了价格谈判空间,可以使某一方争取到"先动优势"。在接下来的供应价格博弈中,价格谈判区间缩小了,某一方在出价策略上做出让步,而另一方的期望价格判断标准也降低了,这为整个博弈取得最优解和博弈成功加大了机会。换句话说,博弈成功概率的提高,也为零售商与供应商价格谈判节约了时间,反映出突发事件风险下零售商与供应商价格谈判时间主导性的特点。

综上所述,本章提出的突发事件风险下基于博弈论的零售商与供应商供应价格谈判方法,将价格谈判分为两部分,第一部分是出价顺序博弈,第二部分是供应价格博弈。两部分的组合使得突发事件风险下零售商与供应商价格谈判满足时间主导性、弱经济性、先动优势以及尽快接受的特点和功能,提高了突发事件风险下零售商与供应商供应价格谈判效率,提升了双方交易的可靠性和稳定性,为企业在突发事件风险下采购决策中供应价格谈判方面提供了参考和帮助,具有一定的实用价值和现实意义。

本节主要研究了突发事件风险下零售供应链采购决策中供应价格谈判问题。首先介绍了博弈论的相关理论,着重介绍了讨价还价博弈和鲁宾斯坦模型,然后对突发事件风险下零售商与供应商供应价格谈判问题进行分析,从零售商与供应商价格谈判的矛盾入手,结合突发事件的特点,分析突发事件风险下零售商与供应商价格谈判的特点,并对博弈论这种方法和价格谈判研究相结合进行了可行性分析和阐述,最后建立价格谈判模型,解决此问题。本节首先根据一般情况下零售商与供应商供应价格谈判的特点,选用鲁宾斯坦模型,建立一般情况下零售商与供应商供应价格谈判模型。随后,基于博弈理论,解决突发事件风险下双方供应价格谈判问题。供应价格谈判是由出价顺序博弈和供应价格博弈组成。出价顺序博弈中的出价顺序规则的制定,体现了弱经济性和先动优势。供应价格博弈采用二回合讨价还价博弈,构建博弈模型,求解出均衡解。数值分析中,通过对比突发事件风险下有无出价顺序博弈,分析出具有出价顺序博弈的突发事件风险下零售商与供应商供应价格谈判,满足时间主导性、弱经济性、先动优势以及尽快接受的特点和功能,谈判效果优于没有出价顺序博弈的价格谈判。建立的突发事件风险下基于博弈论的零售商与供应商供应价格谈判模型，为供应链成员企业在突发事件风险下采购决策中供应价格谈判方面提供了参考和帮助，具有可行性和现实意义。

5.3 突发事件风险下基于收益共享契约的供应链利润分配

5.3.1 供应链典型契约

供应链契约是借鉴博弈论、最优控制理论等原理和模型，在特定的信息结构下，基于供应链成员间的物流、资金流，通过平衡各成员的决策激励，实现供应链各节点利益和其整体优化利益相一致的有关条款。它能起到协调买卖双方利益，优化销售渠道的作用。[147]

熟悉的供应链契约，包括批发价格契约、回购契约、收益共享契约、数量弹性契约。前两种契约的研究较早开始，并且在经贸活动中经常被使用。收益共享契约主要解决成员间如何进行利润分配问题，数量弹性契约则研究商品的订货量。下面重点介绍这些常见契约。

1. 批发价格契约

批发价格契约可以理解为零售商依据市场需求量以及供应商公布的批发价两个因素确定订购量，供应商则依据订购量安排商品供应。零售商负责销售处理零售商品，承担市场需求变动以及价格变动带来的风险。供应商依照订购量供应商品，因而其利润固定，不用考虑市场风险。

2. 回购契约

回购契约可以理解为销售期末，供应商将未卖出的商品通过低于批发价的方式购回，从而刺激商家增加商品订货量。[148]回购契约的应用一般在市场需求随机性强、周期性短的商品上，其应用领域较广泛。[149]

3. 数量弹性契约

数量弹性契约可以理解为供应商同意零售商在销售周期内调整初始订货量的协定，但是调整范围必须事先约定并获得双方认可。在销售周期前，零售商依据市场需求从供应商处订购商品，供应商依此安排生产，销售周期开始后，零售商若发现市场需求有变化，则可以依据数量弹性契约的具体内容，增减订货量。

4. 收益共享契约

收益共享契约可以理解为供应商提出将商品以小于成本价供给零售商,零售商需要补偿供应商,将销售收入依照双方一起商定的一个比值返还。[150]一个较低的价格对于供应商来说可能会亏损,但是通过获取零售商销售周期末的一定比例的收入,也可以使供应商的收入得到弥补。绝大多数采用收益共享契约的经贸活动,双方收益水平都会高于独立控制下的收益水平,并且供应链总收益也会增加。

5.3.2 供应链协同决策相关理论

1. 协同和协同决策

德国人哈肯第一个发明"协同"一词,并创立了协同学[151],主要研究协同系统从无序到有序的演化规律。协同可理解为协调若干个不同的要素,一起完成某项计划或任务的过程与能力。对于系统内的每个要素来说,协同会使自身拥有之前不能拥有的效益,同时也增强整体的能力,使系统内的事物能够更好地发展。

协同决策是由多个决策主体参与,并且组成一个全面的智力库,产生出更多的可行方案,同时也会增强每个决策主体的协同决策能力,提高决策效率。

突发事件来临时,决策时间会变短、决策信息不够完全、决策资源不够充足等因素都将导致决策者很难做出一个合理的决策。这时就需要拥有不同角度和目标的决策主体采用协同决策,平衡各方利益,一起提出高效的决策方案。

2. 供应链协同的基本原理

供应链协同是指产品在供应链中流通,各环节互相协作,创造出大于各环节价值累加的供应链整体价值。[152]其基本原理有互补原理、支配原理、自组织原理以及整体原理,具体内容如下。

1) 互补原理

互补原理说明,一个开放系统中,各子系统间或出于自身发展的考虑,或出于整个系统的考虑而不得不与别的子系统协作,从而获得更好的发展。

2) 支配原理

支配原理说明,系统状态的转化是由各要素之间合作或竞争的结果支配的。超过临界点,系统从无序向有序转化,小于临界点则从有序向无序转化。

3) 自组织原理

自组织原理说明，开放系统在没有外部指令的条件下，其内部各子系统之间能够按照某种规则自主地形成一定的合乎客观规律的结构和功能，即系统具有内在性和自生性。

4) 整体原理

整体原理说明，系统的整体功能和所有子系统功能总和之间存在大小关系，这是由协同的结果所决定的。如果协同作用的结果为正协同，则"1+1>2"；如果协同作用的结果为零协同，则"1+1=2"；如果协同作用的结果为负协同，则"1+1<2"。

3. 供应链协同决策特征

供应链协同决策的特征包括决策主题、空间特征、时序特征以及协同特征，具体介绍如下：

1) 决策主题

供应链的成员企业大多由零售商、供应商、制造商、物流运营商4部分组成。由于各企业位于供应链的不同节点，具有各自身份，作用也有所区别，所以，决策主题互不相同。但从供应链整体利益的角度考虑，各成员企业的决策主题应做到互有关联、互为依赖。

2) 空间特征

由于供应链成员大多处在不一样的地方，导致在制定决策时，会受到许多条件的制约。一方面要考虑企业自身和供应链其他成员企业的经营现状、文化背景、国家法律等问题，另一方面也要考虑如何准确、高效地从其他成员那里获得决策信息。

3) 时序特征

现如今，考虑到成本支出压力，大多数的供应链成员企业都认可面向订单生产的供销模式。在此供销模式下，企业间的决策往往具有时序性。首先由零售商依据市场需求制定销售计划；然后制造商按零售商的销售计划制定生产加工和原料采购任务；再由供应商按照制造商的计划制定商品进货决策；紧接着零售商依据供应商的决策再做出商品采购计划；最后，物流运营商依据其他成员决策做出物流决策。

4) 协同特征

企业为了达到互惠共赢的结果，在做决策时，往往会紧密协作。供应链决策的协同特性一方面表现在决策主题的逻辑性上,另一方面表现在决策信息的共享性上,而信息正确、及时的传送是保证协同性的基本条件。[153]

5.3.3 基本假设

本章设定一个零售商与一个供应商组成的供应链系统。零售商以一定价格从供应商购入商品,并自行决定零售价;供应商依据收益共享契约获得收益,具体比例值由双方决定;供应商供货方式有两种,库存供货和工厂供货,库存供货表示货物在本地库房,可以直接供货,工厂供货表示货物在外地工厂,不能马上供货;由其自行决定两种供货方式的供货量;双方企业相互了解程度不深,各自收集的信息不全面;双方希望自己获得最大收益,并以此为目标做出决策;双方企业均为风险中性,并且是理性的决策者。

5.3.4 突发事件风险下零售供应链利润分配双层规划模型

1. 双层规划模型简介

双层规划中,由于上下层问题都有各自的目标函数、约束条件以及决策变量,并且这些决策变量之间相互关联,相互影响。因此,双层规划的求解变成了一个困难,并且反复的过程。双层规划模型描述了双层规划问题,模型可表示为:

1) 上层模型(U)

$$\min_{x_{Li}} F_U(x_{L1},\cdots,x_{Lm},y_{F1},\cdots,y_{Fn})$$
$$s.t. \quad x_{Li} \in \Omega_{Li}, i=1\cdots m$$

2) 下层模型(L)

$$\min_{y_{Fj}} f_L(x_{L1},\cdots,x_{Lm},y_{F1},\cdots,y_{Fn})$$
$$s.t. \quad y_{Fj} \in \Omega_{Fj}, j=1\cdots n$$

2. 参数设定

构建零售供应链收益共享模型,并做参数设定。P:零售商的零售价格;C_s:供应商供应成本;C_k:供应商库房供应成本;C_g:供应商工厂供应成本,$C_k > C_g$;C_r:零售商单位销售成本;g_r:由零售商未满足需求量导致的零售商商誉单位惩罚成本；g_s：由供应商送货延迟导致的供应商商誉单位惩罚成本；v：库存商品的单位残值；ω：供应商提供的供应价格；β：收益共享比例；Q：零售商的商品日常需求量；δ_D：零售商面临的随机市场需求量，$\delta_D \sim N(\mu, \delta^2)$；$X$：零售商总订货量；$X_k$：零售商库房订货量；$X_g$：零售商工厂订货量，$X_g = X - X_k$；$M$：供应商库房最大供货量；$N$：供应商工厂最大供货量；$D$：零售商总需求量；$S$：零售商的销售量；$I$：零售商的期末库存量；$L$：零售商未满足的需求量。

假设在一个周期中：零售商的总需求量 $D = Q_0 + \delta_D$，Q_0 为一般情况下的平均需求量；零售商的日常需求量 Q 是该商品零售价的线性函数，$Q(P) = a - bP$；零售商的总订货量 $X = X_k + X_g = Q(p) + \delta_D$；零售商的销售量是该商品总订货量的线性函数 $S(X) = c + dX$；零售商未满足的需求量 $L = D - X$；零售商的期末库存量 $I = X - S$。

3. 构建零售供应链收益共享模型

1) 供应商

供应商收入：

① 供应收入：$\omega \cdot X$

② 收益共享部分库存残值：$(1-\beta) \cdot I \cdot v = (1-\beta) \cdot (X - S) \cdot v$

③ 收益共享部分零售商销售额收入：$(1-\beta) \cdot P \cdot S = (1-\beta) \cdot P \cdot (c + dX)$

④ 供应商收入总和：

$$T_r = \omega \cdot X + (1-\beta) \cdot I \cdot v + (1-\beta) \cdot P \cdot S \qquad (5\text{-}21)$$

供应商支出：

① 商品供应成本：$C_s \cdot X = C_k \cdot X_k + C_g \cdot X_g$

② 商誉惩罚成本：$g_s \cdot X_g$

③ 供应商利润：

$$\pi_s = T_r - C_s \cdot X - g_s \cdot X_g \qquad (5\text{-}22)$$

2) 零售商

零售商收入：

① 销售收入：$P \cdot S = P \cdot (c + dX) = P \cdot (c + d(Q(P) + \delta_D)) = p \cdot (c + d(a - bP + \delta_D))$

② 库存残值收入：$I \cdot v = (X - S) \cdot v$

零售商支出：
① 商誉惩罚成本：$g_r \cdot L = g_r \cdot (D - X)$
② 销售成本：$C_r \cdot S$
③ 供应商的全部收入：$T_r = \omega \cdot X + (1-\beta) \cdot I \cdot v + (1-\beta) \cdot P \cdot S$

零售商利润：
$$\pi_r = P \cdot S + I \cdot v - g_r \cdot L - C_r \cdot S - T_r \tag{5-23}$$

3) 零售供应链

供应链总利润：
$$\pi = \pi_r + \pi_s = P \cdot S + I \cdot v - g_r \cdot L - C_r \cdot S - C_s \cdot X - g_s \cdot X_g \tag{5-24}$$

4. 一般情况下零售供应链利润分配双层规划模型

在一般情况下，商品的市场需求比较稳定，随机需求较小，零售商不需要担心货品不足，供应商也不需要担心延迟送货产生的商誉问题，此时设定随机需求 $\delta_D = 0$，需求量为 $D = Q_0$，订货量为 $X = Q(P)$，$g_s = 0$。

一般情况下零售供应链收益共享模型为：

(1) 零售商：
$$\pi_r = P \cdot S + I \cdot v - g_r \cdot L - C_r \cdot S - T_r = \beta PS + \beta Iv - g_r D + (g_r - \omega)X - C_r S$$

整理为：
$$\pi_r = \beta P(c + dQ(P)) + \beta[(1-d)Q(P) - c]v - g_r Q_0 + (q_r - \omega)Q(P) - C_r(c + dQ(P)) \tag{5-25}$$

(2) 供应商：
$$\pi_s = T_r - C_s \cdot X$$

整理为：
$$\pi_s = \omega X + (1-\beta)((1-d)X - c)v + (1-\beta)P(c + dX) - C_k X_k - C_g X_g$$
$$\pi_s = \omega Q(P) + (1-\beta)((1-d)Q(p) - c)v + (1-\beta)P(c + dQ(P)) - C_k X_k - C_g X_g \tag{5-26}$$

一般情况下，双方可以根据收益共享理论，分别获得利润。但是不可避免的，双方各自都以自身利润最大化为目标，零售商和供应商都希望调整零售价 Q 和收益共享比例 β 来使自己获得的利润最大，供应商还希望调整内部的订单分配(库房订货量和工厂订货量)，以减少供应成本。面对上述问题，零售商与供应商需要协同决策，通过构建一般情况下零售供应链利润分配双层规划模型解决。

构建一般情况下零售供应链利润分配双层规划模型：

零售层(U)

目标函数：
$$\max \pi_r(P) = \beta P(c + dQ(P)) + \beta[(1-d)Q(P) - c]v - g_r Q_0 + (g_r - \omega)Q(P) - C_r(c + dQ(P)) \quad (5\text{-}27)$$

自变量：P

约束条件：$P > 0$

供应层(L)

目标函数：
$$\max \pi_s(\beta, X_k) = \omega Q(P) + (1-\beta)((1-d)Q(P) - c)v + (1-\beta)P(c + dQ(P)) - C_k X_k - C_g(X - X_k) \quad (5\text{-}28)$$

自变量：β, X_k

约束条件：$0 < \beta < 1$

$0 < X_k < M$

$0 < X_k < Q(P)$

$0 < X - X_k < N$

5. 突发事件风险下零售供应链利润分配双层规划模型

在突发事件风险下，市场上会产生巨大的随机需求，零售商的订货量也会随之激增，因此在突发事件风险下，零售商第一时间获得所需商品就显得尤为重要。而对供应商而言，必须要在提高供货速度和降低供应成本两者之间找到平衡点，一方面减少因为延迟送货造成的自身商誉损失，另一方面减少支出。此时假设随机需求 $\delta_D > 0$，需求量：$D = Q_0 + \delta_D$，订货量 $X = Q(P) + \delta_D$，$0 < g_s < 1$。

突发事件风险下零售供应链收益共享模型为：

1) 零售商

$$\pi_r = P \cdot S + I \cdot v - g_r \cdot L - C_r \cdot S - T_r = \beta PS + \beta Iv - g_r D + (g_r - \omega)X - C_r S$$

整理为：
$$\pi_r = \beta P[c + d(Q(P) + \delta_D)] + \beta[(1-d)(Q(P) + \delta_D) - c]v - g_r(Q_0 - Q(P)) - \omega(Q(P) + \delta_D) - C_r[c + d(Q(P) + \delta_D)] \quad (5\text{-}29)$$

2) 供应商

$$\pi_s = T_r - C_s \cdot X - g_s \cdot X_g$$

整理为：

$$\pi_s = \omega X + (1-\beta)((1-d)X - c)v + (1-\beta)P(c+dX) - C_k X_k - (C_g + g_s)X_g$$

$$\pi_s = \omega(Q(P)+\delta_D) + (1-\beta)v[(1-d)(Q(P)+\delta_D) - c] + \\ (1-\beta)P[c + d(Q(P)+\delta_D)] - C_k X_k - (C_g + g_s)X_g \tag{5-30}$$

同在一般情况下一样，在突发事件风险下，零售商与供应商可以根据收益共享理论，获得各自收益，但仍是不可避免的，双方都有使自己利润最大化的意愿。特别地，在突发事件来临时，时间因素显得非常关键，供应商延迟送货造成的商誉成本支出会对其利润产生影响，也影响着整个供应链的利润。因此双方在突发事件风险下的利润分配问题，需要零售商与供应商协同决策，通过构建双层规划模型来解决。

构建突发事件风险下零售供应链利润分配双层规划模型：

零售层(U)

目标函数：

$$\max \pi_r(P) = \beta P[c + d(Q(P)+\delta_D)] + \beta[(1-d)(Q(P)+\delta_D) - c]v - g_r(Q_0 + \delta_D) + \\ (g_r, -\omega)(Q(P)+\delta_D) - C_r[c + d(Q(P)+\delta_D)] \tag{5-31}$$

自变量：P

约束条件：$P > 0$

供应层(L)

目标函数：

$$\max \pi_s(\beta, X_k) = \omega(Q(P)+\delta_D) + (1-\beta)v[(1-d)(Q(P)+\delta_D) - c] + \\ (1-\beta)P[c + d(Q(P)+\delta_D)] - C_k X_k - (C_g + g_s)(Q(P)+\delta_D - X_k) \tag{5-32}$$

自变量：β，X_k

约束条件：$0 < \beta < 1$

$0 < X_k < M$

$0 < X_k < Q(P)$

$0 < X - X_k < N$

突发事件风险下，双方之前约定的参数将不能保证各自的收益最优，因此需要重新协商，确保双方的利润损失最小化。依据协同决策理论和双层规划理论，零售商与供应商具体协商过程如下，零售商将自定的参数反馈给供应商，供应商根据零售商给定的信息，综合供应价和收益等因素，决定收益共享比例以及分配给库房以及工厂的订货量，并将信息反馈回零售商，零售商依此信息再次调整浮动参数，多次循环，直至双方达成一致，获得最优解。协同决策理论支持了两方进行利润分配的行为。双层规划模型描述了上述过程，它的最大优势在于当信息不完全时可以通过充分的多次博弈协商使得供应链上各成员利润函数均达到帕累托最优。[154]

5.3.5 供应链利润分配优化算法

1. 优化算法简介

1) 混沌优化算法

混沌优化算法(Chaotic Optimization Algorithm，COA)就是把混沌变量线性映射到优化变量的取值区间，再依靠混沌变量具有随机性、遍历性等特点完成寻优搜索[155]。混沌变量的特性使算法易跳出局部最优解，搜索效率高。但是，当搜索范围较大，变量较多的时候，混沌优化算法可能会出现搜索时间长、搜索准确性差的问题，可利用二次载波的方法，提升其搜索准确性。但是由于混沌变量自身的特性，仍不可避免会出现无法找到最优解，或者寻优结果不理想的情况发生。

经典的 Logistic 映射如式(5-33)所示，能够充分反映混沌变量的特点。

$$x(n+1) = \mu x(n)(1-x(n+1)), n = 0,1,2\cdots, x_0 \in (0,1), 0 < \mu \leq 4 \quad (5-33)$$

对于初值为 0.6，参数 μ 取值区间为 2.6 至 4，区间间隔为 3e-4，迭代 200 次的仿真实验结果如图 5.6 所示。观察实验结果得知，随着参数 μ 的增加，迭代序列经历了 2 周期、4 周期、…无穷周期的过程，当 $\mu = 4$ 时，为 Logistic 映射，$x(n)$ 为混沌变量，此时混沌变量具有随机性和遍历性。

2) 粒子群优化算法

粒子群优化算法(Particle Swarm Optimization Algorithm，PSO)是社会心理学家肯尼迪与埃伯哈特博士一同研究的模仿鸟类捕食活动的智能算法[156]。其基本思路是先将解空间表示成一组任意粒子，再经过迭代获得最优解。在每次迭代中，粒子需要两个位置信息，一为粒子自身经过的最优位置，称作局部最优 pbest，二为全部粒子中经过的最优位置，称作全局最优 gbest。粒子 i 第 k 次移动时，速度 V_i^k 及位置 X_i^k 的更新公式分别是式(5-34)、(5-35)，C_1、C_2 表示学习因子，R_1、R_2 表示随机数。

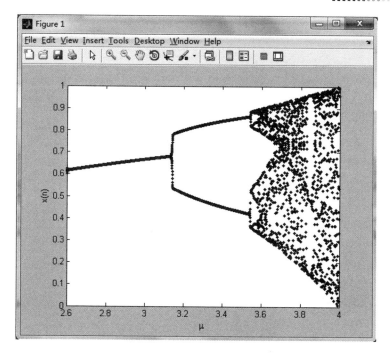

图 5.6　Logistic 映射

$$V_i^{k+1} = V_i^k + C_1 R_1 (pbest_i^k - X_i^k) + C_2 R_2 (gbest^k - X_i^k) \tag{5-34}$$

$$X_i^{k+1} = X_i^k + V_i^{k+1} \tag{5-35}$$

标准的 PSO 算法原理简单，容易实现，对问题的信息要求不高，可以记忆全局的最优信息，全局搜索能力强，较多应用于求解非线性、多峰值的优化问题。但是，该算法的局部搜索能力相对较弱，搜索精度相对较低，算法中的参数会对最终优化结果产生一定影响。

3) 模拟退火算法

模拟退火算法(Simulated Annealing Algorithm，SA)最早的思想由 Metropolis 在 1953 年提出[157]，Kirkpatrick 于 1983 年成功地将其应用在组合最优化问题中。其基本思想来自固体退火理论，先使固体加热到非常高的温度，然后将它缓缓冷却的过程。加热时，固体内部内能增大，粒子成无序态，而降温时粒子又转为有序态。降温过程中，每一个温度点都存在对应的平衡态，但温度降到常温时固体内部粒子会转为基态，此时内能最小。

Metropolis 准则可表示为式(5-36):

$$P(T) = P(i \to j) = \begin{cases} 1, & f(i) \leq f(j) \\ \exp\left(\dfrac{f(i)-f(j)}{KT}\right), & f(i) > f(j) \end{cases} \quad (5\text{-}36)$$

Metropolis 准则中说明,内部粒子在温度 T 下趋向稳定的概率 $P(T)$ 是 $e^{(-\Delta E/(kT))}$,E 表示温度 T 时的内能,$\Delta E = f(j) - f(i)$ 是内能变化量,k 为玻尔兹曼常数。该算法需要设置初始解和初始控制参数,随后对当前解重复"产生新解→计算目标函数差→接受或放弃"的迭代过程,并一步步衰减当前温度值,直至达到结束温度,并且获得最优解。

4) 细菌觅食优化算法

细菌觅食优化算法(Bacteria Foraging Optimization Algorithm,BFO)是基于大肠杆菌的觅食行为过程而研究出的一种仿生类智能算法[158]。BFO 模拟了细菌趋向、复制和迁徙的行为,BFO 即是对这 3 种行为的循环。

(1) 趋向行为。

细菌在觅食行为中需要完成两个动作:旋转(tumble)和游动(swim)。旋转是指细菌沿一个新的方向运动,而游动是指细菌保持某一固定方向移动。一般情况下,细菌会选择在食物丰富的地方多进行游动动作,而在食物匮乏的地方会较多地选择旋转动作。其操作方式如下:先向一个任意方向移动一步,若该方向上的适应值比前一步所处位置的适应值低,则旋转,向其他方向移动;若高,则沿着此方向游动。当达到最大尝试次数,则停止趋向性操作,换下一个细菌继续。[159]趋向行为可表示为:

$$\theta^i(j+1,k,l) = \theta^i(j,k,l) + c(i)\phi(i) \quad (5\text{-}37)$$

式中,$\theta^i(j,k,l)$ 代表细菌 i 在第 j 代趋向,第 k 代复制,第 l 代迁徙时的位置,$c(i)$ 为步长,$\phi(i)$ 为旋转方向。

(2) 复制行为。

觅食能力差的细菌在不久后会被淘汰,要避免细菌数量的锐减,余下的细菌需进行复制,补充数量。

设细菌总量为 S,被淘汰的细菌总量为 $S_r = S/2$。首先依据细菌的觅食能力即适应度排序,然后把适应度排名后 S_r 位的细菌淘汰,余下的进行复制,生成与自身一模一样的新个体。完成复制的细菌与之前余下的细菌共同组成新的种群,可以大大提升整个种群的觅食能力,即寻优能力。

(3) 迁徙行为。

若遇到极端情况发生,破坏了细菌现有的生存环境,细菌可能会集体灭亡,或集体转移到安全的地方。

迁徙行为以一定概率发生。若某一细菌达到迁徙设定的概率,那么此细菌死亡,然后任意产生一个新细菌替换它。任意产生的细菌也许是更理想的最优解,近而避免"早熟"现象。

2. 基于混沌的粒子群细菌觅食优化算法

从前文介绍中可知,混沌优化算法容易跳出局部最优解,避免"早熟"现象,BFO 算法比 PSO 算法的局部搜索能力更强。趋向行为可以改变搜索方向,在同一方向前进若干步后,可以根据适应值的变化决定是否继续沿该方向搜索,此操作提高了局部搜索能力和搜索精度。但其全局搜索能力不足,它不像 PSO 算法,具有对全局最优信息的记忆能力。[160]所以说,如果能将 PSO 与 BFO 两个优化算法结合起来,那么新算法的搜索能力会大大提高。

借鉴上文提到的各种算法优劣,提出一种新的混合智能算法——基于混沌的粒子群细菌觅食优化算法,其基本思路为:首先运用混沌优化算法进行搜索求解,直到若干步后函数值保持不变,然后进行 m 次二次载波初始化粒子群细菌觅食算法的初始种群,运用粒子群细菌觅食算法进行继续求解,其具体步骤如下。

Step1 随机初始化混沌优化算法中的混沌变量和各项参数。

Step2 用载波的方法将混沌变量 $x_{i,n+1}$,代入式(5-38)中,获得新混沌变量 $x'_{i,n+1}$,然后扩展变量的取值范围以适应现实情况,c_i、d_i 为常数。

$$x'_{i,n+1} = c_i + d_i x_{i,n+1} \tag{5-38}$$

Step3 用混沌变量进行迭代搜索。

Step4 经过数次搜索后最优值仍不变,则进入下一步,否则返回 Step3。

Step5 进行 m 次二次载波。

$$x'_{i,n+1} = x'_i + a_i x_{i,n+1} \tag{5-39}$$

式中,$x_{i,n+1}$ 为遍历区间非常小的混沌变量,a_i 为调节常数,x'_i 为当前最优解。

Step6 用二次载波后的混沌变量继续进行迭代搜索。

Step7 若满足循环次数则停止搜索并记录最优值,否则返回 Step6。

Step8 初始化 PSO 算法和 BFO 算法中的各项参数,并将 Step7 中获得的最优值作为随机初始值。

Step9　进行趋向行为，收集各细菌的位置信息。

Step10　评估各细菌的局部最优位置 $pbest_i^k$ 和全部细菌中的全局最优位置 $gbest^k$，记录各细菌的最优适应度(目标函数值)，k 表示趋向操作的次数。

Step11　更新各细菌的方向信息，继续下一次趋向行为。

通过 PSO 算法中速度更新公式(5-34)和式(5-35)，获得各细菌的新速度 V_i^{k+1}，此速度即是各细菌在 $k+1$ 次趋向操作时的旋转方向 $\phi(i)$。

Step12　若趋向行为循环结束，则执行下一步，否则返回 Step9。

Step13　执行复制行为循环。

对全部细菌的适应度排序，半数适应度低的细菌被淘汰，复制余下细菌，组成新种群。

Step14　若复制行为循环结束，则执行下一步，否则返回 Step9。

Step15　执行迁徙行为循环。

设定一个迁徙发生的概率，将种群中符合概率的细菌淘汰，然后随机产生一个新细菌。

Step16　若迁徙行为循环结束，则整个算法结束，否则返回 Step9。

3. 算例分析

针对基于混沌的粒子群细菌觅食优化算法有效性问题，借助测试函数进行验证。选择混沌优化算法、遗传算法、模拟退火算法与本算法进行比较，测试函数如式(5-40)所示。

$$\max Y = 0.5 - \frac{\sin^2\left(\sqrt{x_1^2 + x_2^2}\right) - 0.5}{(1 + 0.001(x_1^2 + x_2^2))^2} \quad -100 < x_i < 100 \quad (5\text{-}40)$$

本算法与其他算法比较结果如表 5.7 所示。

表 5.7　本算法与其他算法比较

函数 Y	最优点 (x_1, x_2)	全局最优解	迭代次数
模拟退火算法	(4.612,14.918)	0.8176	1157
遗传算法	(7.5e−5,9e−5)	0.9999	151
混沌优化算法	(0.0013,0.0024)	0.9921	1000
本算法	(−8.744e−11,1.4268e−10)	1	200

通过表 5.7 中的比较结果可以发现，本章提出的基于混沌的粒子群细菌觅

食算法在精度方面有明显优势，在速度方面也有一定优势，充分说明了本算法的有效性。

5.3.6 数值分析

设定一个零售商和一个供应商关于某品牌矿泉水进行贸易。$C_k = 0.7$，$C_g = 0.5$，$C_r = 0.2$，$g_r = 0.1$，$g_s = 0.3$，$\omega = 0.5$，$v = 0.6$，$\delta_D = 5000$，$M = 1000$，$N = 10000$，$Q_0 = 1100$，$Q(P) = 1400 - 200P$，$S(X) = 0.9X$，零售价初始值 $P_0 = 1.5$，收益共享比例初始值 $\beta_0 = 0.7$，且 $1.5 < P < 2.5$，$0.6 < \beta < 0.7$。将参数分别带入到一般情况下和突发事件风险下零售供应链利润分配双层规划模型中，通过上文提出的基于混沌的粒子群细菌觅食算法进行求解。

1. 一般情况下零售供应链利润分配分析

构建一般情况下零售供应链利润分配双层规划模型：

零售层(U)

$$\max \pi_r(P) = \beta \times P(1400 - 200P) + \beta \times 0.1(1400 - 200P)0.6 - 0.1 \times 1100 - 0.4(1400 - 200P) - 0.2 \times 0.9(1400 - 200P)$$

$s.t.\quad 1.5 < P < 2.5$

供应层(L)

$$\max \pi_s(\beta, X_k) = 0.5 \times (1400 - 200P) + (1 - \beta)(0.1 \times (1400 - 200P))0.6 + (1 - \beta)P(0.9(1400 - 200P)) - 0.7X_k - 0.5(X - X_k)$$

$s.t.\quad 0.6 < \beta < 0.7$
$0 < X_k < 1000$
$0 < X - X_k < 10000$

一般情况下零售商与供应商协商过程如表 5.8 所示。

表5.8　一般情况下零售商与供应商协商过程

协商轮次	零售商			供应商				总利润
	P	D	π_r	β	X_k	X_g	π_s	π
第一轮	1.5	1100	753.5	0.7	0	1100	465.3	1218.8
第二轮	2.5	900	823.3	0.6	0	900	831.6	1654.9
第三轮	2.5	900	615.4	0.6	0	900	831.6	1447
第四轮	2.5	900	615.4	0.6	0	900	831.6	1447

零售商利润占供应链总利润比重：$\frac{\pi_r}{\pi} \times 100\% \approx 43\%$

供应商利润占供应链总利润比重：$\frac{\pi_s}{\pi} \times 100\% \approx 57\%$

零售商获得单位商品利润：$\frac{\pi_r}{D} \approx 0.68$

供应商获得单位商品利润：$\frac{\pi_s}{D} \approx 0.92$

一般情况下零售供应链利润分配双层规划模型的最优解为 $P=2.5$，$\beta=0.6$，$X_k=0$。零售商和供应商通过双层规划利润分配模型的协商，使得零售价达到上限值，收益共享比例达到下限值，且供应商的供货全部由工厂供应。零售商利润占供应链总利润比重是 43%，供应商则是 57%，可以说明在一般情况下，供应商所获得的利润比重高于零售商。零售商获得单个商品利润约为 0.68，供应商则约为 0.92。

2. 突发事件风险下零售供应链利润分配分析

构建突发事件风险下零售供应链利润分配双层规划模型：

零售层(U)
$$\max \pi_r(P) = \beta \times P(6400-200P) + \beta \times 0.1(6400-200P)0.6 - 0.1 \times 6100 - 0.4(6400-200P) - 0.2 \times 0.9(6400-200P)$$

$s.t.\ 1.5 < P < 2.5$

供应层(L)
$$\max \pi_s(\beta, X_k) = 0.5 \times (6400-200P) + 0.6 \times (1-\beta)(0.1 \times (1400-200P)) + (1-\beta)P(0.9(6400-200P)) - 0.7 \times X_k - 0.8 \times (6400-200P-X_k)$$

$s.t.\ 0.6 < \beta < 0.7$

$0 < X_k < 1000$

$0 < X - X_k < 10000$

突发事件风险下零售商与供应商协商过程如表 5.9 所示。

表 5.9 突发事件风险下零售商与供应商协商过程

协商轮次	零售商			供应商				总利润
	P	D	π_r	β	X_k	X_g	π_s	π
第一轮	1.5	6100	1872.7	0.7	1000	5100	850.3	2723.0

续表

协商轮次	零售商			供应商				总利润
	P	D	π_r	β	X_k	X_g	π_s	π
第二轮	2.5	5900	5508.3	0.6	1000	4900	3781.6	9289.9
第三轮	2.5	5900	4145.4	0.6	1000	4900	3781.6	7927.0
第四轮	2.5	5900	4145.4	0.6	1000	4900	3781.6	7927.0

零售商利润占供应链总利润比重：$\dfrac{\pi_r}{\pi} \times 100\% \approx 52\%$

供应商利润占供应链总利润比重：$\dfrac{\pi_s}{\pi} \times 100\% \approx 48\%$

零售商获得单位商品利润：$\dfrac{\pi_r}{D} \approx 0.70$

供应商获得单位商品利润：$\dfrac{\pi_s}{D} \approx 0.64$

突发事件风险下零售供应链利润分配双层规划模型的最优解为 $P=2.5$，$\beta=0.6$，$X_k=1000$。零售商和供应商通过双层规划模型的协商，使得零售价达到上限值，收益共享比例达到下限值，并且供应商先使库房供货量达到上限，再进行工厂供货。零售商利润占供应链总利润比重约为 52%，供应商则约为 48%。与一般情况下的利润比重进行比较，突发事件风险下零售商利润占供应链总利润的比重提高了 9 个百分点，同时供应商的比重则下降 9 个百分点，双方利润所占供应链总利润的比重差进一步缩小，并且趋于相近。零售商获得单个商品利润约为 0.70，供应商则约为 0.64。

3. 两个模型的最优解分析

在突发事件风险下，采用一般情况下零售供应链利润分配双层规划模型求得最优解，$P=2.5$，$\beta=0.6$，$D=5900$，$X_k=0$。解得：$\pi_r=4145.4$，$\pi_s=3781.6$，$\pi=7927.0$。

在突发事件风险下，采用突发事件风险下零售供应链利润分配双层规划模型求得最优解：$P=2.5$，$\beta=0.6$，$D=5900$，$X_k=1000$。解得：$\pi_r=4145.4$，$\pi_s=3781.6$，$\pi=7927.0$。

显然，在突发事件风险下，采用一般情况下零售供应链利润分配双层规划模型求最优解，获得的双方利润以及供应链总利润比采用突发事件风险下模型获得的相应利润少。说明当突发事件来临时，一般情况下零售供应链利润分配双层规划模型并不适用，必须要调整相关变量的值；而突发事件风险下零售供应链利润分配双层规划模型的最优解更优，更适用于突发事件风险下的情况。

综合以上分析，说明基于收益共享契约的突发事件风险下零售供应链利润分配双层规划模型，可以缩减零售商与供应商利润所占供应链总利润的比重之差，使得双方的利润更为均衡，也为双方在突发事件下进行合作提供了机会。在突发事件风险下，模型获得的最优解，优于一般情况下模型获得的最优解，证明了突发事件风险下零售供应链利润分配双层规划模型具有可行性。

本节主要研究了突发事件风险下零售供应链采购决策中利润分配问题。在突发事件风险下，由零售商与供应商构成的二级供应链，依据收益共享契约，进行利润分配。本节最先介绍了供应链典型契约和供应链协同决策的相关理论。随后介绍了双层规划理论，以及分别构建零售商与供应商的收益共享模型。之后，依据协同决策理论和双层规划理论，以零售商和供应商各自利润最大化为目标分别构建了一般情况下零售供应链利润分配双层规划模型和突发事件风险下零售供应链利润分配双层规划模型，将零售价、收益共享比例等参数定为浮动值，以应对突发事件的不确定性。本节还研究了双层规划模型的求解，对于双层规划模型的求解，首先介绍了几种比较经典的智能优化算法，并对它们各自的优劣进行了总结，然后提出一种新的混合算法——基于混沌的粒子群细菌觅食优化算法，算法融入混沌、粒子群以及细菌觅食算法的优点，使求解双层规划问题的全局和局部搜索能力都得到提升，并通过算例得到验证。本节最后进行了数值分析，建立了一个零售商和一个供应商组成的供应链系统，通过对一般情况下利润分配模型、突发事件下利润分配模型以及他们的最优解进行分析，说明了突发事件风险下零售供应链利润分配双层规划模型更适用于突发事件情况。模型能够起到优化利润分配、提高双方收益并促进公平贸易的效果，有助于在突发事件下，零售商和供应商针对采购决策中利润分配问题做出客观、合理的决策。

5.4 突发事件风险下零售供应链采购协同决策平台设计

Windows Form 是 Microsoft Windows 应用程序开发的新平台，以.NET Framework 为基础。这种架构提供清晰、物件导向且可延伸的类别集，能够开发各种 Windows 应用程式。本章中突发事件风险下零售供应链采购协同决策平台的搭建，将在 Windows Form 平台环境下实现。

5.4.1 平台设计流程图

突发事件风险下零售供应链采购协同决策平台将为零售商与供应商在突发事件风险下提供采购决策。具体的决策内容包含了采购流程中的关键环节，包括供应商选择、供应价格谈判和利润分配研究。该平台主程序的设计流程图如图 5.7 所示。首先零售商或供应商选择代表自身身份的按钮，并进入登录界面。通过输进正确信息，登录到主程序中。随后选择具体的采购决策任务，进入到相应界面中。最后，依据界面要求，输入相关信息，完成对应的采购决策任务。

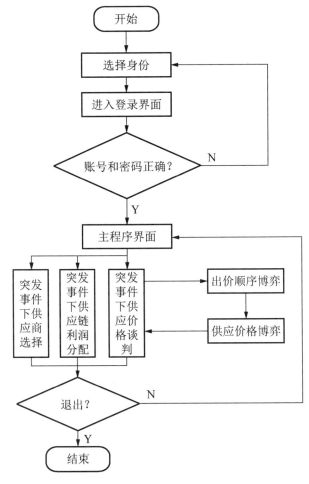

图 5.7 突发事件风险下零售供应链采购协同决策平台设计流程图

5.4.2 用户界面

1. 身份选择和登录界面

首先，零售商或供应商的某一方选择自己对应的身份，如图 5.8 所示。若选择零售商，则进入零售商登录界面，在零售商账号和密码文本框中，输入正确的账号和密码，通过登录界面即可进入到主界面。零售商登录界面如图 5.9 所示。

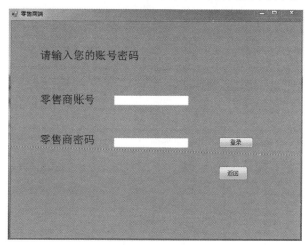

图 5.8 用户身份选择界面

图 5.9 零售商登录界面

2. 供应商选择界面

零售商输入正确的账号和密码后,进入到突发事件下采购决策项目选择界面,如图 5.10 所示。选择"突发事件下供应商选择"选项,进入突发事件下供应商选择界面,如图5.11 所示。在界面中输入两个供应商对应的指标数据,单击"开始比较"按钮,生成全排列多边形图示指标图,并且获得供应商评价结果,如图 5.12 所示。

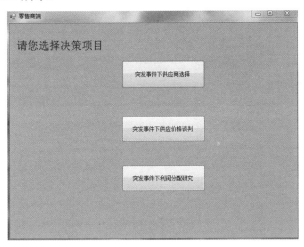

图 5.10 采购决策项目选择界面

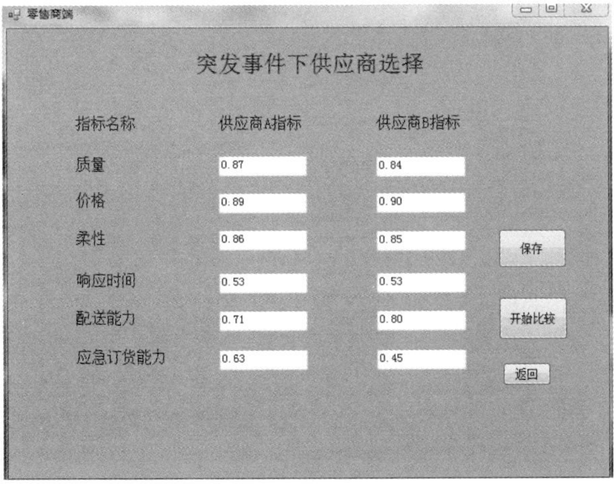

图 5.11 突发事件下供应商选择界面

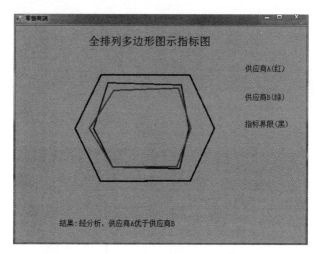

图 5.12　全排列多边形图示指标图界面

3. 供应价格谈判界面

1) 出价顺序博弈界面

选择进行突发事件下供应价格谈判，会出现"出价顺序博弈"和"供应价格博弈"两个选项，只有出价顺序博弈完成后，才可进行供应价格博弈，如图 5.13 所示。

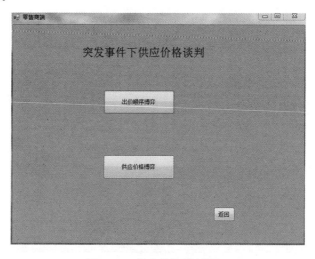

图 5.13　供应价格谈判界面

第 5 章
连锁零售企业供应链突发事件风险应急决策

零售商出价顺序博弈界面如图 5.14 所示，敲入数据，单击"保存"按钮和"提交"按钮。

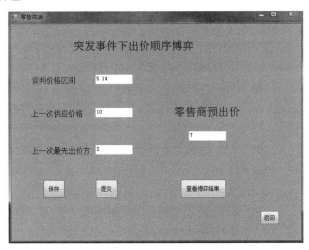

图 5.14　零售商出价顺序博弈界面

当供应商也完成此项操作后，单击"查看博弈结果"按钮，若零售商获得最先出价权，消息框会弹出信息，如图 5.15 所示。此时供应商未获得最先出价权，则供应商端的消息框弹出消息如图 5.16 所示。

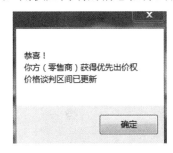 

图 5.15　零售商获得最先出价权消息框　　图 5.16　供应商未获得最先出价权消息框

2) 供应价格博弈

只有完成了出价顺序博弈后，才可以进行供应价格博弈。若零售商获得最先出价权，则第一回合，零售商供应价格博弈的界面如图 5.17 所示。单击"保存"按钮和"提交"按钮，待供应商完成相关操作，单击"查看博弈结果"按钮。若供应商端接受出价，则弹出消息框内容为"恭喜！双方完成谈判"，若供应商拒绝接受出价，则弹出消息框内容为"很遗憾！博弈将进入第二回合"。

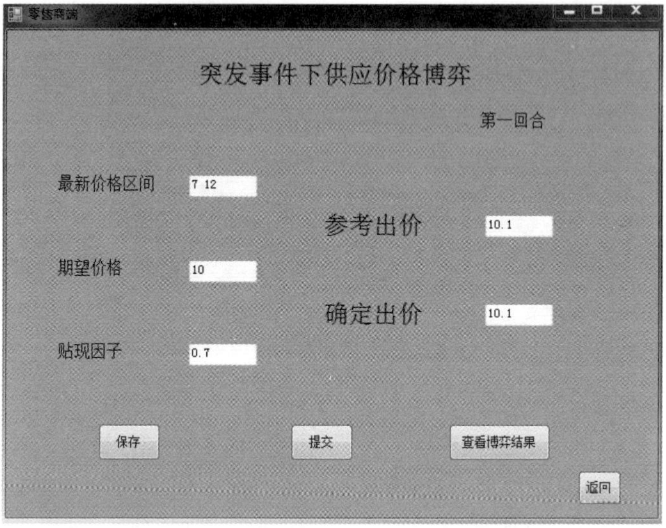

图 5.17　零售商供应价格博弈第一回合

第二回合，零售商界面如图 5.18 所示。

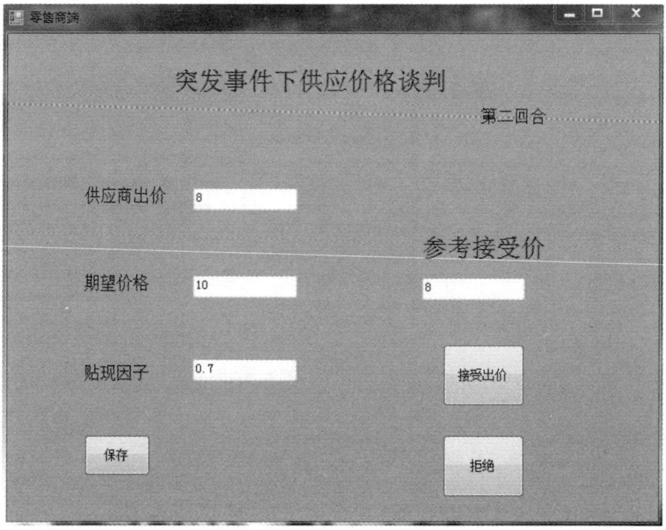

图 5.18　零售商供应价格博弈第二回合

第 5 章
连锁零售企业供应链突发事件风险应急决策

第二回合，则变为供应商出价，零售商将要做选择。若单击"接受出价"按钮，则会弹出消息框，内容为"恭喜！双方完成谈判"；若单击"拒绝"按钮，则弹出消息框，内容为"很遗憾！此次供应价格谈判失败"，消息框内容如图 5.19 所示。

图 5.19 零售商供应价格博弈第二回合拒绝接受出价

4. 供应链利润分配界面

供应链利润分配界面依据各自客户端，输入相应的数据参数，实现利润分配功能。图 5.20 为零售商端的供应链利润分配界面。图 5.21 为供应商端的供应链利润分配界面。

两个客户端将各自参数保存并提交后，按钮击"查看协商结果"按钮，将显示供应链利润分配结果，如图 5.22 所示。

图 5.20 零售商供应链利润分配界面

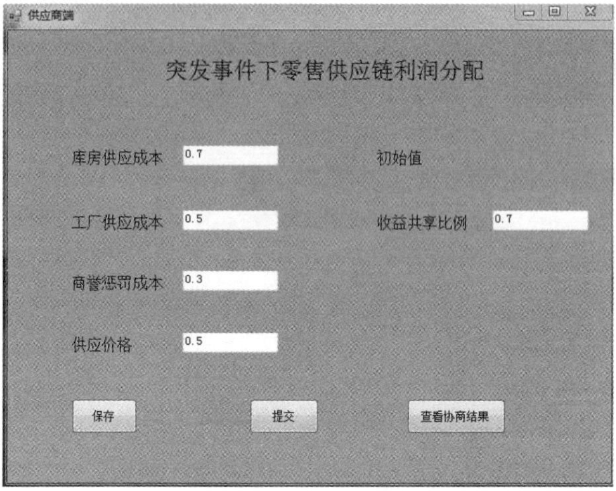

连锁零售 供应链风险辨识与智能控制

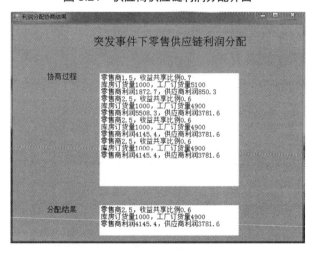

图 5.21　供应商供应链利润分配界面

图 5.22　供应链利润分配结果界面

5.5　本 章 小 结

　　本章研究了突发事件风险下零售供应链采购协同决策问题，研究内容包括突发事件风险下供应商的选择，突发事件风险下供应价格谈判，突发事件风险下供应链利润分配。结合研究内容，设计了突发事件风险下零售供应链采购协同决策平台。

突发事件风险下供应商选择研究，建立了能够反映突发事件特点的指标体系和突发事件风险下供应商选择模型，并且利用层次分析法、模糊综合评判法以及全排列多边形图示指标法对供应商进行客观评判。通过实例分析，证明了所建立的模型能够在突发事件风险下进行供应商选择，所采用的方法可以选出优质供应商。

突发事件风险下基于博弈论的供应价格谈判研究，利用博弈论的方法，将零售商与供应商之间的供应价格谈判分为出价顺序博弈和供应价格博弈两个阶段。建立出价顺序博弈规则，更新谈判价格区间，出价顺序博弈为双方的供应价格博弈提供基础。供应价格博弈，为双方提供出价参考。基于博弈论的供应价格谈判方式，使得突发事件风险下零售商与供应商价格谈判效率更高，也提升了双方交易的可靠性和稳定性。

突发事件风险下基于收益共享契约的供应链利润分配研究，依据协同决策理论以及双层规划理论，建立突发事件风险下供应链利润分配双层规划模型。采用基于混沌的粒子群细菌觅食优化算法进行模型求解，算法提高了模型计算的速度和精度。对突发事件风险下供应链利润分配模型与一般情况下利润分配模型进行比较，证明了突发事件风险下零售供应链利润分配双层规划模型更加适用于突发事件情况，能起到优化利润分配、促进公平贸易的效果。

突发事件风险下零售供应链采购决策平台利用 Windows Form 将突发事件风险下采购决策的研究内容通过软件平台展示，为研究内容提供实践支持。

第6章 集群式零售供应链稳定性分析与智能控制

利用科学的供应链管理思想与智能控制理论辅助指导实际企业的运营已经被越来越多的企业所关注，随着国家十三五政策规划出台，企业供应链链条需要产业升级，激励了供应链管理方向的投入。[161,162]然而，如何从宏观战略的层面，落实到应用层面上，是一个不能忽略的问题。[163-165]将先进的智能控制算法和企业供应链管理理论相结合已经成为供应链理论发展的前沿趋势和未来的发展动态[166-168]。

在 2011 年实施的抽样调研中，德勤管理咨询公司中国公司(Deloitte Consulting China)的顾问表示，按照中国本土市场的趋势，在中国大陆的企业整合供应链上消费接近 29 亿人民币，但是这部分的市场份额只占到很小一部分，有相对很多的市场份额还不在我们计算的范围内，如资源产业、金融产业、制造产业等多个产业的供应链整合消费容量没有统计在内。在 2011 年后，供应链管理更多地被应用于各个行业实践管理中，也有越来越多的企业积极参与供应链的发展，加大对供应链的投资金额。无论从企业内部行政策略的实施，还是制定符合供应链服务发展的标准长远目标，最终是为了提升供应链的服务质量以及其在企业运营过程中的核心地位。同时，企业的发展也应该顺应着时代的发展，国家参与国际事物变化，伴随着中国加入 WTO 组织，国内的企业也伴随着国际企业的产业链升级发生了升级的需求，无论国内还是国外，供应链管理的升级战略已经成为一个企业战略决策者最主要考虑的问题。从去年德勤咨询(Deloitte Consulting China)提供供应链咨询服务的升级服务收入来预测，美洲供应链市场需求正在以超过 30%的每年速度迅猛地向上攀升、持续增加。

第6章 集群式零售供应链稳定性分析与智能控制

2011年11月26日，由Euromonitor International咨询公司与安永咨询合作调查的《2011年年度零售企业Passport指南针报告》，在由欧睿国际咨询公司组织的零售研讨会(Consumer Goods & Retailing)上公布。此次联合安永咨询的联合咨询项目，在所选取的深度访谈调研样本上，咨询师选取了排在中国零售行业收入前50位的公司，其在目前中国市场的占有率达到了20%，在这50家企业中，多数为外资企业，以及少数的国有企业，民营企业。经过Euromonitor的咨询顾问咨询发现，对于供应链管理问题，很多被访者都反映，供应链管理在促进企业运营效率提高方面不是非常高效，而且并不是制造商或者零售商单个企业的工作效率低下所致，概括说就是整个企业供应链体系运营效率较低所造成的。例如，分销系统层次过多，有多家供应商，并且系统不统一，服务标准不能达到标准统一。零售环节受到系统规则的约定，相比其整个企业运营链条效率并不高效，反而有些低下，不能与持续增长的供应商效率保持一致。而供应链链条终端的消费者无疑是最弱势的群体，只能接受整个运作上升的成本，蒙受一定的经济损失。

6.1 集群式零售供应链系统建模

本章所探讨的供应链系统不单单是基于对同一条供应链上游企业的订货策略，而是考虑到动态需求的实际复杂环境。利用仓储之间的协调控制，既可以满足单一链条供应链本身订货日常需要，同时可以做到辅助旁边的供应链链条补货情况，[169,170]即集群式零售供应链系统链条与链条之间的相互辅助。这也是供应链间为了减少缺货率、提高服务水平的需要。集群式零售供应链面对集群地域同一市场，除非在每条供应链的库存仓储存在缺货问题时，可以相互补充货物，在整体协调、配合的情况下才可以增大市场的占有率，从而使供应链整体体系的收益得到提高。对集群式零售供应链系统的建模研究，为本章后续的研究打下了良好的理论基础。

6.1.1 供应链模型的发展

一条基础的供应链链条通常由提供原材料的制造供应商，提供零件的制造供应商，以及分销商，制造商，零售商等元素构成。[171-173]图6.1表示了一条非常经典的供应链中，客户、分销中心、供应商之间的相互关系，如由供应商产生的配送中心订单,以及分销中心与分销站点的相互配送状况,需求信息沿着外界由传递到供应商;以配送中心进行分析,它会收到客户或零售商的订货需求,并向供应商订货,相应的会有货物出库和入库。

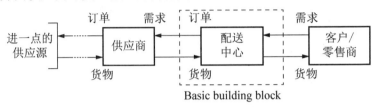

图 6.1　典型供应链中客户、供应商及配送中心的相互关系示意图

图 6.2 展示的是 4 级节点闭环形供应链体系,其中囊括第三方物流、生产商或制造商、分销商或者零售商、外界客户。零售商根据库存水平和历史市场数据向制造商提出订货量 u,同时收到客户的需求量 d;制造商收到来自零售商的订货量 u。制造商、第三方物流、客户均会存在产品的再生与废弃。α 表示产品的再造率,β 表示产品的丢弃率。

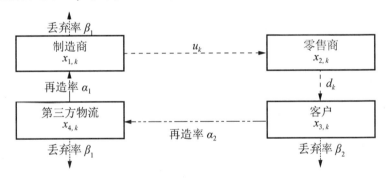

图 6.2　典型四级闭环供应链模型图

图 6.3 展示的是基于双链条库存协助合作的二层双节点集群式零售供应链体系,每个元素组成部分囊括了制造商和零售商。该模型前提为:在集群内部两条单链式供应链经营着相同的或是可以替代的产品,每条单链式供应链各链节企业以日常的普通供货方式分别为各自下游企业供应产品,同时每个单链式供应链只有在面临需求变化发生缺货而本链的上游企业不能及时补货时,才会向同一链节的成员紧急补货。x_1, x_2 分别表示其中一条供应链中零售商与制造商的库存水平,x_3, x_4 分别表示另一条供应链中零售商与制造商的库存水平。

u_1, u_2 分别表示第一条供应链零售商与制造商发出的订货量,u_3, u_4 分别表示第二条供应链零售商与制造商发出的订货量,ξ_1, ξ_2 分别表示两条供应链的市场需求。两条供应链保持长期合作以扩大整体需求,当零售商 1 收到客户急剧突变的需求时,零售商 2 可以给零售商 1 提供紧急补充,供货量为 ax_3;相应的,当零售商 2 由于库存商品不足,得到客户急剧突变的需求信息,零售商 1 可以为零售商 2 提供紧急货物补充,供货量为 bx_1。其中 a, b 为货物紧急补充系数。

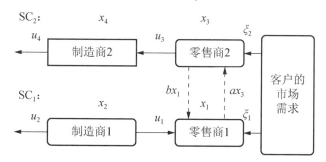

图 6.3 基于跨库合作的二级二节点集群式零售供应链系统图

6.1.2 集群式零售供应链模型

本章根据以上供应链系统模型分析[174-176],得到集群式零售供应链系统模型图,主要描述多条链条之间相互的辅助补充货物状况,模型结构如图 6.4 所示。

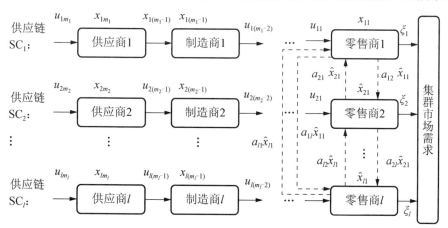

图 6.4 集群式零售供应链跨链间库存合作结构图

设集群式零售供应链链条总数为 l，对于第 j 条供应链，包含 m_j 个供应链仓库。$n = \sum_{j=1}^{l} m_j$。x_{ji} 表示供应链 j 各节点的库存水平($\hat{x}_{ji}$ 表示 x_{ji} 与标称(期望)库存量 x_s 的差值)；u_{ji} 表示供应链 j 各节点向上游需求的订货量($\hat{u}_{ji}$ 表示 u_{ji} 与标称(期望)订货量 u_s 的差值)；ξ_j 表示供应链 j 的市场需求。上述的标称库存及订货量由供应链决策者根据当前情况与市场历史数据制定。a_{jq} 代表供应链 j 零售商给供应链 q 零售商提供的货物紧急补充系数，a_{pj} 代表供应链 p 零售商给供应链 j 零售商提供的货物紧急补充系数，该系数表示自身能调拨支援其他零售商的一种出库程度，有 $0 \leq a_{pj} \leq 1$，$0 \leq a_{jq} \leq 1$(系数为 1 表示将自身库存全部供应给其他零售商)，若 $p = j = q$，$a_{pj} = a_{jp} = 0$(系数为 0 表示将不供应给其他零售商，即不存在跨库合作)。

零售供应链协同决策管理系统中存在网络传输延迟、网络安全延迟和大规模分布式节点企业的信息处理延迟、零售供应链的柔性生产延迟、产品运输与周转延迟[177-179]，因此，基于零售供应链业务特征和网络控制系统多重时变时滞和不确定性。对于不确定性，本章主要针对用户需求的不确定性；对于多重时变时滞，本章主要针对订货存在时滞。其他情况可以按照本章方法进行分析研究。

将用户需求变量划分为确定和不确定两部分：

$$\xi_k = d_k + \omega_k \tag{6-1}$$

集群式零售供应链偏差系统模型用矩阵形式表示为：

$$\hat{x}_{k+1} = A_k \hat{x}_k + B_k \hat{u}_k + D_k \omega_k \tag{6-2}$$

其中：

$$A_k = \begin{bmatrix} 1-a_{1p} & 0 & \cdots & 0 & \cdots & a_{q1} & \cdots & 0 & \cdots & 0 \\ 0 & 1 & \cdots & 0 & \cdots & 0 & \cdots & 0 & \cdots & 0 \\ \vdots & \vdots & \ddots & \vdots & \ddots & \vdots & \ddots & \vdots & \ddots & \vdots \\ a_{1p} & 0 & \cdots & 1-a_{pj} & \cdots & 0 & \cdots & 0 & \cdots & 0 \\ \vdots & \vdots & \ddots & \vdots & \ddots & \vdots & \ddots & \vdots & \ddots & \vdots \\ 0 & 0 & \cdots & 0 & \cdots & 1-a_{q1} & \cdots & a_{jq} & \cdots & 0 \\ \vdots & \vdots & \ddots & \vdots & \ddots & \vdots & \ddots & \vdots & \ddots & \vdots \\ 0 & 0 & \cdots & 0 & \cdots & 0 & \cdots & 0 & \cdots & 1 \end{bmatrix}$$

$$B_k = \begin{bmatrix} 1 & 0 & \cdots & 0 & 0 & \cdots & 0 & 0 & 0 \\ -1 & 1 & \cdots & 0 & 0 & \cdots & 0 & 0 & 0 \\ \vdots & \vdots & \ddots & \vdots & \vdots & \ddots & \vdots & \vdots & \vdots \\ 0 & 0 & \cdots & 1 & 0 & \cdots & 0 & 0 & 0 \\ 0 & 0 & \cdots & -1 & 1 & \cdots & 0 & 0 & 0 \\ \vdots & \vdots & \ddots & \vdots & \vdots & \ddots & \vdots & \vdots & \vdots \\ 0 & 0 & \cdots & 0 & 0 & \cdots & 1 & 0 & 0 \\ 0 & 0 & \cdots & 0 & 0 & \cdots & 0 & 0 & 0 \\ 0 & 0 & \cdots & 0 & 0 & \cdots & 0 & -1 & 1 \end{bmatrix}$$

$$D_k = \begin{bmatrix} -1 & 0 & \cdots & 0 & 0 & \cdots & 0 & \cdots & 0 \\ 0 & 0 & \cdots & 0 & 0 & \cdots & 0 & \cdots & 0 \\ \vdots & \vdots & \ddots & \vdots & \vdots & \ddots & \vdots & \ddots & \vdots \\ 0 & 0 & \cdots & -1 & 0 & \cdots & 0 & \cdots & 0 \\ 0 & 0 & \cdots & 0 & 0 & \cdots & 0 & \cdots & 0 \\ \vdots & \vdots & \ddots & \vdots & \vdots & \ddots & \vdots & \ddots & \vdots \\ 0 & 0 & \cdots & 0 & 0 & \cdots & -1 & \cdots & 0 \\ \vdots & \vdots & \ddots & \vdots & \vdots & \ddots & \vdots & \ddots & \vdots \\ 0 & 0 & \cdots & 0 & 0 & \cdots & 0 & \cdots & 0 \end{bmatrix}$$

对于集群式零售供应链偏差控制时滞系统模型，用矩阵形式可表示为：

$$\hat{x}_{k+1} = A_k \hat{x}_k + B_k \hat{u}_{k-\lambda} + D_k \omega_k \tag{6-3}$$

设控制时滞步长为 λ，取 $X_k = [\hat{u}_{k-\lambda}, \hat{u}_{k-\lambda+1}, \cdots, \hat{u}_{k-1}, \hat{x}_k]^T$，则有：

$$X_{k+1} = [\hat{u}_{k+1-\lambda}, \hat{u}_{k+1-\lambda+1}, \cdots, \hat{u}_{k-1}, \hat{u}_k, \hat{x}_{k+1}]^T \tag{6-4}$$

进一步展开可得：

$$X_{k+1} = \begin{bmatrix} 0_n & I_n & 0_n & \cdots & 0_n & 0_n \\ 0_n & 0_n & I_n & \cdots & 0_n & 0_n \\ \vdots & \vdots & \vdots & \ddots & \vdots & \vdots \\ 0_n & 0_n & 0_n & \cdots & I_n & 0_n \\ 0_n & 0_n & 0_n & \cdots & 0_n & 0_n \\ 0_n & 0_n & 0_n & \cdots & 0_n & A_k \end{bmatrix} X_k + \begin{bmatrix} 0_n & 0_n & 0_n & \cdots & 0_n & 0_n \\ 0_n & 0_n & 0_n & \cdots & 0_n & 0_n \\ \vdots & \vdots & \vdots & \ddots & \vdots & \vdots \\ 0_n & 0_n & 0_n & \cdots & 0_n & 0_n \\ 0_n & 0_n & 0_n & \cdots & I_n & 0_n \\ 0_n & 0_n & 0_n & \cdots & 0_n & B_k \end{bmatrix} \begin{bmatrix} 0_n \\ 0_n \\ \vdots \\ 0_n \\ \hat{u}_k \\ \hat{u}_{k-\lambda} \end{bmatrix}$$

$$+\begin{bmatrix} 0_n & 0_n & 0_n & \cdots & 0_n & 0_n \\ 0_n & 0_n & 0_n & \cdots & 0_n & 0_n \\ \vdots & \vdots & \vdots & \ddots & \vdots & \vdots \\ 0_n & 0_n & 0_n & \cdots & 0_n & 0_n \\ 0_n & 0_n & 0_n & \cdots & 0_n & 0_n \\ 0_n & 0_n & 0_n & \cdots & 0_n & D_k \end{bmatrix} \begin{bmatrix} 0_n \\ 0_n \\ \vdots \\ 0_n \\ 0_n \\ \omega_k \end{bmatrix}$$

$$=\begin{bmatrix} 0_n & I_n & 0_n & \cdots & 0_n & 0_n \\ 0_n & 0_n & I_n & \cdots & 0_n & 0_n \\ \vdots & \vdots & \vdots & \ddots & \vdots & \vdots \\ 0_n & 0_n & 0_n & \cdots & I_n & 0_n \\ 0_n & 0_n & 0_n & \cdots & 0_n & 0_n \\ 0_n & 0_n & 0_n & \cdots & 0_n & A_k \end{bmatrix} \begin{bmatrix} \hat{u}_{k-\lambda} \\ \hat{u}_{k-\lambda+1} \\ \vdots \\ \hat{u}_{k-2} \\ \hat{u}_{k-1} \\ \hat{x}_k \end{bmatrix} + \begin{bmatrix} 0_n & 0_n & 0_n & \cdots & 0_n & 0_n \\ 0_n & 0_n & 0_n & \cdots & 0_n & 0_n \\ \vdots & \vdots & \vdots & \ddots & \vdots & \vdots \\ 0_n & 0_n & 0_n & \cdots & 0_n & 0_n \\ 0_n & 0_n & 0_n & \cdots & I_n & 0_n \\ 0_n & 0_n & 0_n & \cdots & 0_n & B_k \end{bmatrix} \begin{bmatrix} 0_n \\ 0_n \\ \vdots \\ 0_n \\ \hat{u}_k \\ \hat{u}_{k-\lambda} \end{bmatrix}$$

$$+\begin{bmatrix} 0_n & 0_n & 0_n & \cdots & 0_n & 0_n \\ 0_n & 0_n & 0_n & \cdots & 0_n & 0_n \\ \vdots & \vdots & \vdots & \ddots & \vdots & \vdots \\ 0_n & 0_n & 0_n & \cdots & 0_n & 0_n \\ 0_n & 0_n & 0_n & \cdots & 0_n & 0_n \\ 0_n & 0_n & 0_n & \cdots & 0_n & D_k \end{bmatrix} \begin{bmatrix} 0_n \\ 0_n \\ \vdots \\ 0_n \\ 0_n \\ \omega_k \end{bmatrix} \quad (6\text{-}5)$$

式中，下标 n 为 n 维矩阵。记

$$\overline{A}_k = \begin{bmatrix} 0_n & I_n & 0_n & \cdots & 0_n & 0_n \\ 0_n & 0_n & I_n & \cdots & 0_n & 0_n \\ \vdots & \vdots & \vdots & \ddots & \vdots & \vdots \\ 0_n & 0_n & 0_n & \cdots & I_n & 0_n \\ 0_n & 0_n & 0_n & \cdots & 0_n & 0_n \\ 0_n & 0_n & 0_n & \cdots & 0_n & A_k \end{bmatrix}$$

$$\overline{B}_k = \begin{bmatrix} 0_n & 0_n & 0_n & \cdots & 0_n & 0_n \\ 0_n & 0_n & 0_n & \cdots & 0_n & 0_n \\ \vdots & \vdots & \vdots & \ddots & \vdots & \vdots \\ 0_n & 0_n & 0_n & \cdots & 0_n & 0_n \\ 0_n & 0_n & 0_n & \cdots & I_n & 0_n \\ 0_n & 0_n & 0_n & \cdots & 0_n & B_k \end{bmatrix}$$

$$\overline{D}_k = \begin{bmatrix} 0_n & 0_n & 0_n & \cdots & 0_n & 0_n \\ 0_n & 0_n & 0_n & \cdots & 0_n & 0_n \\ \vdots & \vdots & \vdots & \ddots & \vdots & \vdots \\ 0_n & 0_n & 0_n & \cdots & 0_n & 0_n \\ 0_n & 0_n & 0_n & \cdots & 0_n & 0_n \\ 0_n & 0_n & 0_n & \cdots & 0_n & D_k \end{bmatrix}$$

$$U_k = \begin{bmatrix} 0_n \\ 0_n \\ \vdots \\ 0_n \\ \widehat{u}_k \\ \widehat{u}_{k-\lambda} \end{bmatrix}$$

$$W_k = \begin{bmatrix} 0_n \\ 0_n \\ \vdots \\ 0_n \\ 0_n \\ \omega_k \end{bmatrix}$$

则有：
$$X_{k+1} = \overline{A}_k X_k + \overline{B}_k U_k + \overline{D}_k W_k \tag{6-6}$$

其中，$\overline{A}_k, \overline{B}_k, \overline{D}_k$ 为 $(\lambda+1)n \times (\lambda+1)n$ 阶矩阵，X_k, W_k, U_k 为 $(\lambda+1)n \times 1$ 阶矩阵。

根据以上分析可知，对于集群式零售供应链控制时滞系统，可以在原系统模型的基础上，根据时滞步长对库存变量和订货变量进行有规律的重组(增加系统变量阶数)，得到广义库存量及广义订货量，转化为定常系统处理。

6.2 集群式零售供应链牛鞭效应分析

6.2.1 牛鞭效应的定义

Euromonitor 的咨询顾问 James Chen 曾经表示，需求信息的预测、产品价格的变动、库存缺货后的短期竞争、批量订货的方法以及外界市场突然改变后的应急策略，这些元素都是使运营状况发生牛鞭效应的主要方面。需求信息的预测，通常指供应链中成员企业，根据末端市场的信息，进行市场供给信息模拟估计，并向上一级汇报，再向上汇报信息的时候偏差可能逐步放大。而产品价格又影响着末端市场的需求，消费者的购买潜力，致使供应链中的成员企业不容易预测市场的信息，产生预测偏差。正因为如此，供应链中的成员企业因素如批发商和零售商，根据不准确的市场需求信息进行订货处理，进行批量订货，这也加剧了订货数量的不合理性，以及预计需求销售量与实际需求销售量之间的巨大差距。同时为了可以在尽量短的时间内获得更多的利润收入，进一步提高订购货物数量，但是在一些偶然事件发生情景下，也会超出供应链成员企业的预判范围，所以综合导致了牛鞭效应的加剧发生。[180,181]

6.2.2 供应链牛鞭效应研究意义

在企业的实际生产中，牛鞭效应对企业运营产生了十分恶劣的影响，由于在企业的供应链中存在上下游不对称的情况，造成企业需求信息预判失误，内部库存积压，年度计划失误，供应商库存计划失误，货物缺少或者剩余产品堆积，对各个企业的各个运营因素都有着较大的危害。

牛鞭效应对零售企业运营链条上游有着较为严重的影响。在一个企业的供应链体系中，制造商通常是企业运营链条的最上游，也是通常接受企业决策层信息的源头，由于牛鞭效应所造成的错误订货信息，往往使制造商错误地大量生产，总部决策层误认为末端市场需求良好，造成制造商生产成本上升，过量生产，从而使制造商也很难安排自己的生产计划。

牛鞭效应对零售企业运营链条下游同样有着不可忽视的影响。由于在供应链源头的制造商生产商品过剩，导致零售企业运营链条下游积极采购，库存大量的生产商品，花费大量资金。企业内部过多的商品致使现金流发生严重问题。对市场需求信息的错位判断，导致零售商以及分销商所购买的产品受到市场供求信息的错误引导，而商品并不受到消费者欢迎。

牛鞭效应也会对市场终端消费者产生影响。由于牛鞭效应所造成的制造商过剩或者不足生产，零售商以及经销商的过剩或者不足代销，其产生的过剩商品或者不足生产都要由消费者买单，所有的成本都会体现在商品价格上，使消费者蒙受价格损失。

Euromonitor 咨询公司有超过 40 年对终端消费品市场供应链链条的检测经验，在最新的报告中，他们也证明了牛鞭效应广泛存在于信息消费品、保健品、食物供应、汽车产品等产业链条中，同样证明其存在于运营过程中，产品的剩

第6章 集群式零售供应链稳定性分析与智能控制

余库存量虚高,产品发生积压,导致供应链总成本上升,指定的法则失效。同时也使得以市场消费者为导向的市场需求难以预测,客户服务水平下降,恶性循环,综合致使每个供应链环节的工作效果衰减。所以,如果可以利用智能算法和理论控制牛鞭效应具有重要的理论价值与实践价值。

6.2.3 集群式零售供应链牛鞭效应的定量描述

在具有信息技术环境、柔性制造时滞、零售供应链运作滞后、外部需求不确定的影响下,如何采取有效的控制方法,减弱需求不稳定对订购产品的影响,达到柔性生产、代销、仓储的高效运营,是未来供应链有待解决的重要问题。

因为供应链信息在运营链条传播过程中,发生偏差致使供应链需求预测信息由供应链下级向上级逐级传递扩大的效果,是标准的牛鞭效应定义。也就是在企业物流运作中的,由于终端消费者市场需求发生变化而致使企业源头组成元素产生大规模不稳定性。典型的牛鞭效应图如图 6.5 所示。当零售商的库存降低时,依次导致批发商、经销商、制造商库存降低,因此订单量逐步增加,同样,当订单较少时,库存量迅速增加。

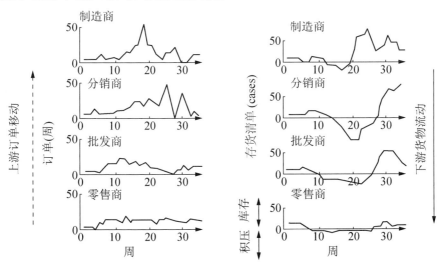

图 6.5 典型的牛鞭效应图

考虑到不稳定状态的发生,供应链系统应该具有需求变动性的适应性。预防这种增大的变动性,企业可以增大产品制造能力,或者扩大仓储存储量。这两种做法都会加大单位产品的生产成本。预测市场扩大的需求波动性，可以增大仓储的容量，一个高效运作的物流存储条件还增加了足够的存储容量，从而致使存储成本的上升。由于牛鞭效应的存在，增大了需求的难以预见性，与获得其他市场信息不同的是，供应商经销商分销商等生产销售计划很难得到准确的提前预估。时常会出现生产的产品不能满足市场终端的客户需求或者生产产品过剩，综合致使企业内部运营配送紧急补给周期冗长以及产品的延期交货。运输需求将会随着时间的变化而剧烈波动。假设供应商获得高额的利润，则必须维持高涨的剩余动力，满足市场所需，这样致使人员以及机器成本陡然上升。其中配送产品的成本也会伴随着订单的变动而变动。同时企业链条下游的分销商以及零售商也存在类似的变化。在订单传递过程中，大幅度波动致使公司总部不能够按时向分销商或者零售商送达产品，致使产品缺失现象时常发生，供应链链条元素消费额骤减。这也最终导致了每个企业链条无法估计需求以及存储量，间接导致成本猛然上升，破坏了供应链条相互之间的合作关系，逐渐使整个企业供应链条利润额不断下滑。

对于集群式零售供应链系统，牛鞭效应即是末端(客户端)的需求波动 ω_j 引起前端订货 $\hat{u}_j$ 波动增强的现象。采用集群式零售供应链前端库存和订货波动与末端需求变动的之比例来表示牛鞭效应的强度，同时考虑库存量偏差波动。对于供应链 j，即为：

$$r_{j,k} = \frac{\hat{x}_{j,k}^T Q_j \hat{x}_{j,k} + \hat{u}_{j,k}^T R_j \hat{u}_{j,k}}{\omega_{j,k}^T S_j \omega_{j,k}} \tag{6-7}$$

其中，Q_j, R_j, S_j 为既定的对称正定加权矩阵，可以根据实际情况进行选择，r_k 越大，伴随牛鞭效应相应明显，r_k 越小，则牛鞭效相应微弱。

6.3 集群式零售供应链鲁棒控制

6.3.1 鲁棒控制理论

鲁棒控制是一个注重控制算法可靠性研究的控制器设计方法[182]。鲁棒性是指当一个系统内部存在结构变化或外部存在扰动的状况时，仍然能够保持其系统功能的能力。[183]鲁棒性是控制系统中的一个基本属性，它伴随着不确定性问题的产生而普遍存在。[184]

第 6 章 集群式零售供应链稳定性分析与智能控制

1. $H\infty$ 控制理论

随着逐步对不确定性问题的深刻认识和研究，促使了鲁棒控制理论产生，它主要分析和处理具有不确定性的系统。鲁棒控制研究方法众多，从工程应用以及理论系统完整性来看，$H\infty$ 控制能够有效地处理对象的不确定性，因此 $H\infty$ 方法占主要地位。求解 $H\infty$ 问题的一种有效的方法是利用线性矩阵不等式的方法，它将 $H\infty$ 控制器设计问题转化为求解一组线性矩阵不等式的凸优化问题。[185,186]图 6.6 所示为 $H\infty$ 状态反馈控制示意图。其中，P 是被控系统，K 是控制器，$x \in R^n$ 是状态变量，$u \in R^m$ 是控制输入变量，$d \in R^q$ 是扰动输入变量，$z \in R^r$ 是输出变量。

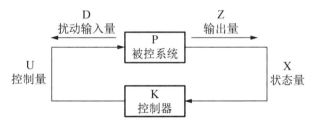

图 6.6 $H\infty$ 状态反馈控制示意图

鲁棒 $H\infty$ 控制理论是在 $H\infty$ 空间通过某些性能指标的无穷范数优化而求得具有鲁棒性的控制器的一种控制理论。[187]存在内部时滞、外部环境扰动等不确定性影响的系统可以通过鲁棒 $H\infty$ 控制产生一个控制手段来抑制不确定性因素的扰动和时滞的影响。控制系统就是使控制对象按照预期目标运行的系统，大部分的控制系统是基于反馈原理来进行设计的。在实际控制问题中，系统中有很多不确定性因素的存在，这些不确定性可能来自外界扰动或模型误差，建立起来的控制模型必须考虑不确定性带来的影响，而鲁棒控制理论正是为这种不确定性因素影响提供了一种解决手段。

分析和综合是鲁棒控制理论主要研究问题。分析是指：当系统存在各种不确定性及外部干扰时，分析系统性能发生的变化，如系统的动态性能和稳定性等。综合是指：选取什么控制结构、采用什么设计方法确保控制系统具有更强的鲁棒性，如怎样降低系统不确定性和外干扰的影响。

反馈控制系统设计的基本要求是稳定性、渐进调节、动态特性和鲁棒性等 4 个方面。

(1) 稳定性：意味着控制系统从任意初始状态出发，在时间趋于无穷时收敛于工作点，即当系统受到扰动后其运动能保持在有限边界的区域内或恢复到原平衡状态的性能。

(2) 渐进调节：意味控制系统中存在一系列目标输入 r 和外部扰动 d 时，反馈控制系统必须能够保证系统的稳态误差为 0。渐进调节的特性反映了控制系统的稳态性能。

(3) 动态性能：是指反馈控制系统的动态性能必须满足一组给定的设计目标。

(4) 鲁棒性：它是指时滞不确定性在一组给定的范围内发生变化时，继续保证反馈控制系统的稳定性、渐进调节和动态特性不变的性质。

2. 线性矩阵不等式

Lyapunov 稳定性理论是在时间域中研究不确定系统的鲁棒分析和综合问题的主要理论基础，Riccati 方程则是常用的处理方法。Riccati 方程处理方法可以给出控制器的结构形式，便于进行理论分析，但是这一方法处理前，需要设计者事先确定一些待定参数，然而这些参数的选择直接影响到结论的好坏以及问题的可解性。本章中鲁棒控制的结果是通过线性矩阵不等式(LMI)方法求得的，通过把渐进稳定性、动态性能指标和 $H\infty$ 控制性能用线性矩阵不等式表示，运用可行性分析、特征值分析等处理办法进行求解。在具体处理线性矩阵不等式过程中，经常用到变量代换以及 Schur 补引理进行公式推导，同时线性矩阵不等式可以采用内点法进行数值求解，将许多控制问题转化为一个求解线性矩阵不等式系统的可行性问题。线性矩阵不等式处理克服了 Riccati 方程处理方法中的许多不足，它给出了问题可解的一个凸约束条件，因此可以应用求解凸优化问题的有效方法来进行解决。[188]

定义 6.1 下面的不等式称为线性矩阵不等式或严格线性矩阵不等式：

$$F(x) = F_0 + \sum_{i=1}^{m} x_i F_i > 0 \tag{6-8}$$

其中，$x = (x_1, \cdots, x_n)^T \in R^n$ 是未知变量，$F_i = F_i^T \in R^{n \times n}, i = 0, 1 \cdots, m$ 是给定矩阵。$F(x) > 0$ 表示 $F(x)$ 是正定的，即对于任意的非零向量 $u \in R^n$ 有不等式 $u^T F(x) u > 0$ 成立。若下式成立：

$$F(x) = F_0 + \sum_{i=1}^{m} x_i F_i \geq 0 \tag{6-9}$$

则称式(6-9)为非严格线性矩阵不等式。同时多个线性矩阵不等式可用一个 LMI 来表示，即：

$$F_1(x) > 0, F_2(x) > 0, \cdots, F_m(x) > 0 \tag{6-10}$$

等价于：

$$\begin{bmatrix} F_1(x) & 0 & 0 & 0 \\ 0 & F_2(x) & 0 & 0 \\ 0 & 0 & \ddots & 0 \\ 0 & 0 & 0 & F_m(x) \end{bmatrix} > 0 \tag{6-11}$$

线性矩阵不等式是关于变量 x 的一个凸约束，所以集合 $\{x \mid F(x) > 0\}$ 是一个凸集，进而将线性矩阵不等式的求解可以转化为凸优化问题的求解。

Schur 引理(Shur Complement)6.1：对于分块对称阵 X：

$$X = \begin{bmatrix} X_{11} & X_{12} \\ X_{12}^T & X_{22} \end{bmatrix}$$

则 $X > 0$ 成立的充分必要条件是下列两个条件之一成立：

① $X_{11} > 0$，且 $X_{22} - X_{12}^T X_{11}^{-1} X_{12} > 0$
② $X_{22} > 0$，且 $X_{11} - X_{12} X_{22}^{-1} X_{12}^T > 0$

线性矩阵不等式之所以能够在控制理论中得到广泛应用，是因为可以通过 Schur 补性质将系统和控制处理中许多不是线性矩阵不等式问题转换成线性矩阵不等式的形式。对于二次矩阵不等式：

$$A^T P + PA + PBR^{-1} B^T P + Q < 0 \tag{6-12}$$

其中，$A, B, Q = Q^T > 0$，$R = R^T > 0$ 是给定的适维常数矩阵，P 是对称矩阵变量，应用引理，上述矩阵不等式的可行性问题转化为以下等价的矩阵不等式

$$\begin{bmatrix} A^T P + PA + Q & PB \\ B^T P & -R \end{bmatrix} < 0 \tag{6-13}$$

的可行性问题，而后者是关于矩阵变量 P 的线性矩阵不等式。

3. 线性不确定离散时滞系统鲁棒控制模型

考虑一个具有时滞的线性离散时间系统[189,190]：

$$x(k+1) = (A + \Delta A)x(k) + (A_1 + \Delta A_1)x(k - \tau_1) + B_\omega w(k) + (B + \Delta B)u(k) \\ + (B_1 + \Delta B_1)u(k - \tau_2) \tag{6-14}$$

$$z(k) = (C + \Delta C)x(k) + (D + \Delta D)u(k) \tag{6-15}$$

$$x(k) = \phi(k), k \leqslant 0 \tag{6-16}$$

其中，$x(k) \in \mathbf{R}^n$ 是状态变量，$u(k) \in \mathbf{R}^m$ 是控制输入变量，$z(k) \in \mathbf{R}^p$ 被调输出

变量，$w(k) \in R^l$ 是扰动输入变量。A、A_1、B、B_1、B_ω 和 C、D 均为相应维数常数矩阵，ΔA、ΔA_1、ΔB、ΔB_1、ΔC、ΔD 是不确定实值矩阵函数，它们表示了系统中随时间变化的参数不确定性，τ_1, τ_2 是未知正整数，表示系统的时滞，并且满足 $0 < \tau_i \leq \tau^*, i = 1, 2 (\tau^* 已知)$，$\phi(k)$ 是初始条件。假设系统的参数不确定性具有如下形式：

$$\begin{cases} \Delta A = E_1 F_1(k) G_1, \Delta A_1 = E_2 F_2(k) G_2 \\ \Delta B = E_3 F_3(k) G_3, \Delta B_1 = E_4 F_4(k) G_4 \\ \Delta C = E_5 F_5(k) G_5, \Delta D = E_6 F_6(k) G_6 \end{cases} \tag{6-17}$$

其中，$E_i, G_i (i = 1, 2, 3)$ 是已知的适合维数的常数矩阵，$F_i(k) \in R^{e_i \times g_i}$ 是满足下述不等式约束条件的未知函数矩阵：

$$F_i^T(k) F_i(k) \leq I_{g_i}, \quad i = 1, 2, 3 \tag{6-18}$$

其中，I_{g_i} 是 $g_i \times g_i$ 单位矩阵。

定义 6.2 若存在对称正定矩阵 P, Q_1, Q_2 以及正常数 α 使得对于任意 $(x(k), k) \in R^n \times R$、任意允许的不确定性，Lyapunov 函数

$$V(x(k), k) = x^T(k) P x(k) + \sum_{i=k-\tau_1}^{k-1} x^T(i) Q_1 x(i) + \sum_{i=k-\tau_2}^{k-1} x^T(i) Q_2 x(i) \tag{6-19}$$

关于 k 的前向差分满足：

$$\Delta V(x(k), k) = V(x(k+1), k+1) - V(x(k), k) \leq -\alpha \|x(k)\|^2 \tag{6-20}$$

则不确定离散时滞系统(6-14)($u(k) = 0, \omega(k) = 0$) 是二次稳定的。

定义 6.3 对于系统(6-14)，如果存在线性状态反馈控制律：

$$u(k) = K x(k) \tag{6-21}$$

其中，$K \in R^{m \times n}$，使得满足下列条件，则不确定离散时滞系统(6-14)被称为是具有 $H\infty$ 范数界 γ 可镇定的。

① 闭环系统是二次稳定的；

② 给定正常数 γ，在零初始条件下，满足 $H\infty$ 范数约束条件 $\|z(k)\|_2 \leq \gamma \|\omega(k)\|_2$，其中 $\|\bullet\|_2$ 为标准的 $l_2[0, \infty)$ 范数。

引理 6.2 给定适当维数的矩阵 E，G，F，且 $F^T F \leq I$，则对任意标量 $\mu > 0$，有：

$$EFG + G^T F^T E^T \leq \mu E E^T + \mu^{-1} G^T G \tag{6-22}$$

引理 6.3 给定适当维数的矩阵 $Y + E_b X_\rho E_b^T + G_b^T X_o^{-1} G_b < 0$,其中:

$$\begin{cases} X_\rho = diag\{\mu_1 I_{\rho_1}, \mu_2 I_{\rho_2}, \cdots, \mu_N I_{\rho_N}\} \\ X_o = diag\{\mu_1 I_{o_1}, \mu_2 I_{o_2}, \cdots, \mu_N I_{o_N}\} \end{cases}$$

则对所有满足 $F_d^T F_d \leq I_o$ 的 $F_d = diag\{F_1, F_2, \cdots, F_N\}$, $F_i \in R^{\rho_i \times o_i}, i=1,2,\cdots,N, o = \sum_{i=1}^{N} o_i$,下式成立:

$$Y + E_b F_d G_b + G_b^T F_d^T E_b^T < 0 \tag{6-23}$$

定理 6.1 当系统(6-14)采用反馈控制律(6-21)时,对给定的正常数 γ 及容许的不确定式(6.22)、式(6.23),若存在正常数 α,对称正定矩阵 P, S_1, S_2 以及矩阵 K,使得:

$$\begin{bmatrix} -P^{-1} & A_c & A_1 + \Delta A_1 & B_1 + \Delta B_1 \\ A_c^T & -P + S_1 + K^T S_2 K + \alpha I_n & 0 & 0 \\ (A_1 + \Delta A_1)^T & 0 & -S_1 & 0 \\ (B_1 + \Delta B_1)^T & 0 & 0 & -S_2 \end{bmatrix} \leq 0 \tag{6-24}$$

$$\begin{bmatrix} -P^{-1} & A_c & A_1 + \Delta A_1 & B_1 + \Delta B_1 & B_\omega & 0 \\ A_c^T & -P + S_1 + K^T S_2 K & 0 & 0 & 0 & C_c^T \\ (A_1 + \Delta A_1)^T & 0 & -S_2 & 0 & 0 & 0 \\ (B_1 + \Delta B_1)^T & 0 & 0 & -S_1 & 0 & 0 \\ B_\omega^T & 0 & 0 & 0 & -\gamma^2 I_p & 0 \\ 0 & 0 & 0 & 0 & 0 & -I_q \end{bmatrix} \leq 0 \tag{6-25}$$

成立,其中 $A_c = A + BK + \Delta A + \Delta BK$,$C_c = C + DK + \Delta C + \Delta DK$,则闭环系统是二次稳定的,并且具有 $H\infty$ 范数界 γ。

定理 6.2 给定正常数 γ,如果存在正常数 $\varepsilon_i, i=1,2,\cdots,6$ 和对称正定矩阵 Z, V_1, V_2 以及矩阵 W 使得下面的 LMI 成立:

$$\begin{bmatrix} \Omega_0 & H_0 & H_1 & H_2 & H_3 & 0 & 0 & 0 \\ H_0^T & -J_0 & 0 & 0 & 0 & H_4 & 0 & 0 \\ H_1^T & 0 & -J_1 & 0 & 0 & H_4 & 0 & 0 \\ H_2^T & 0 & 0 & -J_1 & 0 & 0 & H_5 & 0 \\ H_3^T & 0 & 0 & 0 & -J_2 & 0 & 0 & 0 \\ 0 & H_4^T & 0 & 0 & 0 & -J_3 & 0 & 0 \\ 0 & 0 & H_5^T & 0 & 0 & 0 & -J_4 & 0 \\ 0 & 0 & 0 & H_6^T & 0 & 0 & 0 & -J_5 \end{bmatrix} < 0 \tag{6-26}$$

其中：$\Omega_0 = -Z + \varepsilon_1 E_1 E_1^T + \varepsilon_2 E_2 E_2^T + \varepsilon_3 E_3 E_3^T + \varepsilon_4 E_4 E_4^T$

$H_0 = A_1 Z + BW, J_0 = Z - V_1$

$H_1 = A_t Z, J_1 = V_1, H_2 = B_1 V_2, J_2 = V_2, H_3 = B_\omega, J_3 = \gamma^2 I_p$

$H_4 = \begin{bmatrix} ZC^T + W^T D^T & W^T & ZG_1^T & W^T G_3^T & ZG_5^T & W^T G_6^T \end{bmatrix}$

$J_4 = diag\{I_q - \varepsilon_5 E_5 E_5^T - \varepsilon_6 E_6 E_6^T, V_2, \varepsilon_1 I_{g_1}, \varepsilon_3 I_{g_3}, \varepsilon_5 I_{g_5}, \varepsilon_6 I_{g_6}\}$

$H_5 = ZG_2^T, J_5 = \varepsilon_2 I_{g_2}, H_6 = V_2 G_4^T, J_6 = \varepsilon_4 I_{g_4}$

则系统是具有 $H\infty$ 范数 γ 可镇定的，相应的反馈控制律 $u(k) = WZ^{-1}x(k)$。

6.3.2 集群式零售供应链系统控制策略——$H\infty$ 控制

在企业供应链链条末端信息变动引起前端库存订货变动情况下，采用集群式零售供应链偏差体系的模型以及对牛鞭效应定量的数理参数模型，找寻一个合适的控制算法序列使整体供应链体系中的牛鞭效果达到最小的程度，这是本章要研究的 $H\infty$ 控制问题。

1. 供应链 $H\infty$ 控制定义

对于本章被控系统，可以将控制输出设为 $\hat{y}_k = \hat{x}_k$。$H\infty$ 控制目标是设计反馈矩阵 K，使得受控输出 $\hat{y}_k$ 对扰动输入 ω_k 的增益的无穷范数最小。即对于给定的 $\gamma > 0$，有：

$$\|F_{wy}(z)\|_\infty = \left\| [zI - (A + BK)]^{-1} D \right\|_\infty < \gamma \tag{6-27}$$

2. 供应链 $H\infty$ 控制定义推导

根据 Lyapunov--Krasovskii 稳定性定理，式(6-27)不等式等价于，存在对称正定矩阵 P 和矩阵 Q，使得：

$$\begin{bmatrix} -P & AP+BQ & D & 0 \\ (AP+BQ)^T & -P & 0 & P \\ D^T & 0 & -\gamma I & 0 \\ 0 & P & 0 & -\gamma I \end{bmatrix} < 0 \tag{6-28}$$

成立，反馈矩阵 $K = QP^{-1}$。对于本章供应链系统，有 $D = D^T$，应用 Schur 定理，式(6-28)不等式可以简化成：

$$\begin{bmatrix} -P+\dfrac{D^2}{\gamma} & AP+BQ \\ (AP+BQ)^T & -P+\dfrac{P^2}{\gamma} \end{bmatrix} < 0 \qquad (6\text{-}29)$$

式(6-29)不等式可以使用 LMI 优化方法来求解,未知变量包括对称正定矩阵 P 和矩阵 Q,以及控制增益上界 γ。只要在 LMI 约束条件内有可行解,就可以采用 $H\infty$ 控制策略。

集群式零售供应链系统牛鞭效应另一种形式 $H\infty$ 控制的目标函数为:

$$J_\gamma(\hat{u},\omega) = \frac{1}{2}\sum_{k=0}^{N}\hat{x}_k^T Q \hat{x}_k + \frac{1}{2}\sum_{k=0}^{N}\hat{u}_k^T R \hat{u}_k - \frac{1}{2}\gamma^2\sum_{k=0}^{N}\omega_k^T S \omega_k \qquad (6\text{-}30)$$

式(6-30)与上文中牛鞭效应 $r_{j,k}$ 的含义类似,是将除法改成减法,采用集群式零售供应链前端库存和订货波动与末端需求波动之差来描述牛鞭效应,此值越小则表示不管末端需求如何波动,库存和订货波动最小。

在企业链条末端的市场信息发生猛烈变化的时候,间接影响需求信息,也就是在外界市场信息扰动最严重的时候,找到合适的控制数值以及策略可以使供应链牛鞭效应的影响后果降低到最微弱。根据偏差方程所建立的供应链体系方程和牛鞭效应模型方程,进行 $H\infty$ 智能控制,也就是在企业末端不确定的时候,考虑在稳定性最差的时候,如何选择合适的供应链运营策略,致使选择最优的仓储状态以及订购货物偏差综合使企业的牛鞭效应减小到最微弱。其实就是一个涉及极大极小值的控制算法,也可以说是一个相互博弈的问题,即选择合适的控制方法,使得波动对库存量的影响尽可能地下降到最微弱的值。

根据理论推导,当且仅当 $\gamma^2 I - D_k^T\left(I+M_{k+1}B_k B_k^T\right)^{-1}M_{k+1}D_k > 0$ 成立时,目标函数存在解,其中 M_{k+1} 满足:

$$M_k = \Theta_k + A_k^T M_{k+1}\left(I+\left(B_k B_k^T - \gamma^{-2}D_k D_k^T\right)M_{k+1}\right)^{-1}A_k, \quad M_N = \Theta_f \qquad (6\text{-}31)$$

其中,$\Theta_f > 0$(Θ_f 为设定的边界条件,并且是正定对称矩阵)。

此时控制变量与干扰分别为:

$$\hat{u}_k = -\left(I+B_k^T M_{k+1} B_k\right)^{-1} B_k^T M_{k+1}\left(D_k \omega_k + A_k \hat{x}_k\right) \qquad (6\text{-}32)$$

$$\omega_k = \gamma^{-2} D_k^T M_{k+1}\left(I+\left(B_k B_k^T - \gamma^{-2}D_k D_k^T\right)M_{k+1}\right)^{-1}A_k \hat{x}_k \qquad (6\text{-}33)$$

该控制器取决于系统模型参数、γ、矩阵不等式约束、矩阵求逆等因素。

3. $H\infty$ 控制仿真实验

以两条供应链多元素(4 个元素)组成供应链体系为研究目标,即单一链条中供应链囊括供应商、制造商、批发商、零售商 4 个节点。假设集群式零售供应链库存偏差初始值为:[-20,20,30,30,80,20,10,20](双链四节点共有 8 个节点企业的库存值),订货偏差量初始值为 0。同时供货链 1 在初始时刻受到一较大的需求波动,供应链 2 在此刻无需求扩大现象,库存水平升高,按照合作关系供应链 2 的零售商向零售商 1 提供紧急库存补充。

程序求解顺序如下(程序中含后标"1"即是表示供应链间有合作情形):

(1) 逆向求解 H_∞ 控制算法中的 $M_k, \Lambda_k (k = N, N-1, \cdots, 1)$,求解完成后进行正向存储,以便调用。见程序 step1。界面如图 6.7 所示。

该步骤含参数的初始化,File----Modelproperties----Callbacks------InitFcn 中设置:

```
clc
clear
format long
global N r l m n A A1 B D Sita Q1 Q2 R1 R2 S1 S2 X UW%全局变量,方便调用。
N=65;%迭代次数
r=3;% H∞控制参数 gama
l=2;%供应链数目
m(1:l)=[4,4];%每条供应链的节点数;
n=sum(m);%系统矩阵维数
A(1:n,1:n)=diag(ones(1,n));%系统矩阵
A1(1:n,1:n)=diag(ones(1,n));
A1(1,5)=0.8;A1(5,5)=0.2;
B(1:n,1:n)=diag(ones(1,n));%控制矩阵
D(1:n,1:n)=diag([-1,zeros(1,n-1)]);%扰动控制矩阵
for i=2:n,
B(i,i-1)=-1;
end
for i=1:l-1;
B(sum(m(1:i))+1,sum(m(1:i)))=0;
D(sum(m(1:i))+1,sum(m(1:i))+1)=-1;
end
```

第 6 章
集群式零售供应链稳定性分析与智能控制

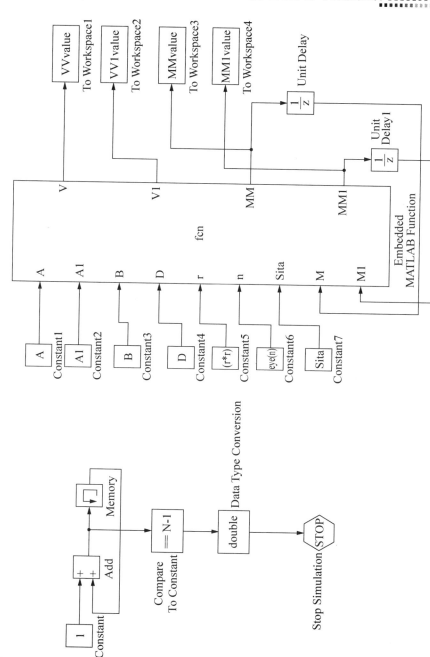

图 6.7 $H\infty$ 控制 step1 界面图

```
W(1:n)=[45,0,0,0,3,0,0,0]';%需求波动初始值,即 ω₀
X(1:n)=[-20,20,30,30,80,20,10,20]';%库存偏差量初始值
U(1:n)=0;%订货偏差量初始值
X1(1:n)=X;
U1(1:n)=U;
Sita=diag([0.25,0.25,1,1,0.25,0.25,1,1]');% H∞ 控制中的 Θ_f
M(1:n,1:n)=Sita;% H∞ 控制中的 M_N
V(1:n,1:n)=0;% H∞ 控制中的 Λ⁻¹
M1(1:n,1:n)=Sita;
S1=diag([8,1,0.5,0.5]');%牛鞭效应中的各个加权矩阵
S2=S1;
Q1=diag([0.1,0.1,0.3,0.3]');
R1=Q1;
R2=Q1;
Q2=Q1;
```

Simulink 运行设置如图 6.8 所示。

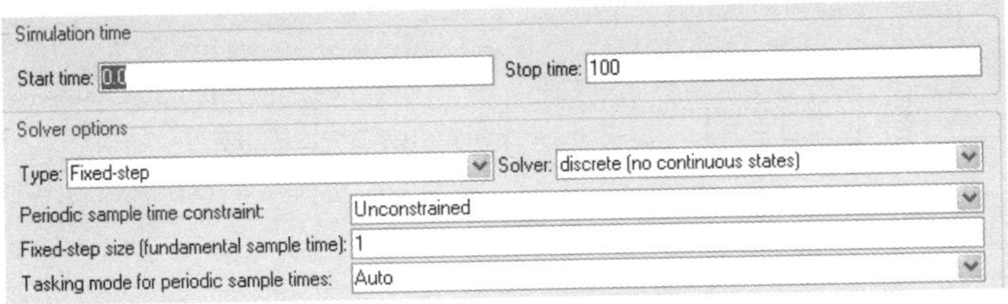

图 6.8 Simulink 配置图

求解获得 M_k, Λ_k 值,在 Callbacks---StopFcn 中进行正向存储。

(2) 正向求解最优控制量和干扰量 $\hat{u}_k, \hat{\omega}_k$,并对系统进行控制,求解状态变量 $\hat{x}_{k+1}$。界面图如图 6.9 所示。

(3) 绘图程序,画出供应链间有无合作情况下 $H\infty$ 控制的结果对比图,含仓库库存偏差量,订货偏差量和牛鞭效应。

控制库存、订货偏差及牛鞭效应仿真结果如图 6.10~图 6.14 所示(其中红色曲线代表供应链间无合作结果,绿色曲线代表供应链间有合作结果)。

订货控制开始时库存量、订货量波动很大,当 $k = 25$ 左右时趋于收敛(本章中"收敛"表示实际值接近期望值,逐步逼近并相等),不管是供应链间有无合作,实施 $H\infty$ 控制后,供应链末端较大需求波动并未给上游节点带来库存较大波动。

第 6 章
集群式零售供应链稳定性分析与智能控制

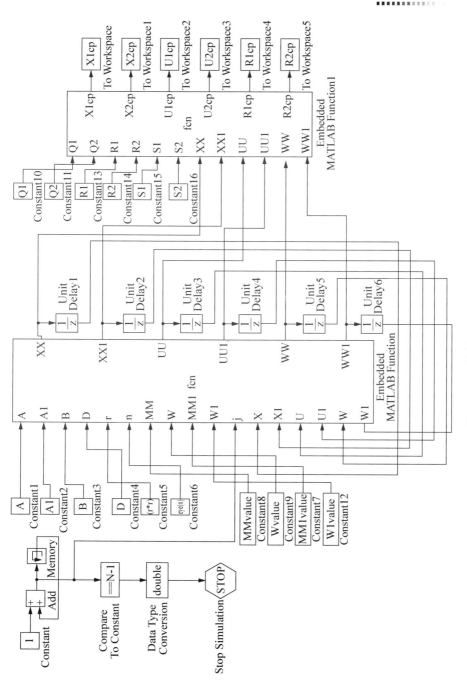

图 6.9 $H\infty$ 控制 step2 界面图

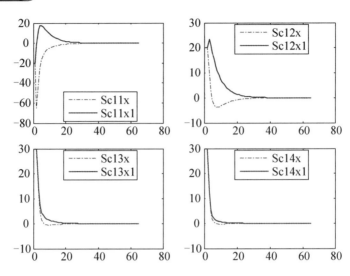

图 6.10 供应链 1 各节点库存偏差变化图

图 6.10 表明：①在链条之间存在相互货物补充的环境下，供应链 1 零售商初始库存变化量比没有链条之间相互补充合作条件降低了 55.5%；②有链间合作情形下供应链 1 批发商初始库存波动量比无合作情形减少 87.5%。

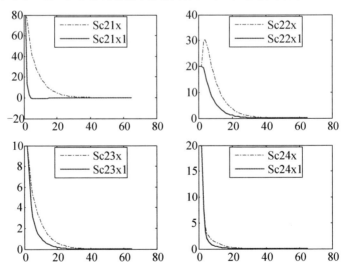

图 6.11 供应链 2 各节点库存偏差变化图

图 6.11 表明有链间合作情形下供应链 2 批发商初始库存波动量比无合作情形减少 97.1%。

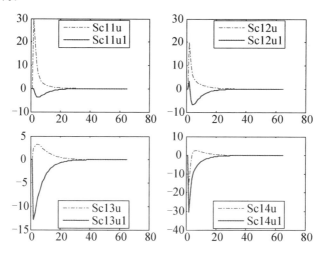

图 6.12　供应链 1 各节点订货偏差变化图

图 6.12 表明：①有链间合作情形下供应链 1 零售商初始订货波动量比无合作情形减少 86.7%；②有链间合作情形下供应链 1 批发商初始订货波动量比无合作情形减少 65%。

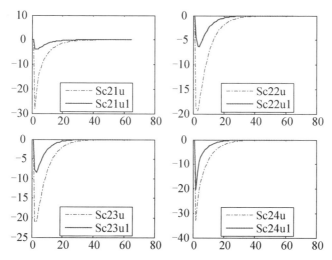

图 6.13　供应链 2 各节点订货偏差变化图

图 6.13 表明：①有链间合作情形下供应链 2 零售商初始订货波动量比无合作情形减少 92.9%；②链条之间相互辅助间合作情形下供应链 2 批发商初始订货波动量比无合作情形减少 65.8%；③链条之间相互辅助间合作情形下供应链 2 制造商初始订货波动量比链条之间没有相互补充情形降低了 61.9%；④链条之间相互辅助间合作情形下供应链 2 供应商初始订货波动量比无合作情形减少 37.5%。

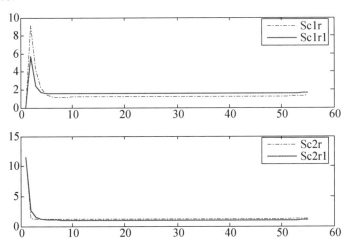

图 6.14　供应链有无合作下牛鞭效应变化图

图 6.14 表明：有链间合作情形下供应链 1 的牛鞭效应比无合作情形减少 1 倍，供应链 2 的牛鞭效应比无合作情形没有明显变化，说明下游零售商得到紧急货物补充，会影响上游制造商与供应商的生产计划。

从另一个角度来研究，通过进行不同链条之间仓储相互补充货物，各供应链组成元素部分企业的订货量避免了大幅的订货数量波动。采用 $H\infty$ 控制方法，在需求条件最差情况下，控制策略能够找到最优订货序列使得集群式零售供应链中元素组成部分库存和订货变量在巨大需求扰动时很快趋于稳定，抑制了牛鞭效应。不同链条仓库库存合作是对集群式零售供应链内单链库存供应的一种有效补充方式，比无合作情形下牛鞭效应的减弱速度要快，使得整体系统鲁棒性更强，增强了链间企业的柔敏性，提高了对集群市场的响应速度。

$H\infty$ 控制方法有众多调节参数：$\gamma, \Theta_f, Q, R, S$。其中 γ, Θ_f 影响 $H\infty$ 控制策略实施的效果，如果取得过小，会导致订货策略的失效，误导决策者。而系数矩

阵 Q, R, S 的选择完全取决于决策者。保持 S 数值不变，增大 $Q(R)$ 的调节数值，也就是重点关注库存(订货)量，导致库存(订货)量变化达到最小。如增大 Q，则最终库存量的波动会很好的抑制，但是很可能订货量的波动会较大。如果维持 Q、R 数值不变，增大 S 数值，同时关注需求的变化，会损失订货或库存量运营中的平稳性。同样改变 Q, R, S 内部参数，会影响各节点的出入库量波动，所以应根据供应链各节点实际情况，结合决策者的生产营销等策略综合考虑进行参数选取。

6.4 集群式零售供应链自抗扰控制

由 $H\infty$ 控制仿真实验结果可知，$H\infty$ 控制算法能够有效地抑制牛鞭效应，但是需要依赖集群式零售供应链模型的建立，并且在求解过程中需要判断是否满足矩阵不等式约束条件，计算过程较为复杂。自抗扰控制不受建模影响，鲁棒性好，计算复杂度较低，本章采用 PSO 优化算法进行 ADRC 主要参数的优化选择，并且对集群式零售供应链系统实施优化控制。供应链决策者可以根据市场情况指定相应参数的范围及库存、订货期望值，通过 PSO-ADRC 控制算法决策最优订货量，并且抑制牛鞭效应，从而节约成本。

6.4.1 自抗扰算法的定义

自抗扰控制器英文为 Active Disturbance Rejection Control (ADRC)。

自抗扰控制算法主要由三部分组成：跟踪微分器(TD),扩展状态观测器(ESO)和非线性状态误差反馈控制律(NLSEF)[191,192]。跟踪微分器在算法模型中主要输出过渡过程信号，给出合理的控制信号，解决响应速度与超调性之间的矛盾。[193]扩展状态观测器主要缓解算法模型未知部分和外部未知扰动综合对控制对象的影响。扩展状态观测器给出一个扩展的状态量来追踪模型未知部分和外部未知扰动的影响。给定控制量补偿这些扰动，将控制对象转变为通常的积分串联型控制对象。扩展状态观测器目的用来观测扩展后的状态变量，最主要估计未知扰动和控制对象未建模部分，达到动态系统的反馈线性化，将控制对象转变成为积分串联型。[194-196]非线性误差反馈控制律解决被控对象的控制策略问题。

6.4.2 自抗扰控制算法模型推导

把自抗扰控制方法引入集群式零售供应链的控制系统中，利用自抗扰控制的扩张状态观测器对信息技术环境时滞、柔性制造时滞、零售供应链运作时滞以及外部需求不确定性进行估计，动态补偿被控对象(集群式零售供应链和控制网络)模型的内扰、外扰和时滞的影响。最终获得时滞、不确定性存在时的订货控制策略。

自抗扰控制器(ADRC)的结构如图 6.15 所示[197,198]。ADRC 核心是把系统模型未知部分和未知外扰作用都归结于对系统的"总扰动"而进行估计并给予补偿。二阶的 ADRC 其相应的状态观测器 ESO 为三阶，ESO 给出对象状态变量估计值以及系统模型和外扰实时综合作用的估计值，采用扰动补偿方式，将总扰动的实时作用量补偿到实际控制量中，将被控系统线性化为积分串联型；非线性状态误差反馈控制律(NLSEF)由 TD 产生的安排过渡过程 v_1 以及过渡过程的微分 v_2 与 ESO 给出的状态估计 z_1、z_2 形成两个误差量 e_P、e_D，然后采用这两个误差的适当非线性函数来产生 u_0，再根据 ESO 给出的干扰估计 z_3 和被控对象的已知部分 $(f_0(z_1,z_2,t))$ 即可形成控制量 u，使被控对象的输出 y 波动最小化。由于 ESO 的作用，自抗扰控制器实现了对系统"总扰动"的实时估计和补偿，因此具有内在的鲁棒性和抗干扰性。

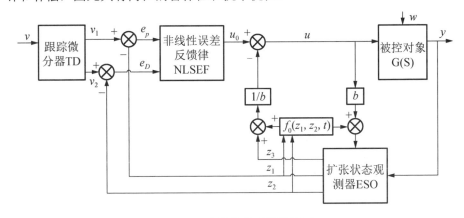

图 6.15　自抗扰控制器结构图

TD 为跟踪微分器：

$$\begin{cases} v_1(k+1) = v_2(k) \\ v_2(k+1) = -Rsign\left(v_1(k) - v(k) + \frac{|v_2(k)|v_2(k)}{2R}\right) \end{cases} \quad (6\text{-}34)$$

其中，R 为可调系数。

ESO 为扩张状态观测器：

$$\begin{cases} z_1(k+1) = z_2(k) - \beta_1 g_1(z_1(k) - y(k)) \\ z_2(k+1) = z_3(k) - \beta_2 g_2(z_1(k) - y(k)) + b_0 u(k) \\ z_3(k+1) = -\beta_3 g_3(z_1(k) - y(k)) \end{cases} \quad (6\text{-}35)$$

其中，β_1，β_2，β_3 为可调参数，b_0 为 $b(k)$ 变化范围内的某一中间值，非线性函数 $g_1(z)$，$g_2(z)$ 和 $g_3(z)$ 可适当选取，$g_i(z)$ 的具体形式：

$$g_i(z) = fal(z, a_i, \delta) = \begin{cases} |z|^{a_i} sign(z), & \text{当}|z| > \delta, \\ \dfrac{z}{\delta^{1-a_i}}, & \text{其他,} \end{cases} \quad \delta > 0, (i=1,2,3) \quad (6\text{-}36)$$

式中：$fal(\bullet)$ 是非线性组合函数，当 $a<1$ 时，它具有小误差大增益，大误差小增益的特性；$z_1(k)$，$z_2(k)$ 分别为 y、$\dot{y}$ 的状态估计变量；$z_3(k)$ 是输出跟踪信号。

$$a(k) = y^{(2)}(k) - b_0 u(k) = f(y(k), y(k+1), w(k)) + (b(k) - b_0) u(k) \quad (6\text{-}37)$$

可见，信号 $a(k)$ 中包含了对象的不确定因素和外扰的所有信息，可利用其跟踪量 $z_3(k)$ 进行补偿。

$$u(k) = u_0(k) - (z_3(k) + f_0(z_1, z_2, t))/b_0 \quad (6\text{-}38)$$

NLSEF 实现非线性状态误差反馈，并给出控制量：

$$e_P(k) = v_1(k) - z_1(k) \quad (6\text{-}39)$$

$$e_D(t) = v_2(t) - z_2(k) \quad (6\text{-}40)$$

$$u_0(k) = \gamma_1 g_1(e_P) + \gamma_2 g_2(e_D) \quad (6\text{-}41)$$

其中，γ_1，γ_2 为可调参数，$g_i(e_i)$ 可取 $g_i(z)$ 的形式。

对于集群式零售供应链系统中的每一个成员企业，自抗扰控制中期望信号为各仓库库存变化量为 0，有 $v_1(k) = v_2(k) = 0$。根据仿真结果可发现当 δ 较大时，控制效果很快收敛且波动很小。假设 $|z| \leq \delta$，则有：

$$g_i(z) = fal(z, a_i, \delta) = \dfrac{z}{\delta^{1-a_i}} \quad (6\text{-}42)$$

即将 $g_i(z)$ 简化为线性形式。根据该条件，控制量可进一步简化为：

$$u(k) = u_0(k) - (z_3(k) + f_0(z_1, z_2, t))/b_0 \approx \gamma_1' z_1(k) + \gamma_2' z_2(k) + \gamma_3' z_3(k) = \begin{bmatrix} \gamma_1' & \gamma_2' & \gamma_3' \end{bmatrix} \begin{bmatrix} z_1(k) \\ z_2(k) \\ z_3(k) \end{bmatrix}$$

$$(6\text{-}43)$$

其中，$f_0(z_1,z_2,t)$ 取为 0。参数 $\gamma_1', \gamma_2', \gamma_3'$ 是 $\gamma_1, \gamma_2, \gamma_3, b_0, \delta$ 的线性表达，将上式记为：

$$\hat{u}_k = L_k \hat{z}_k \qquad (6\text{-}44)$$

代入 ESO 扩张状态观测器可得：

$$\begin{bmatrix} z_1(k+1) \\ z_2(k+1) \\ z_3(k+1) \end{bmatrix} = \begin{bmatrix} -\beta_1 & 1 & 0 \\ \tau_1 & \tau_2 & \tau_3 \\ -\beta_3 & 0 & 0 \end{bmatrix} \begin{bmatrix} z_1(k) \\ z_2(k) \\ z_3(k) \end{bmatrix} + \begin{bmatrix} \beta_1 \\ \beta_2 \\ \beta_3 \end{bmatrix} y(k) = \begin{bmatrix} -\beta_1 & 1 & 0 \\ \tau_1 & \tau_2 & \tau_3 \\ -\beta_3 & 0 & 0 \end{bmatrix} \begin{bmatrix} z_1(k) \\ z_2(k) \\ z_3(k) \end{bmatrix} + \begin{bmatrix} \beta_1' \\ \beta_2' \\ \beta_3' \end{bmatrix} \hat{x}_k \quad (6\text{-}45)$$

其中，τ_1, τ_2, τ_3 是 $\gamma_1', \gamma_2', \gamma_3', \beta_1', \beta_2', \beta_3'$ 的线性表达，$\beta_1', \beta_2', \beta_3'$ 是 $\beta_1, \beta_2, \beta_3, \delta$ 的线性表达。

同样将上式可记为：

$$\hat{z}_{k+1} = H_k \hat{z}_k + F_k \hat{x}_k \qquad (6\text{-}46)$$

将该式联合集群式零售供应链偏差系统表达式，并记 $B_k L_k = M_k$，有：

$$\begin{bmatrix} \hat{x}_{k+1} \\ \hat{z}_{k+1} \end{bmatrix} = \begin{bmatrix} A_k & M_k \\ F_k & H_k \end{bmatrix} \begin{bmatrix} \hat{x}_k \\ \hat{z}_k \end{bmatrix} + \begin{bmatrix} D_k & 0 \\ 0 & 0 \end{bmatrix} \begin{bmatrix} \omega_k \\ 0 \end{bmatrix} \qquad (6\text{-}47)$$

则采用自抗扰控制技术的集群式零售供应链偏差系统的稳定性判据为：

$$\rho\left(\begin{bmatrix} A_k & M_k \\ F_k & H_k \end{bmatrix}\right) \triangleq \rho(G) \leq 1 \qquad (6\text{-}48)$$

6.4.3 单链零售供应链自抗扰控制仿真实验

设零售供应链包括 3 个节点企业，分别为零售商、制造商和供应商[199-201]。不存在货物紧急补充系数，零售供应链偏差系统模型可以表示为：

$$\begin{aligned} \hat{x}_{11,k+1} &= \hat{x}_{11,k} + \hat{u}_{11,k} - \omega_{11,k} \\ \hat{x}_{12,k+1} &= \hat{x}_{12,k} - \hat{u}_{11,k} + \hat{u}_{12,k} \\ \hat{x}_{13,k+1} &= \hat{x}_{13,k} - \hat{u}_{12,k} + \hat{u}_{13,k} \end{aligned} \qquad (6\text{-}49)$$

用矩阵形式表示为：

$$\begin{bmatrix} \hat{x}_{11,k+1} \\ \hat{x}_{12,k+1} \\ \hat{x}_{13,k+1} \end{bmatrix} = \begin{bmatrix} 1 & 0 & 0 \\ 0 & 1 & 0 \\ 0 & 0 & 1 \end{bmatrix} \begin{bmatrix} \hat{x}_{11,k} \\ \hat{x}_{12,k} \\ \hat{x}_{13,k} \end{bmatrix} + \begin{bmatrix} 1 & 0 & 0 \\ -1 & 1 & 0 \\ 0 & -1 & 1 \end{bmatrix} \begin{bmatrix} \hat{u}_{11,k} \\ \hat{u}_{12,k} \\ \hat{u}_{13,k} \end{bmatrix} + \begin{bmatrix} -1 & 0 & 0 \\ 0 & 0 & 0 \\ 0 & 0 & 0 \end{bmatrix} \omega_{11,k} \qquad (6\text{-}50)$$

采用 3 个自抗扰控制分别对零售供应链的零售商、制造商和供应商进行控制，[202-204]再结合式(6-50)对零售供应链进行综合控制。

相关初始参数在 File----Modelproperties----Callbacks------InitFcn 中设置，原

程序如下：

```
clc
clear
global a1 a2 a3 d b1 b2 b3 b0 R r1 r2
global A A1 B D%零售供应链系统矩阵
global des%希望值输入信号
a1=0.1;%a₁, a₂, a₃
a2=0.2;
a3=0.5;
d=5;%δ
b1=1;%β₁, β₂, β₃
b2=1;
b3=1;
b0=1;%b0
R=1;%R
r1=1;%文1中γ₁, γ₂
r2=1;
des=zeros(1,3);%期望信号为各仓库库存变化量为0,仿真中可选择叠加噪声
A=diag(ones(1,3));% 零售供应链系统矩阵设置
B=[1,0,0;-1,1,0;0,-1,1];
D=diag([-1,0,0]);
X=[-100,100,150]';%库存偏差量初始值
```

$f_0(z_1, z_2, t)$ 设为 0，可根据实际情况设置。顾客不确定性需求设定为强度为 2 的白噪声信号。Simulink 运行设置如图 6.16 所示。

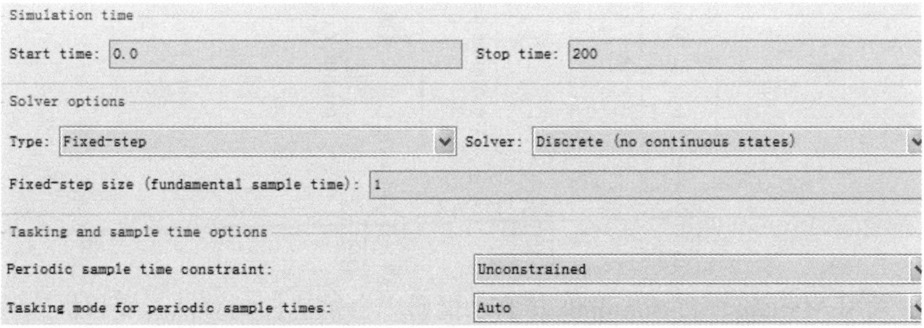

图 6.16　ADRC 自抗扰配置图

仿真实验框图如图 6.17 所示。

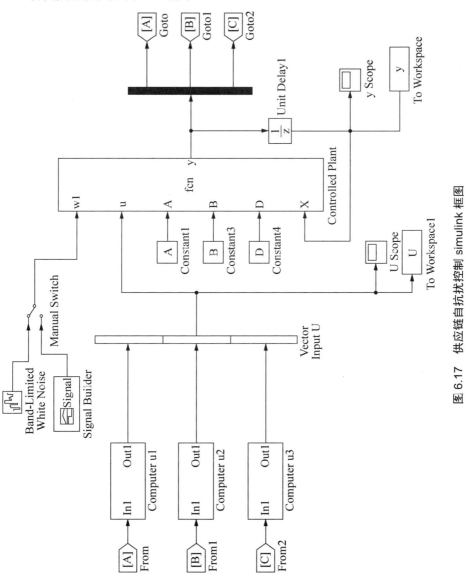

图 6.17 供应链自抗扰控制 simulink 框图

采用 Matlab 平台 simulink 仿真功能研究自抗扰控制算法对零售供应链运营状态的影响，[205]涉及自抗扰控制算法三部分核心内容的 11 个参数对零售供应链模型控制效果的影响效果。

1) TD 跟踪微分器

根据 $v_2(k+1) = -Rsign\left(v_1(k) - v(k) + \dfrac{|v_2(k)|v_2(k)}{2R}\right)$，当希望输入信号 $v(k)$ (即理想库存偏差量)含有噪声(不确定波动)时，可以调节 R 进行抑制。

在初始参数设置条件下，供应链中每一个组成企业节点库存偏差量控制结果和供应链各组成企业节点订货偏差量控制结果分别如图 6.18 和图 6.19 所示。其中绿色代表供应商，粉色代表制造商，黄色代表零售商。由仿真结果可见，采用自抗扰控制方法能够快速有效地将零售供应链各级库存变量、订货量变量达到设定的标称值。

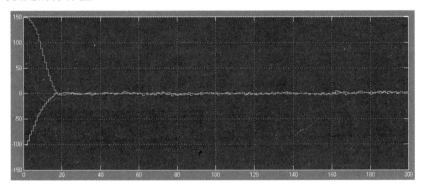

图 6.18　各节点库存偏差量控制结果图(初始参数设置)

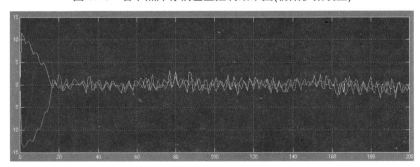

图 6.19　各节点订货偏差量结果图(初始参数设置)

通过观察图 6.18 实验结果，可以非常清楚地看到 3 种颜色的链条，即粉色链条、黄色链条和绿色链条在标称值 20 左右的位置都得到了收敛的效应，这也同时表示零售商、制造商、供应商库存量基本能够同时达到指定的标称值。

连锁零售 供应链风险辨识与智能控制

通过观察图 6.19 的实验结果，可以发现 3 种颜色的链条，也就是粉色链条、绿色链条、黄色链条在标称值 20 左右的位置都得到了收敛的效应，虽然在收敛前，3 种链条收敛变化颠簸，但是零售商、制造商、供应商订货量基本能够同时达到指定的标称值。初始库存量低于标称值的零售商在开始时采取订货措施，初始库存量高于标称值的制造商和供应商在开始时采取出货策略，与实际情况一致。

ADRC 子模块框图如图 6.20 所示。图 6.20 左上角模块可通过手工选择 v 为理想库存偏差量，还是均值为 0 的不确定需求。调节 $R=5$，各库存偏差结果及各订货偏差结果如图 6.21 和图 6.22 所示。由公式可见，增大 R 值，会使 v_2 增大，导致库存偏差跟踪量变大，致使决策的订货量波动变大，因为是单链系统，所以 3 个企业节点均受波及。

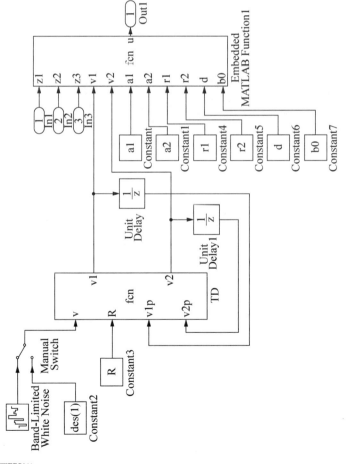

图 6.20 ADRC 子模块框图

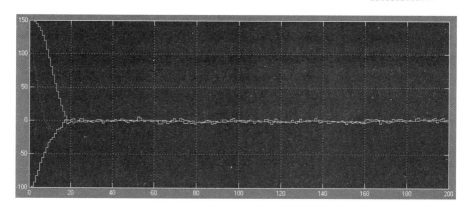

图 6.21　各库存偏差量控制结果图(增大 R)

通过观察图 6.21 实验结果可以发现，通过增大 R 的数值，粉色链条、绿色链条、以及黄色链条可以迅速在 20 数值处得到收敛，表示零售商、制造商、供应商库存量基本能够同时达到指定的标称值，并且较为平稳。

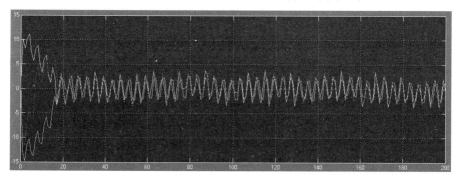

图 6.22　各节点订货偏差量结果图(增大 R)

通过观察图 6.22 实验结果可以发现，3 种颜色的链条，即红色链条、黄色链条绿色链条可以在标称值 20 以前得到收敛，表示零售商、制造商、供应商订货量基本能够同时达到指定的标称值。但是订货量波动较大。

2) ESO 扩张状态观测器

$$\begin{cases} z_1(k+1) = z_2(k) - \beta_1 g_1(z_1(k) - y(k)) \\ z_2(k+1) = z_3(k) - \beta_2 g_2(z_1(k) - y(k)) + b_0 u(k) \\ z_3(k+1) = -\beta_3 g_3(z_1(k) - y(k)) \end{cases}$$

式中，$g_i(z) = fal(z, a_i, \delta) = \begin{cases} |z|^{a_i} sign(z), & \text{当} |z| > \delta \\ \dfrac{z}{\delta^{1-a_i}}, & \text{其他} \end{cases}$，$\delta > 0, (i = 1, 2, 3)$。

改变 a_1, a_2, a_3，先保持 a_2, a_3 不变，增大 a_1 为 0.5，各库存偏差量控制结果以及各订货偏差量控制结果如图 6.23 和图 6.24 所示。

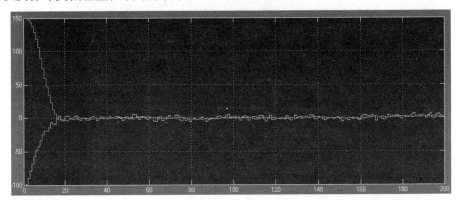

图 6.23　各库存偏差量控制结果图(增大 a_1)

通过观察图 6.23 实验结果可以发现，3 种颜色的链条即粉色链条、绿色链条和黄色链条在接近数值 20 的时候达到汇总，表示零售商、制造商、供应商库存量基本能够同时达到指定的标称值，并且较为平稳。

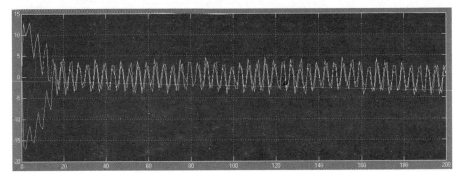

图 6.24　各节点订货偏差量结果图(增大 a_1)

通过增大 a_1 后的数值变化可以发现，3 种颜色的链条即粉色链、黄色链条和绿色链条在 16 左右的标称数值达到收敛，图 6.24 表示零售商、制造商、供应商订货量基本能够同时达到指定的标称值。但是订货波动较大。可见增大 a_1 与增大 R 的效果类似，订货偏差量波动增大。

其次保持 a_1, a_3 不变，增大 a_2 为 0.5，各库存偏差量控制结果及各订货偏差量控制结果如图 6.25 和 6.26 所示。

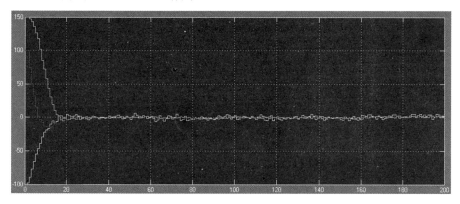

图 6.25　各库存偏差量控制结果图(增大 a_2)

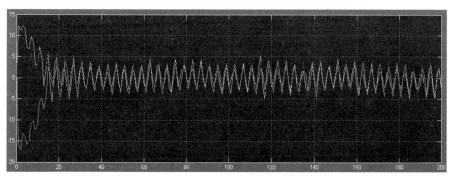

图 6.26　各节点订货偏差量结果图(增大 a_2)

通过调节 a_2 的数值，保持 a_1，a_2 不变，可以观察发现，3 种颜色的链条很快在标称值 18 左右的时候达到收敛的效果，同时在 3 种颜色链条收敛的过程中，库存波动幅度偏小，收敛状况较为平稳，图 6.25 表示零售商、制造商、供应商库存量基本能够同时达到指定的标称值，并且较为平稳。

通过调节数值 a_2 以后，3 种颜色链条仿真实验曲线在 20 数值处可以达到收敛的作用，但是从收敛过程中可以发现，3 种颜色链条波动的幅度却非常大，图 6.26 表示零售商、制造商、供应商订货量基本能够同时达到指定的标称值，但是订货量波动较大。可见增大 a_2 与增大 a_1 的效果类似,订货偏差量波动增大。

最后保持 a_1, a_2 不变,增大 a_3 为 0.8,各库存偏差量控制结果以及各订货偏差量结果如图 6.27 和图 6.28 所示。

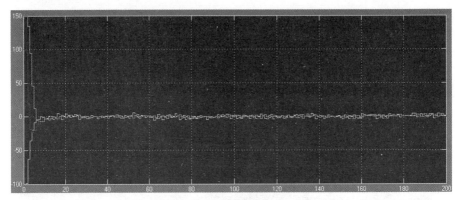

图 6.27　各库存偏差量控制结果图(增大 a_3)

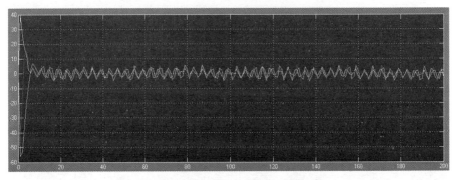

图 6.28　各节点订货偏差量结果图(增大 a_3)

通过调节可以发现,增大 a_3 后数值效果非常明显,3 种颜色的链条即快速又稳定达到收敛,图 6.27 表示零售商、制造商、供应商库存量基本能够同时达到指定的标称值,并且响应速度加快,库存量较为平稳。

通过研究 3 种颜色图形的变化可以发现,图 6.28 表示零售商、制造商、供应商订货量基本能够同时达到指定的标称值,响应速度加快。但订货量波动较大。可见增大 a_3 可以加快收敛速度,但是订货偏差在开始时候,幅值增加较大,会突然增大各级节点初始订货量。考虑到实际情况,不能为了追求快速响应速度,而无限量增大 a_3,要看供应链各节点的生产水平等因素。

增大 δ 为 20，各库存偏差量控制结果以及各订货偏差量结果如图 6.29 和图 6.30 所示。

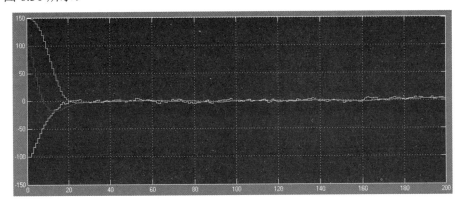

图 6.29　各库存偏差量控制结果图(增大 δ)

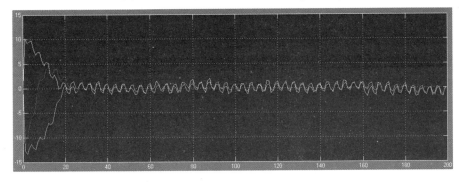

图 6.30　各节点订货偏差量结果图(增大 δ)

通过调节参数 δ，3 种颜色的供应链库存变化曲线可以快速平稳地达到收敛，图 6.29 表示零售商、制造商、供应商库存量基本能够同时达到指定的标称值，并且较为平稳。

增大 δ 时，各节点订货偏差量变化结果如图 6.30 所示。

通过调节调整参数 δ，粉色链条、绿色链条和黄色链条可以在标准值 20 处达到收敛，但是粉色链条以及绿色链条在收敛的时候波动是非常明显的，图 6.30 表示零售商、制造商、供应商订货量在标称值 20 左右的地方可以同步达到指定的数值，实现供应链平稳运营。可见增大 δ 可以有效地抑制各订货偏差量的波动。

减少 b_0 到 0.5,各库存偏差量控制结果如图 6.31 所示。

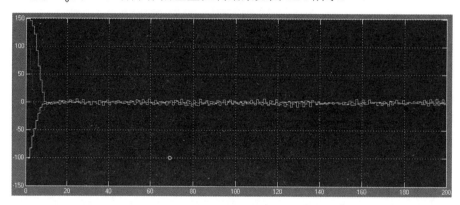

图 6.31　各库存偏差量控制结果图(减少 b_0)

利用调整参数 b_0,3 种颜色的链条可以迅速地达到稳定的状态,而且稳定的状态具有逐步渐进性,图 6.31 表示零售商、制造商、供应商库存量基本能够同时达到指定的标称值,并且响应速度加快,库存量较为平稳。

减少 b_0 时,各节点订货偏差量变化结果如图 6.32 所示。

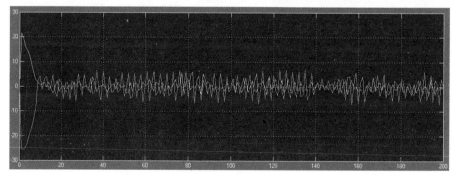

图 6.32　各节点订货偏差量结果图(减少 b_0)

通过观察图形可以发现,图 6.32 表示零售商、制造商、供应商订货量基本能够同时达到指定的标称值,但是波动较大,没有规律,影响订货。可见减少 b_0 可以加快收敛速度,但是订货偏差在开始增大幅值较大,会突然增大各级节点初始订货量。与增大 a_3 结果类似。

由上述仿真实验结果可知,改变 $a_1, a_2, a_3, \delta, b_0$ 可以调节各企业节点订货浮动与最终的库存量与理想设定值的偏差,需要协同决策。

3) NLSEF 非线性状态误差反馈控制律

$$u(k) = \gamma_1 g_1(e_P) + \gamma_2 g_2(e_D) - (z_3(k) + f_0(z_1,z_2,t))/b_0 \tag{6-51}$$

式中,$\begin{cases} z_1(k+1) = z_2(k) - \beta_1 g_1(z_1(k) - y(k)) \\ z_2(k+1) = z_3(k) - \beta_2 g_2(z_1(k) - y(k)) + b_0 u(k) \\ z_3(k+1) = -\beta_3 g_3(z_1(k) - y(k)) \end{cases}$

由上式可见,γ_1,γ_2 和 β_1,β_2,β_3 可以影响控制结果。

增大 β_1,β_2,β_3 到 3,各库存偏差量控制结果如图 6.33 所示。

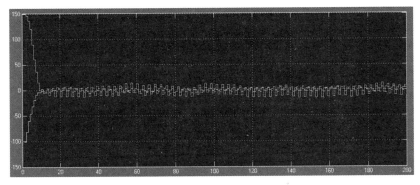

图 6.33　各库存偏差量控制结果图(增大 β_1,β_2,β_3)

经观察图形可以发现,3 种颜色的链条在 10 左右的数值可以达到稳定状态,图 6.33 表示零售商、制造商、供应商库存量基本能够同时达到指定的标称值,并且响应速度加快,库存量有一定波动,但是幅值不大。

增大 β_1,β_2,β_3 时,各节点订货偏差量变化结果如图 6.34 所示。

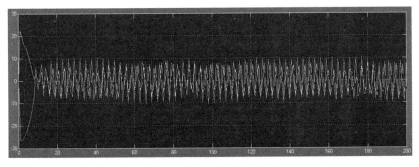

图 6.34　各节点订货偏差量结果图(增大 β_1,β_2,β_3)

研究线条的变化趋势可以发现，图 6.34 表示零售商、制造商、供应商订货量基本能够同时达到指定的标称值，但是波动较大，影响订货。可见增大 β_1，β_2，β_3 可以加快收敛速度，但是订货偏差量波动增大。

保持 γ_2 不变，增大 γ_1 到 3，各库存偏差量控制结果如图 6.35 所示。

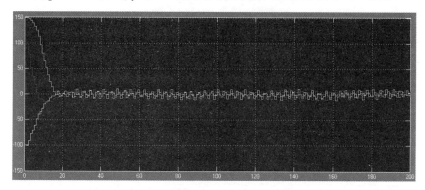

图 6.35　各库存偏差量控制结果图(增大 γ_1)

相比上次调节参数，这次调节参数后，可以发现图 6.35 表示零售商、制造商、供应商库存量基本能够同时达到指定的标称值，库存量有一定波动，但是幅值不大，收敛速度也非常稳定。

增大 γ_1 时，各节点订货偏差量变化结果如图 6.36 所示。

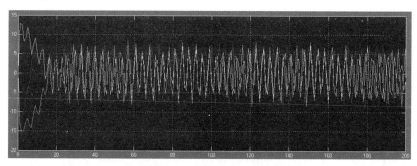

图 6.36　各节点订货偏差量结果图(增大 γ_1)

相比库存偏差，调节参数后，图 6.36 表示零售商、制造商、供应商订货量基本能够同时达到指定的标称值，但是波动较大，影响订货。可见增大 γ_1 会使订货偏差量波动增大。

保持 γ_1 不变，增大 γ_2 到 3，结果与上面类似，不再赘述。

11 个参数对单链零售供应链系统控制结果的影响如表 6.1 所示。

表 6.1 参数对单链系统控制结果的影响

参　数	参数设置对结果的影响
a_1	影响订货波动，与波动量呈正比
a_2	影响订货波动，与波动量呈正比
a_3	影响订货与库存量的收敛速度，与收敛速度呈正比，该值增大时会导致初始订货幅值突增
δ	影响订货波动，与波动量呈反比
b_0	影响订货与库存量的收敛速度，与收敛速度呈反比，该值减小时会导致初始订货幅值突增
β_1	影响订货与库存量的收敛速度，与收敛速度呈正比，该值增大时会增大订货波动量
β_2	影响订货与库存量的收敛速度，与收敛速度呈正比，该值增大时会增大订货波动量
β_3	影响订货与库存量的收敛速度，与收敛速度呈正比，但该值增大时会增大订货波动量
R	影响订货波动，与波动量呈正比
γ_1	影响订货波动，与波动量呈正比
γ_2	影响订货波动，与波动量呈正比

6.4.4 单链零售供应链稳定性和鲁棒性分析

1. 单链供应链系统稳定性分析

零售供应链偏差系统表达式为：

$$\begin{bmatrix} \hat{x}_{k+1} \\ \hat{z}_{k+1} \end{bmatrix} = \begin{bmatrix} A_k & M_k \\ F_k & H_k \end{bmatrix} \begin{bmatrix} \hat{x}_k \\ \hat{z}_k \end{bmatrix} + \begin{bmatrix} D_k & 0 \\ 0 & 0 \end{bmatrix} \begin{bmatrix} \omega_k \\ 0 \end{bmatrix}$$

式中，$B_k L_k = M_k$

$$\begin{bmatrix} \hat{x}_{11,k+1} \\ \hat{x}_{12,k+1} \\ \hat{x}_{13,k+1} \end{bmatrix} = \begin{bmatrix} 1 & 0 & 0 \\ 0 & 1 & 0 \\ 0 & 0 & 1 \end{bmatrix} \begin{bmatrix} \hat{x}_{11,k} \\ \hat{x}_{12,k} \\ \hat{x}_{13,k} \end{bmatrix} + \begin{bmatrix} 1 & 0 & 0 \\ -1 & 1 & 0 \\ 0 & -1 & 1 \end{bmatrix} \begin{bmatrix} \hat{u}_{11,k} \\ \hat{u}_{12,k} \\ \hat{u}_{13,k} \end{bmatrix} + \begin{bmatrix} -1 & 0 & 0 \\ 0 & 0 & 0 \\ 0 & 0 & 0 \end{bmatrix} \omega_{11,k}$$

$$A_k = \begin{bmatrix} 1 & 0 & 0 \\ 0 & 1 & 0 \\ 0 & 0 & 1 \end{bmatrix}$$

$$M_k = \begin{bmatrix} 1 & 0 & 0 \\ -1 & 1 & 0 \\ 0 & -1 & 1 \end{bmatrix} \begin{bmatrix} -0.235 & -0.276 & -1 \\ -0.235 & -0.276 & -1 \\ -0.235 & -0.276 & -1 \end{bmatrix} = \begin{bmatrix} -0.235 & -0.276 & -1 \\ 0 & 0 & 0 \\ 0 & 0 & 0 \end{bmatrix}$$

$$F_k = \begin{bmatrix} 0.235 & 0.235 & 0.235 \\ 0.276 & 0.276 & 0.276 \\ 0.447 & 0.447 & 0.447 \end{bmatrix}$$

$$H_k = \begin{bmatrix} -0.235 & 1 & 0 \\ -0.511 & -0.276 & 0 \\ -0.447 & 0 & 0 \end{bmatrix}$$

则

$$G = \begin{bmatrix} 1 & 0 & 0 & -0.235 & -0.276 & -1 \\ 0 & 1 & 0 & 0 & 0 & 0 \\ 0 & 0 & 1 & 0 & 0 & 0 \\ 0.235 & 0.235 & 0.235 & -0.235 & 1 & 0 \\ 0.276 & 0.276 & 0.276 & -0.511 & -0.276 & 0 \\ 0.447 & 0.447 & 0.447 & -0.447 & 0 & 0 \end{bmatrix}$$

G 的 6 个特征值分别为：

$-0.1011+0.7752i$；$-0.1011-0.7752i$；$0.3456+0.2290i$；$0.3456-0.2290i$；1.0000；1.0000。幅值均不大于 1，根据控制理论可知该供应链系统稳定。

2. 单链供应链系统鲁棒性分析

假设当 $k=5\sim9$ 时刻出现客户需求量阶跃突增，切换如下开关，将 $\xi_{11,k}$ 设置为图 6.37 中的阶跃信号(为了便于分析，不含不确定波动)。

图 6.37 表示开始一段时间($k=0\sim5$)，客户的需求稳定，没有不确定波动，在 $k=5\sim9$ 时刻，客户的不定需求陡增。此时各库存偏差量控制结果以及各订货偏差量结果如图 6.38 和图 6.39 所示。

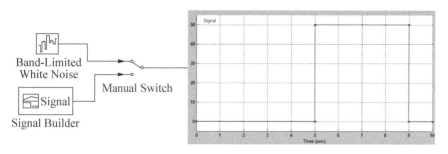

图 6.37　鲁棒分析 1 中阶跃信号设置图

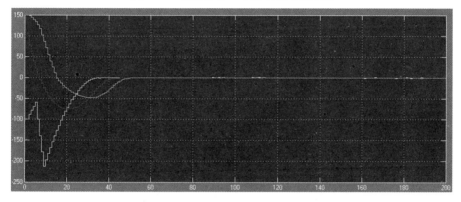

图 6.38　各库存偏差量控制结果图(鲁棒分析 1)

图 6.38 实验结果表示由于客户的需求陡增，导致零售商库存迅速出货，并且使制造商和供应商后续库存低于标称值。但是自抗扰控制策略很快使库存量达到标称值。

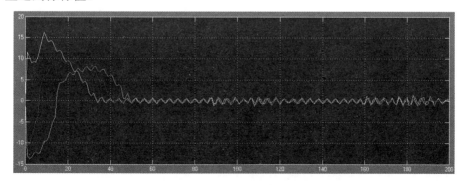

图 6.39　各节点订货偏差量结果图(鲁棒分析 1)

分析图 6.39 的仿真实验结果，绿色链条、红色链条代表供应商、制造商，黄色链条代表零售商，可以发现由于零售商迅速出货，导致订货量同时增加，制造商和供应商订货量也随之增加，可见当出现客户需求量阶跃突增情况时，零售商库存以及订货量首当其冲地发生波动，但是随着订货量的自抗扰控制，这种波动未延续到上游节点，只是在零售商节点处得到了很好的"缓冲"。尽管库存与订货收敛速度略微减缓，但是自抗扰控制能够迅速适应客户需求的突增。

考验自抗扰控制算法对于模型参数不确定的适应能力。

(1) 将系统矩阵 A 进行如下改变，模拟零售商随机向其他供应链供货或调货：

$$\begin{bmatrix} 1 & 0 & 0 \\ 0 & 1 & 0 \\ 0 & 0 & 1 \end{bmatrix} \Rightarrow \begin{bmatrix} 1-\sin(\omega_{11,k}) & 0 & 0 \\ 0 & 1 & 0 \\ 0 & 0 & 1 \end{bmatrix} \quad (6\text{-}52)$$

即：$\hat{x}_{11,k+1} = (1-\sin(\omega_{11,k}))\hat{x}_{11,k} + \hat{u}_{11,k} - \omega_{11,k}$，零售商的库存在各时刻均会随机地向外部供货或调货，$\sin(\omega_{11,k})$ 表示随机因子，可以采用其他随机因子代替。

各库存偏差量控制结果以及各订货偏差量结果如图 6.40 和图 6.41 所示。

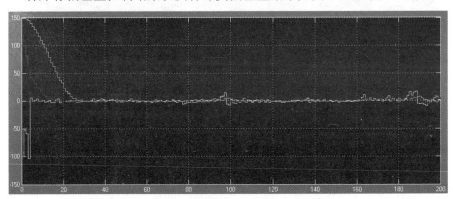

图 6.40　各库存偏差量控制结果图(鲁棒分析 2(1))

经过研究可以发现图 6.40 中的绿色链条以及粉色链条发生变化，黄色链条很快完成平稳收敛，又因为其中绿色代表供应商，粉色代表制造商，黄色代表零售商，表示由于零售商的随机进货，在开始时刻库存会有较大的起伏，但是自抗扰订货控制量能够很快地调整库存，对制造商、供应商库存量基本没有影响。

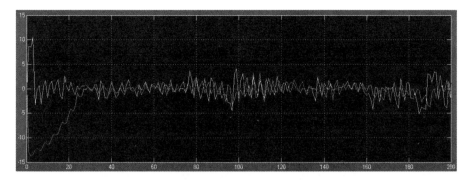

图 6.41　各节点订货偏差量结果图(鲁棒分析 2(1))

图 6.41 表示由于开始零售商库存出现突变，订货也随之响应，由于进出货的随机性，导致零售商、制造商、供应商的订货量存在一定的起伏。

由上可见，零售商向其他供应链供货或调货，会给零售商节点库存和订货带来一些波动，但是自抗扰控制策略能够很快地进行调节，并且使系统稳定。

(2) 将系统控制矩阵 B 做如下改变，模拟制造商在接收零售商订货信息上存在不确定性波动。

$$\begin{bmatrix} 1 & 0 & 0 \\ -1 & 1 & 0 \\ 0 & -1 & 1 \end{bmatrix} \Rightarrow \begin{bmatrix} 1 & 0 & 0 \\ -5*\sin(\xi_{11,k}) & 1 & 0 \\ 0 & -1 & 1 \end{bmatrix} \quad (6-53)$$

即 $\hat{x}_{12,k+1} = \hat{x}_{12,k} - 5\sin(\xi_{11,k})\hat{u}_{11,k} + \hat{u}_{12,k}$，以 $5\sin(\xi_{11,k})$ 作为不确定系数，表示制造商在接收零售商订货信息上存在的差异。

各库存偏差量控制结果以及各订货偏差量结果如图 6.42 和图 6.43 所示。

由图 6.42 发现，由于制造商在接收零售商订货信息上存在不确定性，导致制造商在开始时刻库存有较大起伏，但是自抗扰控制订货量能够很快地调整库存，对零售商、供应商库存量基本没有影响。

通过对图 6.43 研究可以发现，由于开始制造商库存出现突变，订货也随之响应，由于订货信息的不确定性导致零售商、制造商、供应商的订货量存在一定的起伏。

由上述内容可知，制造商在接受零售商订货信息上存在偏差，会导致制造商库存量以及订货量产生一些波动，但是自抗扰控制策略能够使供应链系统快速、有效地适应需要变化，制造商库存量以及订货量产生的波动很快收敛，对上下游的零售商及供应商的库存量以及订货量基本没有影响。

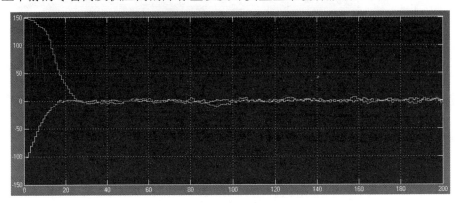

图 6.42　各库存偏差量控制结果图(鲁棒分析 2(2))

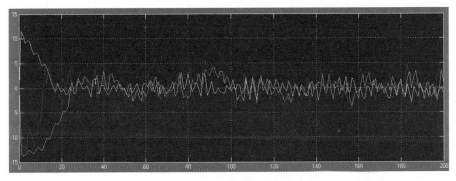

图 6.43　各节点订货偏差量结果图(鲁棒分析 2(2))

6.4.5　双链零售供应链自抗扰控制仿真实验

设集群式零售供应链系统包括两条零售供应链，4个节点分别为零售商、批发商、制造商和供应商。[206-209]相关初始参数在 File----Modelproperties----Callbacks------InitFcn 中设置，原程序如下：

```
clc
clear
global a1 a2 a3 d b1 b2 b3 b0 R r1 r2
global A A1 B D%集群式双链系统矩阵
```

```
global des%希望值输入信号
a1=0.1;%文1中a_1,a_2,a_3
a2=0.1;
a3=0.1;
d=10;%文1中δ
b1=1;%文1中β_1,β_2,β_3
b2=1;
b3=1;
b0=1;%文1中b0
R=0.5;%文1中R
r1=1;%文1中γ_1,γ_2
r2=1;
des=zers(1,8);
m(1:2)=[4,4];
A(1:n,1:n)=diag(ones(1,n));%,A为供应链间无合作情形
A1(1:n,1:n)=diag(ones(1,n));
A1(1,5)=0.8;A1(5,5)=0.2;
B(1:n,1:n)=diag(ones(1,n));
D(1:n,1:n)=diag([-1,zeros(1,n-1)]);
for i=2:n,
B(i,i-1)=-1;
end
for i=1:length(m)-1;
B(sum(m(1:i))+1,sum(m(1:i)))=0;
D(sum(m(1:i))+1,sum(m(1:i))+1)=-1;
end
X(1:n)=[-20,20,30,30,80,20,10,20]';%库存偏差量初始值
```

$f_0(z_1,z_2,t)$ 设为 0，可以根据实际情况进行设置。仿真总框图如图 6.44 所示。每个控制量 u 独立进行计算，如图 6.45 所示。

其中，子系统 Subsystem 为 TD 跟踪微分器求取，展开如图 6.46 所示。

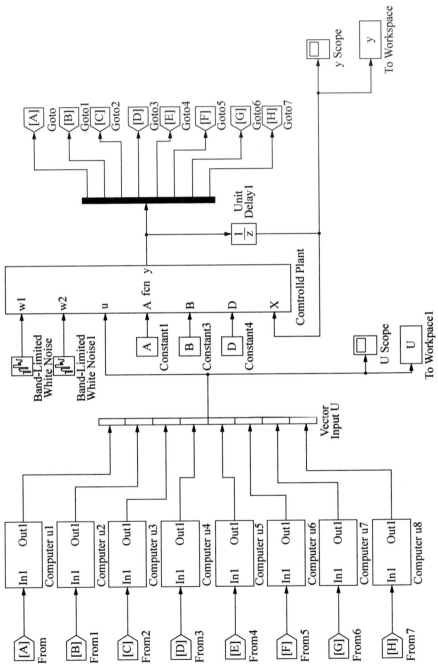

图 6.44 双链四节点供应链系统仿真总框图

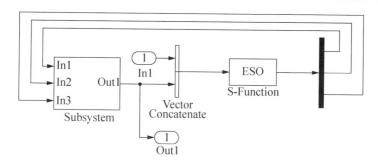

图 6.45 单个订货偏差控制量计算框图

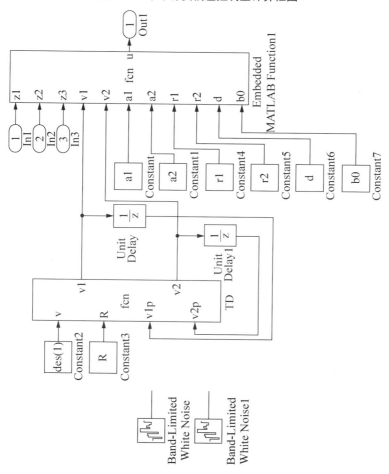

图 6.46 TD 跟踪微分器计算框图

8 路订货量计算分布式运行，并且输入到被控对象中，产生输出信号 y(即各库存偏差量)。假设客户不确定需求为白噪声信号(信号强度为 1，可以根据实际情况进行调整)。

Simulink 运行设置如图 6.47 所示。

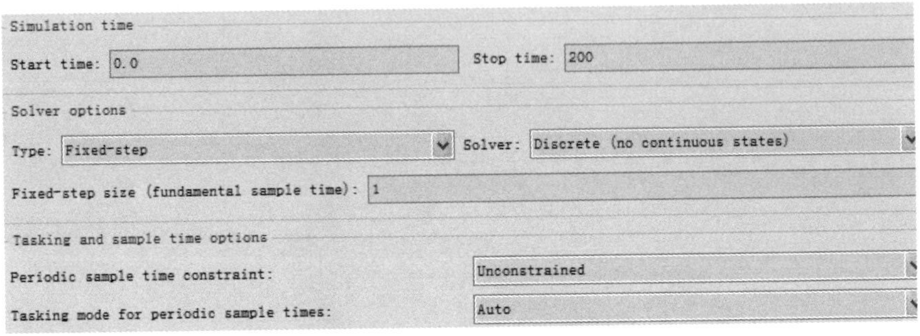

Simulation time
Start time: 0.0
Stop time: 200
Solver options
Type: Fixed-step
Solver: Discrete (no continuous states)
Fixed-step size (fundamental sample time): 1
Tasking and sample time options
Periodic sample time constraint:
Unconstrained
Tasking mode for periodic sample times:
Auto

图 6.47　Simulink 运行设置

根据上文设置初始参数，供应链间没有相互补充货物情形下各库存偏差量以及各订货偏差量控制效果图如图 6.48 和图 6.49 所示。

仿真图中供应链彩色链条说明：黄色[-20]代表第一条供应链零售商，粉色[20 陡]代表第一条供应链批发商，浅绿色[30]代表第一条供应链制造商，红色[30]代表第一条供应链供应商，绿色[80]代表第二条供应链零售商，蓝色[20]代表第二条供应链批发商，黄色[10]代表第二条供应链制造商，粉色[20 不陡]代表第二条供应链供应商。

80
60
40
20
0
-20
-40
0
20
40
60
80
100
120
140
160
180
200

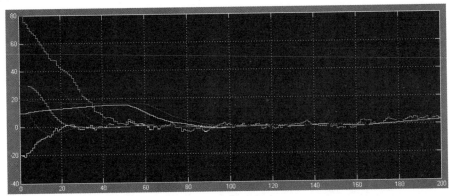

图 6.48　各库存偏差量控制结果图(双链无合作初始参数设置)

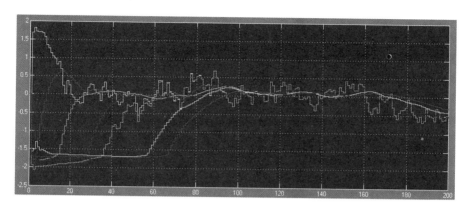

图 6.49　各节点订货偏差量结果图(双链无合作初始参数设置)

由图 6.48 和图 6.49 可见,对于人工设置的初始参数,第一条供应链各节点的库存收敛情况快于第二条供应链,同样,第一条供应链各节点的订货收敛情况快于第二条供应链。对于同一条供应链,零售商及批发商的收敛速度快于制造商和供应商。

在供应链之间相互补充货物环境下,各仓库存储偏差量以及每个供应链成员企业的订货偏差量控制结果如图 6.50 和图 6.51 所示。

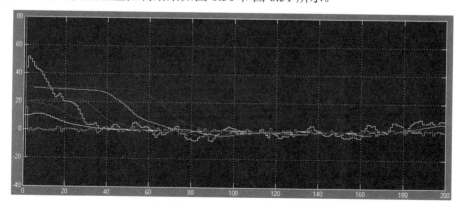

图 6.50　各库存偏差量控制结果图(双链有合作初始参数设置)

由图 6.50 研究可以发现,源于供应链之间的仓储库存合作,两条供应链的零售商的仓库存储状况在最初的时刻变动幅值较大;主要因为零售商 2 给零售商 1 紧急补充货物,致使第一条供应链的批发商、制造商、供应商仓库存储的收敛速度放慢，反而第二条供应链的批发商、制造商、供应商库存的收敛明显加快。

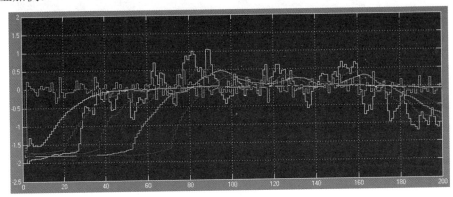

图 6.51　各节点订货偏差量结果图(双链有合作初始参数设置)

由图 6.51 可见，各节点订货情况与库存情况变化类似。

由上述内容可见，相比无合作情景，有合作情景下两条供应链零售商的库存在订货控制初始时刻有一定的波动，但是对其他节点的库存量和订货量影响不大。

下面以供应链间无合作情景为例，探讨自抗扰部分参数的影响。

(1) 增大 a_1, a_2, a_3，均设为 0.3，各库存偏差量以及各订货偏差量控制结果如图 6.52 和图 6.53 所示。

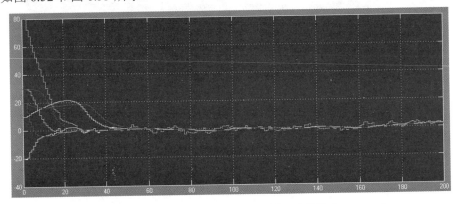

图 6.52　各库存偏差量控制结果图(双链无合作增大 a_1, a_2, a_3)

将图 6.52 与图 6.48 对照比较可见，各节点库存收敛速度加快，不影响其他特性。

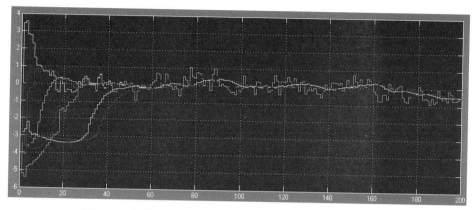

图 6.53　各节点订货偏差量结果图(双链无合作增大 a_1,a_2,a_3)

将图 6.53 与图 6.49 对照比较可见，各节点订货收敛速度加快，但是会增大初始订货量的幅值。

由上述内容可知，加大 a_1,a_2,a_3 值，会加快库存偏差量以及订货偏差量的收敛速度，但是会增大初始订货量的幅值。

(2) 加大 b_0，设为 2(当然可以取更大的值，此值为了对比分析使用)，各库存偏差量以及各订货偏差量控制结果如图 6.54 和图 6.55 所示。

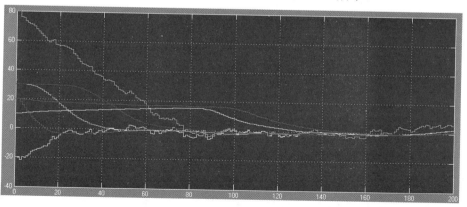

图 6.54　各库存偏差量控制结果图(双链无合作增大 b_0)

将图 6.54 与图 6.48 对照比较可见，各节点库存收敛速度变慢，但是不影响其他特性。

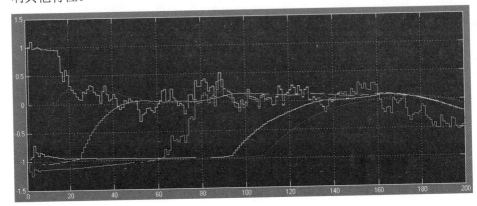

图 6.55　各节点订货偏差量结果图(双链无合作增大 b_0)

将图 6.55 与图 6.49 对照比较可见，加大 b_0 的值，会减缓订货偏差量的收敛速度。

(3) 增大 β_1，β_2，β_3，设为 2，各库存偏差量以及各订货偏差量控制结果如图 6.56 和图 6.57 所示。

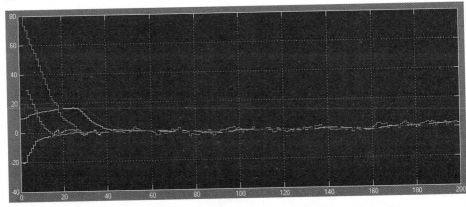

图 6.56　各库存偏差量控制结果图(双链无合作增大 β_1，β_2，β_3)

将图 6.56 与图 6.48 对照比较可见，各节点库存偏差量收敛速度加快，但是不影响其他特性。

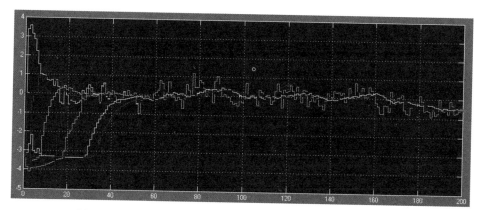

图 6.57 各节点订货偏差量结果图(双链无合作增大 β_1, β_2, β_3)

将图 6.57 与图 6.49 对照比较可见，各节点订货偏差量收敛速度加快，初始订货波动幅值加大。

加大 β_1, β_2, β_3，会加快库存偏差以及订货偏差量的收敛速度，但是会增大初始订货量的幅值。

(4) 增大 δ，设为 20，各库存偏差量以及各订货偏差量控制结果如图 6.58 与图 6.59 所示。

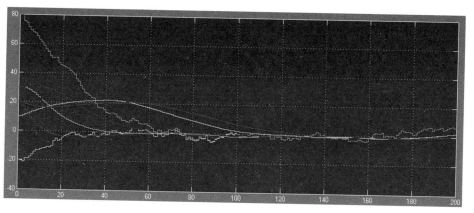

图 6.58 各库存偏差量控制结果图(双链无合作增大 δ)

将图 6.58 与图 6.48 对照比较可见，各节点库存收敛速度变慢，但是不影响其他特性。

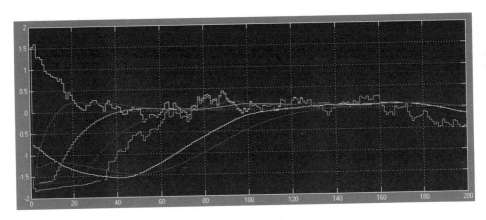

图 6.59　各节点订货偏差量结果图(双链无合作增大 δ)

将图 6.59 与图 6.49 对照比较可见，各节点订货偏差量收敛速度变慢，但是不影响其他特性。

由上述内容可知，加大 δ ，会减缓库存偏差量以及订货偏差量的收敛速度。

(5) 减少 γ_1，γ_2，设为 0.1，各库存偏差量以及各订货偏差量控制结果如图 6.60 与图 6.61 所示。

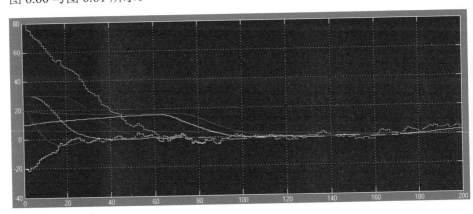

图 6.60　各库存偏差量控制结果图(双链无合作减少 γ_1，γ_2)

将图 6.60 与图 6.48 对照比较可见，各节点库存收敛速度变慢，但是不影响其他特性。

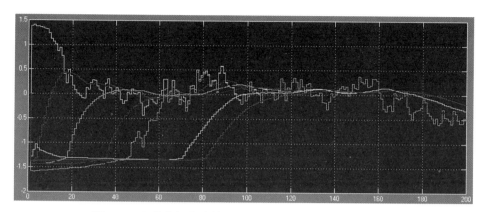

图 6.61 各节点订货偏差量结果图(双链无合作减少 γ_1, γ_2)

将图 6.61 与图 6.49 对照比较可见，各节点订货偏差量收敛速度变慢，但是不影响其他特性。

由上述内容可知，减少 γ_1, γ_2，会减缓库存偏差量以及订货偏差量的收敛速度。

6.4.6 集群式零售供应链自抗扰控制参数研究

10 个参数(未考虑参数 R)对双链零售供应链系统控制结果的影响如表 6.2 所示。

表 6.2 参数调节结果

参　数	参数设置对控制结果的影响
$a_1, a_2, a_3, \beta_1, \beta_2, \beta_3$	影响订货量与库存量收敛速度，与收敛速度、初始订货量呈正比
b_0, δ	影响订货量与库存量收敛速度，与收敛速度呈反比
γ_1, γ_2	影响订货量与库存量收敛速度，与收敛速度呈正比

根据上述两种控制方法的仿真结果可见，$H\infty$ 控制依赖于供应链模型的建立，并且在求解过程中需判断是否满足矩阵不等式约束条件，计算过程较为复杂；而自抗扰控制不受建模质量影响，鲁棒性好，计算复杂度较低，[210-212]适用于集群式零售供应链系统的控制。

6.4.7 粒子群优化算法整定自抗扰参数

1. 粒子群算法定义

粒子群优化算法(Particle Swarm optimization，PSO)是通过模拟鸟群觅食行为而扩展研究起来的一种基于群体之间相互协作的随机搜索算法。通常认为它是群集智能的一种。粒子群优化算法是由 Eberhart 博士和 kennedy 博士发明的。

自抗扰控制策略中涉及诸多参数，利用粒子群优化算法(PSO)整定自抗扰控制算法中的参数可以达到优化控制质量的目的。本节基于 PSO 优化算法对 ADRC 的主要参数进行优化处理。首先采用改进型 PSO 在全局搜索范围内搜索最优解，取得参数的近似最优解。致使自抗扰控制器参数都可以找到最优解。使得没有标准的调整规范、难以统一规定参数整定这一问题得到解决。有效地减小集群式零售供应链系统总成本、库存、订货的偏差波动，提高信息技术环境下集群式零售供应链系统的稳定性。

2. 粒子群优化算法的流程

Step1：初始化相关参数。

Step2：将每个粒子的位置向量依次作为 ADRC 的控制器参数，对系统进行仿真实验，然后计算每个粒子的适应度函数值。

Step3：将每个粒子的适应度值与 P_i 进行比较，并更新 P_i 和 P_g 值。

Step4：对每个粒子的位置和速度进行更新：

$$\begin{cases} v_{id}(t+1) = w \cdot v_{id}(t) + c_1 \cdot rand()[P_{id}(t) - x_{id}(t)] + c_2 \cdot rand()[P_{gd}(t) - x_{gd}(t)] \\ x_{id}(t+1) = x_{id}(t) + v_{id}(t+1) \end{cases}$$

(6-54)

若 $v_{id}(t+1) \geq v_{max}$，则 $v_{id}(t+1) = v_{max}$；
若 $v_{id}(t+1) \leq v_{min}$，则 $v_{id}(t+1) = v_{min}$。
若 $x_{id}(t+1) \geq x_{max}$，则 $x_{id}(t+1) = x_{max}$；
若 $x_{id}(t+1) \leq x_{min}$，则 $x_{id}(t+1) = x_{min}$。

Step5：迭代次数是否达到最大设定值，未达到，则返回 Step2；若达到，则优化结束，输出最终的 P_g，即控制器的优化参数。

PSO 算法流程图如图 6.62 所示。

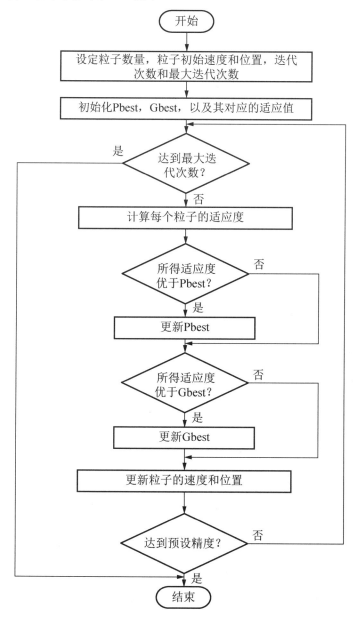

图 6.62 PSO 算法流程图

为了使集群式零售供应链系统能够更好地抑制牛鞭效应,库存量、订货量能够快速、稳定、准确地响应,避免库存量以及订货量突增造成的成本浪费,设计如下适应度函数:

各节点库存偏差估计量与期望值之差(e_p, e_d)的绝对值之和最小(J_e);

各节点订货控制偏差量(u)的绝对值之和最小(J_u);

各节点库存偏差量(y)的超调绝对值之和最小(J_y);

各节点库存偏差量的上升时间(即达到稳态的响应时间)函数之和最小(J_t)。(当在指定仿真周期内没有达到上升时间时,J_t为一较大的惩罚函数值10000;当时间达到上升时间时,J_t取值为库存偏差量。)

因此,得到的适应度函数为:

$$J = \sum \eta_1 J_e + \eta_2 J_u + \eta_3 J_y + \eta_4 J_t \qquad (6-55)$$

式中,$\eta_1, \eta_2, \eta_3, \eta_4$为决策者选取的权值,应该根据实际情况进行选取。例如:如果允许订货弹性波动量大(能够承受较大的订货波动)可以适当减小η_2。

使用 PSO 工具箱,设置好待调节参数的范围和最大速度,即可运行粒子群优化算法,得到最优的参数集合。

本章 PSO 采用如下参数设置 PSOParam = [10 150 30 2 2 0.9 0.4 100 1e-25 50 NaN 0 0]。

迭代第 1 步:为了更好地优化算法,选择合适的迭代数,在 matlab 平台设置数据的间隔数量,若取值为 15,表示每迭代 15 次,间歇停止显示一次;

为在 matlab 界面显示数据的间隔数,取值为 10,表示每迭代 10 次,显示一次;

迭代第 2 步:表示最大迭代次数,即使算法不收敛,到此数后自动停止;

迭代第 3 步:设置种子数,即初始化多少个种子;

迭代第 4,第 5 步:加速算法中的参数,局部最优值和全局最优值被分别影响,一般均取 2;

迭代第 6,第 7 步:设置初始时刻和收敛时刻的加权值,即 w_{max} 和 w_{min};

迭代第 8 步:指定的迭代次数超过此值时,加权值取其最小 w_{min};

迭代第 9 步:设置终止算法的阈值。当连续的两次迭代中对应的种群最优值小于此阈值时,算法停止;

迭代第 10 步：设置终止算法的梯度值。当连续 50 次迭代中函数的梯度仍然没有变化，则退出迭代；

迭代第 11 步：解释优化的情况，取 NaN 时展示为非约束下的优化问题(即没有附加约束方程)；

迭代第 12 步，选择采用何种 PSO 类型，0 表示通常的 PSO 算法；

迭代第 13 步，根据准则判断是否指定种子，0 表示随机产生种子。

3. PSO 参数调节以及仿真研究

自抗扰控制算法的 11 个参数如表 6.3 所示。

表6.3 自抗扰控制算法的 11 个参数

参数	程序中对应字母	参数范围设置	参数速度范围设置
a_1	a1	[0.05 0.95]	参数范围的 0.1 倍
a_2	a2	[0.05 0.95]	参数范围的 0.1 倍
a_3	a3	[0.05 0.95]	参数范围的 0.1 倍
δ	d	[0.5 40]	参数范围的 0.1 倍
b_0	b0	[0.1 10]	参数范围的 0.1 倍
β_1	b1	[0.1 10]	参数范围的 0.1 倍
β_2	b2	[0.1 10]	参数范围的 0.1 倍
β_3	b3	[0.1 10]	参数范围的 0.1 倍
R	R	[0.1 20]	参数范围的 0.1 倍
γ_1	r1	[0.5 20]	参数范围的 0.1 倍
γ_2	r2	[0.5 20]	参数范围的 0.1 倍

待定参数变化范围应有决策者统筹精心选取。参数的每步迭代最大允许值，即 Max_V，一般取变化范围的 10%～20%，数值数字越小，收敛的分辨率随之越高，即不容易跳过最优值，但是收敛慢；越大，收敛速度快，但是可能跳出全局最优值。

以单链零售供应链仿真为例，PSO 仿真界面图如图 6.63 所示。

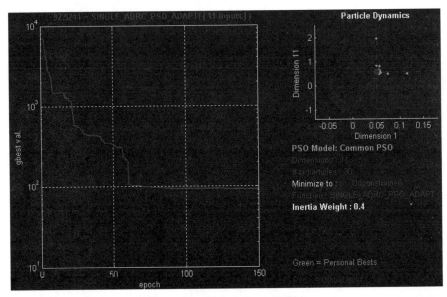

图 6.63　单链供应链 PSO 仿真图

由上图可知，经过 150 次迭代计算，11 个参数整定已经收敛(见图 6.63 右上方红色点)，最终的适应度函数值为 92.5214。

单链零售供应链 PSO 最终参数整定结果如下：

```
---------------Current Iteration End!------------------
PSO: 150/150 iterations, GBest =   92.521364690788843.
---------------Final Results of parameter optimization---------
  a1=0.050000;
  a2=0.140609;
  a3=0.650214;
  d=36.033212;
  b0=3.650316;
  b1=3.088915;
  b2=1.919556;
  b3=9.032789;
  R=0.100279;
  r1=2.694586;
  r2=0.580910;
Saved all data to file 20121129T214118
```

将上述结果作为参数设置，进行零售供应链系统仿真，各库存偏差量以及各订货偏差量控制结果如图6.64和图6.65所示。

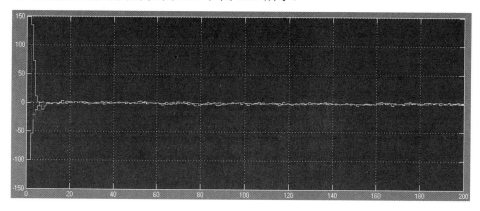

图6.64　单链供应链各节点库存偏差量控制结果图(PSO参数整定后的设置)

将图6.64与图6.18对比可见，各节点库存收敛速度大大加快，减少了费用。

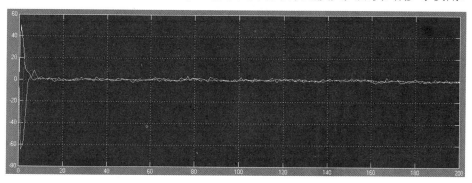

图6.65　单链供应链各节点订货偏差量结果图(PSO参数整定后的设置)

将图6.65与图6.19对比可见，各节点订货偏差量收敛速度大大加快，节约了成本。

与图6.18、图6.19相比(参数为人为选取)，经过PSO参数整定的自抗扰控制算法对零售供应链牛鞭效应具有更快速有效的抑制效果。

对于双链零售供应链系统(有链间合作)，PSO仿真界面图如图6.66所示，可见经过150次迭代计算，参数整定已经收敛。最终参数整定结果如下：

```
---------------Current Iteration End!-----------------
PSO: 150/150 iterations, GBest =   185.06080538011599.
-----------------Final Results of parameter optimization--------
    a1=0.121981;
    a2=0.111977;
    a3=0.880713;
    d=39.381286;
    b0=4.224873;
    b1=0.498694;
    b2=0.253552;
    b3=4.993639;
    R=7.117048;
    r1=4.467026;
    r2=3.154492;
```

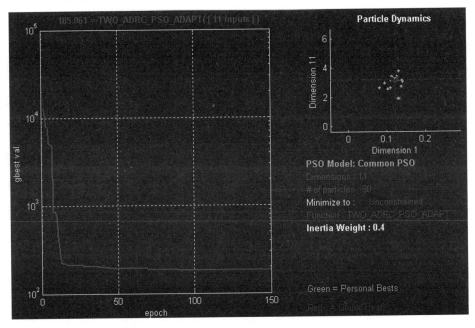

图 6.66　双链零售供应链(有链间合作)PSO 仿真图

由图 6.66 可知，经过 150 次迭代计算，11 个参数整定已经收敛(见图 6.66 右上方红色点)，最终的适应度函数值为 185.061。

由仿真结果(图 6.67 和图 6.68)同样可以看出经过 PSO 参数整定的自抗扰算法对集群式零售供应链牛鞭效应具有更快速有效的抑制效果。

双链零售供应链(有链间合作)各节点库存偏差量控制结果如图 6.67 所示。

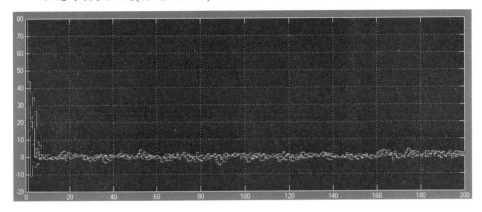

图 6.67 双链供应链(有链间合作)各节点库存偏差量控制结果图

将图 6.67 与图 6.48 对比可见，各节点库存偏差量收敛速度大大加快，并且两条零售供应链各节点库存偏差量收敛不存在滞后，大大减少了费用。

双链零售供应链(有链间合作)各节点订货偏差量结果图(PSO 参数整定后的设置)如图 6.68 所示。

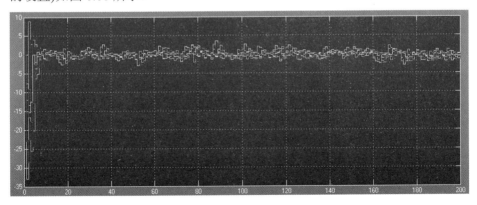

图 6.68 双链供应链(有链间合作)各节点订货偏差量结果图(PSO 参数整定后的设置)

将图 6.68 与图 6.49 对比可见，各节点订货偏差量收敛速度大大加快，并且两条零售供应链各节点订货偏差量收敛不存在滞后，大大节约了成本。

6.5 本章小结

本章以抑制集群式零售供应链牛鞭效应为出发点，将牛鞭效应的严重程度作为判断供应链系统是否稳定的条件。通过数据建模仿真的方式，探讨了 $H\infty$ 控制与自抗扰控制两种控制策略对牛鞭效应的抑制效果。

在需求条件最差的情况下，采用 $H\infty$ 控制方法能够寻求最优订货序列使得集群式零售供应链各节点库存偏差量和订货偏差量在较大需求扰动时很快趋于稳定，抑制了牛鞭效应。

将自抗扰控制方法引入集群式零售供应链的控制系统中，利用自抗扰控制的扩张状态观测器对信息环境时滞、柔性制造时滞、零售供应链运作时滞及外部需求不确定性进行估计，动态补偿被控对象(集群式零售供应链和控制网络)模型的内扰、外扰和关联时滞的影响。最终获得时滞、不确定性存在时的订货控制量，解决了传统 PID 快速性和超调的矛盾。分析基于分布式 PSO-ADRC 控制的集群式零售供应链系统的稳定性问题，在协同决策管理模式下，使集群式零售供应链运作总成本波动最小化。

通过 PSO 算法优化 ADRC 控制算法中涉及的 11 个参数，找到了 11 个参数的最优值。解决了手动调整参数时，参数繁多、没有统一的标准、无法按照统一格式进行调整这个传统的问题。有效地减小了集群式零售供应链系统的总成本、库存、订货的偏差波动，提高了信息技术环境下集群式零售供应链系统的稳定性。

供应链决策者可以根据市场情况指定相应参数的变化范围以及库存、订货期望值，通过 PSO-ADRC 控制策略决定最优订货量，并且抑制牛鞭效应，从而节约成本。由仿真实验结果可知，两种控制策略均能够有效地抑制牛鞭效应，但是 $H\infty$ 控制依赖于供应链模型的建立，并且在求解过程中需要判断是否满足矩阵不等式约束条件，计算过程较为复杂。而自抗扰控制不受建模影响，鲁棒性好，计算复杂度较低，本章基于 PSO 优化算法对 ADRC 的主要参数进行优化处理。首先采用改进型 PSO 在全局搜索范围内搜索最优解，致使自抗扰控制器参数都可以找到最优解，解决了没有标准的调整规范、难以统一规定参数整定这个问题。根据 PSO 参数整定的自抗扰控制策略能够快速有效地减小集群式零售供应链系统总成本、库存、订货的偏差波动，有效地抑制牛鞭效应，提高集群式零售供应链系统的稳定性。

参 考 文 献

[1] C. Stevens. *Successful supply-chain management*[J]. *Management Decision*, 1992, 28(8): 25-30.

[2] Svensson. *A conceptual framework for the analysis of the vulnerability in supply chain*[J]. *International Journal of Physical Distribution & Logistics Management*, 2000, (30): 731-749.

[3] Nan Cheng, Hong Xue. *The study on the performance evaluation of the lean supply chain in chain retailers*[C]. 2012 International Conference on Computer Science and Service System, CSSS 2012-Proceedings, Aug. 11th, 2012 (5): 3478-3481.

[4] Prater E. ,Biehi M. ,Smith M. A. . *Internationl supply chain agility tradeoffs between flexibility and uncertainty*[J]. *Internatinal Journal of Operationa and Production Management*, 2001, 21(6): 823-839.

[5] Johnson M. E. . *Learning from Toy: Lessons in managing supply chain risk from the toy industry*[J]. *California Management Riview*, 2001, 43(3): 106-124.

[6] 张秀萍，刘芳. 关于供应链风险管理的研究评述[J]. 经济办，2009，(3)：46-50.

[7] Nagurney A. , Fuminori T. . *Supply chain supernetworks and environmental critera[J]. Transportation Reasearch Part D*, 2003, (8): 185-213.

[8] Christopher M. , Peck H. . *Building the Resilient Supply Chain[J]. International Journal of Logistics Management*, 2004, 15(2): 1-13.

[9] Hallikas J. ,Virolainen V-M. ,Tuominen M. . *Risk analysis and assessment in network environments*[J]. *International Journal of Production Economic*, 2002, 78(1): 45-55.

[10] 马士华. 如何防范供应链风险[J]. 中国计算机用户，2003，(1)：21-23.

[11] 胡金环，周启蕾. 供应链分险管理探究[J]. 价值工程，2005，(3)：36-39.

[12] 刘卫国. 企业供应链风险评估研究[D]. 汕头：汕头大学，2005.

[13] 刘敏. 供应链战略合作伙伴的风险评估与防范[D]. 武汉：武汉大学，2004.

[14] 胡玉涛. 供应链风险预警体系研究[D]. 武汉：武汉理工大学，2004.

[15] 吴轩洪，陈萨. 网际时代供应链信息共享的有效性分析[J]. 重庆大学学报，2004，27(8)：160-163.

[16] 付玉，张存禄，黄培清. 基于案例推理的供应链风险估计方法[J]. 预测，2005，24(1)：24-27.

[17] 赖苃宇，郑建国. 供应链风险量化分析与优化控制[J]. 东华大学学报(自然科学版)，2007，33(2)：158-162，166.

[18] 史成东, 边敦新, 苏菊宁. 基于粗糙集和灰色的供应链知识共享风险预测[J]. 计算机工程与应用, 2008, 4(11): 19-22.

[19] 王新利. 基于 BP 神经网络专家系统的供应链风险评价研究[J]. 中国流通经济, 2010, (6): 27-30.

[20] 周凯波, 魏莹. 基于案例推理的金融危机预警支持系统[J]. 计算机工程与应用, 2001, 37(14): 18-21.

[21] 姜丽红, 刘豹. 案例推理在智能化预测系统中的应用研究[J]. 管理科学学报, 1996, (4): 50-51.

[22] 赵登福. 基于 GN-BFGS 算法的 RBF 神经网络短期负荷预测[J]. 电力系统自动化, 2003, 27(4): 33-36.

[23] 黄陈锋. 基于粗集-支持向量机的电力供需预警研究[D]. 北京: 华北电力大学, 2006.

[24] 刘洪波, 张宏伟, 田林. 人工神经网络法预测时用水量[J]. 中国给水排水, 2002, 18(12): 39-41.

[25] 侯杰. 我国煤炭行业供应链风险识别与控制研究[J]. 煤炭经济研究, 2011, 31(1): 79-81.

[26] 晚春东, 陈常君. 水产品加工业供应链风险及其控制粗略[J]. 商业研究, 2011, (1): 17-21.

[27] 张智勇, 刘承, 杨磊. RFID 的乳制品供应链安全风险控制[J]. 中国乳品工业, 2009, 37(11): 55-58.

[28] 王燕. 基于 Stackelberg 博弈的供应链信用风险分析[J]. 供应链管理, 2008, 27(2): 89-91.

[29] 夏德, 程国平. 供应链中的信用问题研究[J]. 市场建设, 2003, (2): 87-88.

[30] 党夏宁. 风险投资业财务风险控制研究[D]. 咸阳: 西北农林科技大学, 2004.

[31] 蒋敏. 一种风险值的最优控制模型[J]. 西安电子科技大学学报, 2006, 33(1): 142-144.

[32] 陈敬贤. 受需求风险干扰的供应链系统最优控制策略[J]. 系统工程, 2008, 26(8): 22-26.

[33] 陈又星, 徐辉. 中小企业资信评价指标体系建与商业银行信贷风险的模糊控制[J]. 企业经济, 2010, (1): 170-172.

[34] 马林. 基于 SCOR 模型的供应链风险识别、评估与一体化管理研究[D]. 杭州: 浙江大学, 2005.

[35] 刘俊. 基于SCOR绩效评价的供应链诊断模型[J]. 物流科技, 2006, 29(135): 46-48.

[36] 王宗光, 李辉. 供应链风险识别及处理研究[J]. 商业经济研究, 2011, (4): 15-16.

[37] 马林. 基于SCOR模型的供应链一体化风险管理研究[J]. 商业研究, 2008, (374): 1-4.

[38] 朴炯. 供应链管理实践：供应链运作参考模型(SCOR)解读[M]. 北京：中国物资出版社, 2011.

[39] 张枫林, 余昌人, 封少娟. 基于SCOR的应急供应链运作模型研究[J]. 供应链管理, 2007, 26(11): 151-157.

[40] Zdzislaw Pawlak. *Rough set*[J]. *International Journal of Computer and Information Science*, 1982, 11(5): 341-356.

[41] 苗夺谦, 王珏. 粗糙集理论中概念与运算的信息表示[J]. 软件学报, 1999, 10(2): 113-116.

[42] 王国胤, 于洪, 杨大春. 基于条件信息熵的决策表约简[J]. 计算机学报, 2002, 25(7): 759-766.

[43] 徐剑. 基于粗糙集和灰色系统模型的短期负荷预测方法研究[D]. 北京：华北电力大学, 2008.

[44] 杨成福, 舒兰. 基于近似分类质量的决策表属性约简算法[J]. 河西学院学报, 2006, 22(5): 43-49.

[45] 曹黄麟. 基于依赖度的启发式算法[J]. 四川理工学院学报(自然科学版), 2006, (2): 19-22.

[46] 田志军, 李芳芳. 基于差别矩阵的启发式粗糙集属性约简算法研究[J]. 2012, 28(2): 134-137.

[47] 颜艳. 一种基于互信息的粗糙集知识约简算法[J]. 清华大学学报(自然科学版), 2007, 47(2): 1903-1906.

[48] 贾平, 代建华, 潘云鹤, 等. 一种基于互信息增益率的新属性约简算法[J]. 浙江大学学报(工学版), 2006, 40(6): 1041-1044.

[49] Shi Y. B., Zhang A., Gao X. J.. *Cloud model and its application ineffectiveness evaluation* [C]. Proce. of the 15th ICNSE. Long Beach, 2008: 250-255.

[50] Li deyi, liu Changyu. *Study on the univer sality of normal cloud model*[J]. *Engineering Science*, 2004, 6(8): 28-34.

[51] 覃德泽. 一种基于云模型的网络安全风险综合评价法[J]. 网络安全, 2011, (7): 29-32.

[52] 罗胜，刘广社，张保明，等. 基于云模型的数字影像产品质量综合评价[J]. 测绘科学技术学报，2008，25(2)：123-126.

[53] 邓聚龙. 灰色控制系统[M]. 武汉：华中工学院出版社，1985.

[54] 唐慧静. 供应链管理与企业竞争力的关联度分析[J]. 物流科技，2004，27(12)：78-80.

[55] Xu Shifeng, Xue Hong. *Vendor's risk evaluation of chain supermarket based on fuzzy analytic hierarchy process*[C]. 2011 International Conference on Computer Science and Service System, CSSS 2011-Proceedings, June 27, 2011: 4128-4131.

[56] 郑照宁，刘德顺. 灰色系统模型的优化岭回归算法[J]. 运筹与管理，2004，13(3)：20-23.

[57] A. N. Tikhonov. *Solution of incorrectly formulated problem and the regularization method*[J]. Soviet Math. Dokl, 1963, (4): 1035-1038.

[58] 王晓强，王婷. 集群式供应链竞合与产业集群发展——基于静态和动态博弈视角[J]. 物流工程与管理，2013，35(10)：17-19.

[59] 翁英英. 集群式供应链视角下商贸流通业集聚对产业转型升级的作用[J]. 商业经济研究，2015，(7)：14-18.

[60] 黎继子，刘春玲. 集群式供应链：产业集群和供应链的耦合[J]. 现代经济探讨，2006，(5)：5-9.

[61] 李君华，彭玉兰. 产业集群与供应链管理的比较分析[J]. 财经理论与实践，2006，27(2)：110-114.

[62] 邹国胜. 产业集群中的供应链管理[J]. 现代企业，2007，(3)：23-24.

[63] 陈翠文. 产业集群的供应链管理[J]. 企业家天地(理论版)，2007，(4)：178-179.

[64] 唐庆丰. 集群式供应链风险管理研究[D]. 哈尔滨：哈尔滨理工大学，2009.

[65] Hallikas J., Virolainen V. M.. *Risk analysis and assessment in network environments: A dyadic case study*[J]. International Journal of Production Economics, 2002, 78(1): 45-55.

[66] 李晓英，陈维政. 供应链风险形成机理研究[J]. 中国流通经济，2003，(9)：10-13.

[67] 王珊珊，王宏起，唐庆丰. 集群式供应链风险评价指标体系研究[J]. 科技管理研究，2010，(7)：224-226.

[68] 王玉，李征坤. 云环境下中小产业集群的协同供应链新模式——云服务供应链[C]. 第九届珠三角流通学术峰会——扩大内需与现代流通体系建设，2012：73-78.

[69] Chopras, Sodhims. *Managing risk to avoid supply-chain breakdown*[J]. MIT Sloan Management Review, 2004, 46(1): 53-61.

[70] Smith S.. *Applying risk management to the supply chain*[J]. *Los Angeles Convention Center*, 2005, (4): 1-31.

[71] 盛方正, 季建华. 基于风险规避的供应链突发事件管理[J]. 工业工程与管理, 2008, (3): 7-11.

[72] 盛方正, 季建华, 周娜. 多个零售商情况下使用转移支付协调发生突发事件的供应链[J]. 管理工程学报, 2009, (1): 76-81.

[73] 丁玲. 对供应链突发事件防御的思考[J]. 北方经贸, 2006, (5): 42-43.

[74] 肖开红. 供应链突发事件风险预警模型研究[J]. 河南工业大学学报(社会科学版), 2012, 8(1): 54-57.

[75] 王红春, 吕昳苗. 供应链突发事件扩散机理研究[J]. 中国物流与采购, 2013, (9): 40-46.

[76] 覃艳华, 曹细玉, 宋巧娜. 提升供应链应对突发事件应急管理能力的策略[J]. 企业经济, 2013, (2): 16-22.

[77] 刘秋生, 邱元水, 侯云章. 基于联合契约的供应链协调与抗突发事件研究[J]. 物流技术, 2014, 33(5): 349-353.

[78] 吴忠和, 陈宏, 吴晓志, 等. 突发事件下不对称信息供应链协调机制研究[J]. 运筹与管理, 2015, (1): 8-13.

[79] 刘家国, 周粤湘, 卢斌, 等. 基于突发事件风险的供应链脆弱性削减机制[J]. 系统工程理论实践, 2015, 35(3): 556-566.

[80] 张仕斌, 许春香. 基于云模型的信任评估方法研究[J]. 计算机学报, 2013, 36(2): 422-431.

[81] 傅颖勋, 罗圣美, 舒继武. 安全云存储系统与关键技术综述[J]. 计算机研究与展, 2013, 50(1): 136-145.

[82] Harland C., Brenchley R., Walker H.. *Risk in supply networks*[J]. *Journal of Purchasing and Supply Management*, 2003, 9(2): 51-62.

[83] Zsidisin G. A.. *Managerial perceptions of supply risk*[J]. *The Journal of Supply Chain Management*, 2003, 8(6): 14-25.

[84] Juttner U., Peck H., Christopher M.. *Supply chain risk management: Outlining an agenda for future research*[J]. *International Journal of Logistics: Research and Applications*, 2003, 6(4): 197-210.

[85] Zhao Chuan, Xue Hong. *A research on supply chain risk-alert system of chain-retail*

business based on AHP and fuzzy comprehensive evaluation[C]. 2011 International Conference on Computer Science and Service System, CSSS 2011 – Proceedings, June 27, 2011: 95-98.

[86] Morgan J. . *Poor risk management threatens supply chain*[J]. *Purchasing*, 2004, (6): 13-14.

[87] Hallikas J. , Karvonen I. , Pulkkinen U. . *Risk management processes in supplier networks*[J]. *Production Economics*, 2004, 90(1): 47-58.

[88] 薛红,聂规划,万猛. 基于BP神经网络的超市财务风险预警研究[J]. 商场现代化, 2007, 520(11): 59-62.

[89] Guha S. , Rastogi R. , Shim K. . *CURE: an efficient clustering algorithm for large databases*[C]. The ACM SIGMOD International Conference on Management of Date, 1998: 73-84.

[90] 余小高,余小鹏. 基于距离和密度的无监督聚类算法的研究[J]. 计算机应用与软件, 2010, 27(7): 122-125.

[91] 王元卓,靳小龙,程学旗. 网络大数据：现状与展望[J]. 计算机学报, 2013, 36(6): 1125-1138.

[92] 孟小峰,慈祥. 大数据管理：概念、技术与挑战[J]. 计算机研究与发展, 2013, 50(1): 146-169.

[93] 吴倚. 非常规突发事件应对的集群决策机理研究[D]. 武汉：武汉理工大学, 2012.

[94] 陈美兰,周国模. 预测、监测和预警关系的初步探讨[J]. 浙江林学院学报, 1999, 16(1): 10-13.

[95] 陈浩. 供应链突发事件风险预警评价研究[D]. 西安：长安大学, 2012.

[96] Dickson G. . *An analysis of vendor selection systems and decisions*[J]. *Journal of Purchasing*, 1996, (28): 38-41.

[97] Weber C. A. , Current J. R. , Benton W. C. . *Vendor selection criteria and methods*[J]. *European Journal of Operational Research*, 1991, (50): 2-18.

[98] 沈芸铭. 基于组合赋权法的应急物流供应商评价选择研究[J]. 陕西农业科学, 2011, 57(1): 165-169.

[99] 刘乃娟. 应急物资采购的供应商选择研究[D]. 北京：北京交通大学, 2011.

[100] 张潇化. 从应急物流的角度谈应急物资的管理[J]. 经济师, 2009, (1): 287-288.

[101] 江孝感,冯勤超,陈丰琳. 应急采购供应商选择问题[J]. 东南大学学报(英文版), 2007, 123: 124-127.

参考文献

[102] 商丽媛，谭清美. 基于灰熵模型的应急物流供应商评价[J]. 决策与统计，2013，(3)：45-47.

[103] 李敬宇. 重大灾害事件应急物资采购供应商选择评价研究[D]. 成都：西南石油大学，2012.

[104] 李翠. 基于 AHP/GRAP/线性规划法的应急物资供应商选择研究[D]. 大连：大连交通大学，2012.

[105] Shirouyehzad H., Hosseinzadeh Lotfi F., Dabestani R.. *A data envelopment analysis approach based on the service quality concept for vendor selection*[J]. Computers and Industrial Engineering, 2009, 8(25): 426-430.

[106] Nine M. S. Q. Z., Khan M. A. K., Hoque M. H., et al.. *Vendor selection using fuzzy cmeans algorithm and analytic hierarchy process*[J]. Fuzzy Systems, 2009, (8): 181-184.

[107] 王刊良，王嵩. 非对称信息下讨价还价的动态博弈：以三阶段讨价还价为例[J]. 系统工程理论与实践，2010，30(9)：1636-1642.

[108] 苏秦，刘强. 供应链多边谈判中的马尔科夫型谈判策略[J]. 系统工程学报，2010，25(5)：616-621，711.

[109] 孙国岩，韩建军. 可激励制造商 R&D 的供应商价格策略[J]. 统计与决策，2007，(8)：151-153.

[110] 姜晖，王浣尘. 基于不完全信息动态博弈模型的报价策略研究[J]. 上海管理科学，2008，(1)：27-30.

[111] 张志勇，张华玲，刘心报，等. 基于让价幅度加权思想的谈判成交价估计方法[J]. 系统工程理论与实践，2010，(12)：2212-2219.

[112] 王燕涛，邢毅飞. 基于最大时间约束的零部件供应商价格谈判模型[J]. 计算机集成制造系统，2005，11(8)：1133-1137.

[113] 熊运莲，熊中楷，熊洪川，等. 基于效用理论的企业并购价格谈判的讨价还价模型[J]. 统计与决策，2005，(20)：16-18.

[114] 庞庆华. 收益共享契约下三级供应链应对突发事件的协调研究[J]. 中国管理科学，2010，(4)：101-106.

[115] 胡劲松，王虹. 三级供应链应对突发事件的价格折扣契约研究[J]. 中国管理科学，2007，15(3)：104-107.

[116] 范志强. 供应链订单分配优化模型及其模拟退火算法[J]. 计算机工程与应用，2012，(25)：28-33.

[117] 冯春, 汪贤裕. 基于双层规划模型的引入第三方的供应链利润分配问题[J]. 统计与决策, 2012, (5): 49-51.

[118] 刘海军, 陈菊红, 王能民, 等. 基于合作博弈 K-S 解的供应链批发价格协调机制的实现[J]. 统计与决策, 2009, (20): 51-53.

[119] Xu M. H., Qi X. T., Zhang H., et al.. *The demand disruption management problem for a supply chain system with nonlinear demand functions* [J]. *Journal of Systems Science and Systems Engineering*, 2003, 12(1): 82-97.

[120] 曹二保, 赖明勇. 需求和成本同时扰动时多零售商供应链协调[J]. 系统工程理论与实践, 2010, 30(10): 1753-1761.

[121] Qi X. T., Bard J., Yu G.. *Supply chain coordination with demand disruptions*[J]. *Omega*, 2004, 32(4): 301-312.

[122] 盛方正, 季建华, 徐行之, 等. 基于极值理论和自组织临界特性的供应链突发事件协调[J]. 系统工程理论与实践, 2009, 29(4): 67-74.

[123] Xiao T., Yu G., Sheng Z., et al.. *Coordination of a supply chain with one-manufacturer and two-retailers under demand promotion and disruption management decisions* [J]. *Annals of Operations Research*, 2005, 135: 87-109.

[124] 刘秋生, 邱元水, 侯云章, 等. 基于联合契约的供应链协调与抗突发事件研究[J]. 物流技术, 2014, (5): 349-353.

[125] 王春兰. 供应链突发事件应急管理研究[D]. 南京: 南京大学, 2012.

[126] Khouja M.. *The single period (new-vendor) inventory problem: a literature review and suggestions for future research*[J]. *Omega*, 1999, (27): 537-553.

[127] 马斌. 供应链管理视角下的采购模式探析[J]. 商业时代, 2010, (24): 19-20.

[128] Weng Z. Kevin. *Channel coordination and quantity discounts*[J]. *Management Science*, 1995, 41(9): 1509-1522.

[129] Robert A. Novack. *The industrial procurement process a supply chain perspective*[J]. *Journal of Business Logistics*, 1991, 12(1): 145-167.

[130] 薛红, 薛军. 连锁零售企业精益物流供应链协同管理综合绩效评价[J]. 中国物流与采购, 2012, (21): 66-67.

[131] 吴琼, 王如松, 李宏卿, 等. 生态城市指标体系与评价方法[J]. 生态学报, 2005, 25(8): 2091-2095.

[132] 刘斌. 基于全排列多边形的土地集约利用评价系统实现及应用[D]. 北京: 中国地质大学, 2012.

参考文献

[133] 程龙, 董捷. 基于全排列多边形综合图示指标法的武汉城市圈土地集约利用评价[J]. 水土保持研究, 2013, 21(1): 2-5.

[134] 周伟, 曹银贵, 乔陆印. 基于全排列多边形图示指标法的西宁市土地集约利用评价[J]. 中国土地科学, 2012, 26(4): 85-90.

[135] 刘继秀. 基于博弈论的供应商和零售商合作关系研究[D]. 沈阳: 东北大学, 2010.

[136] Cachon G. P., Fisher M.. *Supply chain inventory management and the value of shared information* [J]. *Management Science*, 2000, 46(2): 1032-1048.

[137] Sundarraj R. P., Talluri S.. *A multi-period optimization model for the procurement of component-based enterprise information technologies*[J]. *European Journal of Operational Research*, 2003, 146: 339-351.

[138] Rubinstein A.. *Perfect equilibrium in a Bargaining model* [J]. *Econometrica*, 1982, 50(1): 97-110.

[139] Grossman S., Hart O.. *An analysis of the principal-agent problem*[J]. *Econometrica*, 1983, (51): 7-45.

[140] 聂力. 我国碳排放权交易博弈分析[D]. 北京: 首都经济贸易大学, 2013.

[141] Xue Hong, Guo Peiyuan, Zhang Huiyan. *Study and realization of supplier business intelligence system for chain supermarket*[C]. Proceedings - 2009 International Conference on Computational Intelligence and Software Engineering, CiSE 2009, December 11, 2009: 2023-2026.

[142] Bego Holmstrom, Paul Milgro. *Multi-task principal-agent analyses: incentives contracts, asset ownership and job design*[J]. *Journal of Law, Economics and organization*, 1991, (7): 24-52.

[143] Ausubel L. M., Cramton P.. *Demand reduction and inefficiency in multiple-unit auctions*[R]. *Working paper*, 1996.

[144] 周筱莲, 庄贵军. 讨价还价的博弈模型及其现实补充[J]. 西安财经学院学报, 2011, 24(3): 5-9.

[145] 吴群. 应急供应链中供应商的选择[D]. 南昌: 江西财经大学, 2010.

[146] 牛春阳. 收益共享契约下供应链的应急管理研究[D]. 西安: 西安电子科技大学, 2009.

[147] Pasternak. *Optimal pricing and returns policies for perishable commodities*[J]. *Marketing Science*, 1985, 4(2): 166-176.

[148] 薛红. 连锁零售企业精益物流供应链智能协同决策与优化研究[M]. 北京：北京大学出版社，2013.

[149] 孙亮，马永红. 收益共享契约下供应链应对突发事件的协调研究[J]. 北京化工大学学报(自然科学版)，2008，35(3)：97-99.

[150] Sirmon D. G., Hitt M. A.. *Contingencies within dynamic managerial capabilities: interdependent effects of resource investment and deployment of firm performance*[J]. Strategic Management Journal, 2009, 30(13): 1375-1394.

[151] Liao K., Marsillac E., Johnson E., et al.. *Global supply chain adaptations to improve financial performance* [J]. Journal of Manufacturing Technology Management, 2011, 22(2): 204-222.

[152] 薛红，王敏. 基于 DW+OLAP+DM 的超市销售决策支持系统[J]. 计算机工程，2007，33(14)：66-68，81.

[153] 赵川，薛红. MAS 在连锁零售企业多级库存控制中的应用研究[J]. 运筹与管理，2013，22(1)：252-255.

[154] Choi C., Lee J.. *Chaotic local search algorithm*[J]. Artificial Life Robotics, 1998, 2(1): 41-47.

[155] Li T. Y., Yorke J. A.. *Period three implies chaos*[J]. Amer Math Monthly, 1975, (82): 985-992.

[156] Eberhart R., Kennedy. *A new optimizer using particles swarm theory*[C]. Proceedings of Sixth International Symposium Micro Machine and Human Science, Nagoya, Japan, 1995.

[157] 冯玉蓉. 模拟退火算法的研究及其应用[D]. 昆明：昆明理工大学，2005.

[158] Passino K. M.. *Biomimicry of bacterial foraging for distributed optimization and control*[J]. IEEE Control Systems Magazine, 2002, 22(3): 52–67.

[159] 胡洁. 细菌觅食优化算法的改进及应用研究[D]. 武汉：武汉理工大学，2012.

[160] 田亚菲，张范勇，阎石，等. 基于粒子群优化的细菌觅食优化算法[J]. 控制工程，2012，19(6)：993-996.

[161] 薛红，薛军. 连锁零售企业精益物流供应链机制研究 [J]．中国物流与采购，2012，(4)：68-69.

[162] 薛红，赵川. 基于多智能体的连锁零售多级库存集成与优化[J]. 计算机工程，2012，38(14)：167-170.

[163] 薛红，孙晓明. 基于数据仓库和 WEB 的药品原料 BI 系统研究[J]. 微计算机信息，2007，23(2)：164-165，16.

[164] Xue Hong, Lu Wen-Chao. *Research of customer churn prediction model in a supermarket* [C]. 2011 International Conference on E-Business and E-Government, ICEE2011 - Proceedings, May 6, 2011: 7123-7127.

[165] 薛红，翁贻方，曹利红，等. 超市商业智能系统的数据仓库模型和联机分析研究[J]. 冶金自动化，2008，(32)：1029-1032.

[166] 赵川，薛红. 改进的 WANN 预测在库存控制中的应用[J]. 计算机仿真，2012，29(2)：171-174.

[167] 薛红，薛军. 基于 Agent 的超市客户关系管理系统的研究[J]. 计算机工程与设计，2011，32(7)：2476-2481.

[168] 薛红，聂规划. 基于关联规则分析的"购物篮分析"模型的研究[J]. 北京工商大学学报(社会科学版)，2008，23(4)：1-5.

[169] Xue Hong, Nan Cheng. *The study of sales forecast for supplier based on artificial intelligence*[C]. 2012 International Conference on E-Business and E-Government, ICEE2012 - Proceedings, May, 11th 6, 2012(9): 6947-6950.

[170] 梁志杰，杜文，李冰，等. 确定性联合补充生产存贮模型及算法[J]. 系统工程，2008，22(2)：82-86.

[171] Hong Xue, Ameng Zhou. *Integrated optimization of independent demand stock quantity for branch of chain retail enterprise*[C]. 2011 International Conference on Information Science and Engineering, ICISE2011, Sept. 29th, 2011(5): 3399-3402.

[172] 陆文超，薛红，刘成伟，等. 基于 RBF 神经网络的超市客户保持预测模型研究[J]. 北京工商大学学报(自然科学版)，2009，27(6)：45-48.

[173] Duan Xiaochen, Hong Xue. *Multi-decision-tree classifier in master data management system*[C]. BMEI 2011-Proceedings 2011 International Conference on Business Management and Electronic Information, May 13, 2011(3): 756-759.

[174] Zhang Huiyan, Cui Meiluan, Xue Hong. *Research progress on control theory application to supply chain management*[C]. Proceedings of the 30th Chinese Control Conference, CCC 2011, July 22, 2011: 5794-5799.

[175] 薛红，陆文超，聂规划. 基于 BP 神经网络的超市顾客满意度评价[J]. 商场现代化，2008，520：29-31.

[176] 史林霞. 供应链建模-仿真与优化问题的研究[D]. 武汉：武汉理工大学，2008.

[177] Xue Hong, Nie Guihua, Liu Zaiwen. *Data mining technique in business intelligence*

system for supermarket [C]. The 5th International Conference on Innovation and Management, 2008(12): 1539-1544.

[178] Hong Xue, Zaiwen Liu. *Research and realization of medicine materials sales bi system* [C]. *International Symposium on Distributed Computing and Applications to Business, Engineering and Science*, 2006(10): 950-953.

[179] Jason S. K. *A Joint economic lots size models for purchaser and vendor*[J]. *Decision Sciences*, 2002, (17): 292-311.

[180] 赵统坚. 基于模块化和延迟生产的供应链建模与优化[J]. 华南理工大学(自然科学版), 2003, 2(2): 77-79.

[181] 张野. 基于促销行为的供应链牛鞭效应分析、设计及应用[M]. 北京: 化学工业出版社, 2008.

[182] 王童. $H\infty$ 鲁棒控制的分析方法及应用[D]. 武汉: 华中科技大学, 2006.

[183] 杨阳. 基于供应链和鲁棒 $H\infty$ 控制的电力供应安全策略研究[D]. 北京: 华北电力大学, 2011.

[184] 张萍, 赖华贵. 鲁棒控制与 $H\infty$ 最优化简述[J]. 系统仿真学报, 2010, 22(1): 191-194.

[185] 郑素. 基于LMI方法的网络化控制系统的 $H\infty$ 鲁棒控制[J]. 计算机工程与应用, 2011, 47(1): 238-242.

[186] 刘秀英. 闭环供应链动态模型及其鲁棒 $H\infty$ 控制[J]. 曲阜师范大学学报, 2011, 37(4): 31-35.

[187] 马世华, 林勇. 供应链牛鞭效应的 $H\infty$ 控制应用研究[J]. 计算机集成制造系统-CIMS, 2002, 8(5): 396-398.

[188] Boukas E. K. . *Manufacturing systems: LMI approachl J J* [J]. *IEEE Transaction on Autonmtic Control*, 2006, 51(6): 1014-1018.

[189] 李志虎. 时变不确定离散时滞系统 $H\infty$ 鲁棒控制[J]. 控制理论与应用, 2003, 20(1): 139-142.

[190] 于晓丽. 供应链系统模型与性能分析中的 $H\infty$ 控制方法[D]. 哈尔滨: 哈尔滨理工大学, 2010.

[191] 夏晴. 自抗扰控制器的发展及其应用[D]. 上海: 复旦大学, 2009.

[192] 高诚鸿. 基于Smith预估的自抗扰控制系统[D]. 上海: 同济大学, 2008.

[193] 孟庆德, 张缨, 蔡凌, 等. 跟踪微分器在随动系统位置控制中的应用[J]. 电力电子技术, 2008, 42(9): 68-69, 72.

参 考 文 献

[194] 赵伟. 基于串联型扩张状态观测器构成的自抗扰控制器[D]. 大连：大连理工大学，2006.

[195] 郑军，王云宽，张欣. 基于闭环扩张状态观测器的转子磁链观测[J]. 电机与控制应用，2008，35(10)：21-24.

[196] 方锡发. 非线性扩张状态观测器的一种设计方法[D]. 南昌：华东交通大学，2007.

[197] 宋妮娜，席裕庚. 基于自抗扰的协同物流系统构建及运行研究[J]. 现代物流，2010，(2)：5-25.

[198] 师经昊. 大时滞系统的自抗扰控制[D]. 西安：西安电子科技大学，2008.

[199] Hong Xue, Zaiwen Liu, Haiyang Meng. *Study and realization of supermarket BI system based on data warehouse and Web technique* [C]. International Conference on Computer Science and Software Engineering, 2008 (12): 482-485.

[200] Xue Hong. *Research on the DSS of the sale in supermarket based on DW+OLAP+DM*[C]. The 3rd International Conference on Innovation and Management, 2006(10): 1200-1203.

[201] 廖守亿，戴金海. 基于 SCOR 的制造企业供应链建模研究[J]. 系统仿真学报，2004，16(1)：113-117.

[202] 张元凯. 一种分布式自抗扰控制策略[D]. 北京：北京交通大学，2009.

[203] 刘小美，李晓京. 多智能体自抗扰控制算法及其仿真研究[J]. 计算机仿真，2010，(12)：186-189.

[204] Kreipl S. , Pinedo M. *Optimal control of serial inventory systems with fixed replenishment intervals* [J]. Workshop on Agent Mediated Electronic Commerce, 2002, (9): 332-338.

[205] 李匡成. 用 MATLAB 仿真分析自抗扰控制器的整定参数[J]. 电气自动化，2008，11(26)：7692-7698.

[206] C. A. Eriialy, I. I. DOieby. *Select supplier-related issues in modelling a dynamic supply chain: potential, challenges and direction for future research* [J]. Mechanical Systems and Signal Processing, 2007, 09(5): 751-765.

[207] Xue Hong,Lu Wenchao,Guo Peiyuan. *Research on supermarket customer classification based on agent ant colony algorithm*[C]. Proceedings - 2009 International Conference on Computational Intelligence and Software Engineering, CiSE 2009, December 11, 2009: 1103-1106.

[208] 薛红, 孟海洋. 数据仓库和 Web 技术在超市商业智能系统中的应用[J]. 北京工商大学学报(自然科学版), 2008, 26(3): 40-42, 48.

[209] 田美娟. 分布式决策闭环供应链协调运作研究进展[M]. 北京: 北京理工大学出版社, 2006.

[210] 白少布. 基于 RBF 神经网络的自适应调节自抗扰控制[J]. 电气自动化, 2009, 5(34): 9695-9699.

[211] 郭瑞景, 李丽丽, 陶先平. 基于浅议 AUV 深度的自抗扰控制[J]. 小型微型计算机系统, 2001, 22(10): 1192-1195.

[212] 袁成祥. 基于自适应遗传算法分步优化设计智能桁架结构自抗扰振动控制器[D]. 杭州: 浙江大学, 2004.